Kurt Ockermüller

Ein echter Wiener geht nicht unter

Herzlichst

[illegible]

2.6.23

Kurt Ockermüller

Ein echter Wiener geht nicht unter

Mit
47 Abbildungen
in Farbe

Amalthea

Bildnachweis: picturedesk.com

Besuchen Sie uns im Internet unter:
http://www.amalthea.at

1. Auflage November 2010
2. Auflage Dezember 2010
3. Auflage Jänner 2011

Schutzumschlaggestaltung: Kurt Hamtil, verlagsbüro wien
Umschlagfoto: picturedesk.com
Herstellung und Satz: studio e Josef Embacher
Gesetzt aus der 10/13,5 pt Weidemann Book
Gedruckt in der EU

ISBN 978-3-85002-732-8

Inhaltsverzeichnis

Ein nostalgischer Prolog

Wie alles begonnen hat – April 1975

Ein Tisch, mehrere Sesseln, ein typisches Wohnzimmer in einem Altbau der Wiener Vorstadt. Genauer gesagt im 10. Wiener Gemeindebezirk, Hasengasse, dem »Herz von Favoriten«. Zwei Fenster, eine Kochnische, spärliche Möblierung. Um den Tisch versammelt eine Familie: Vater, Mutter, Sohn, Tochter, die Freundin vom Sohn und der Onkel. Also insgesamt sechs Personen. Jeder hat ein Textbuch vor sich, in das fallweise hineingekritzelt wird.

Sie streiten über einen gemeinsamen Urlaub in Jesolo. Es geht zu wie im richtigen Leben. Die Dinge werden beim Namen genannt. Die Sprache ist deftig. Wienerisch. Proletarisch. Sehr bildhaft. »Seids es alle deppert wurdn?«, »Du Trottel! Hörst, du kriegst glei a Watschen, dass'd vierzehn Tag mitn Schädel wackelst!«, »Edmund, jetzt haltst aber die Pappen!«, »Bitte, sag i halt nix!«, »Wenn i mitn Großvatern so gredt hätt, dann …«, »I glaub, i tram!«, »Guat, gehst halt, is doch mir wurscht!«, »Ah, des zischt owe!«, »Eh klar!«, »Was waaßt denn du, du alter Depp!«, »Des Nudlaug kann ja net amal Schnapsen!«

Wir befinden uns bei einer Probe zu dem Fernsehspiel »Salz der Erde« von Ernst Hinterberger. Es handelt sich um das erste Kapitel seines gleichnamigen Romans, das zu diesem Zweck für das Fernsehen dramatisiert oder besser, adaptiert wurde. Das Ganze findet in der sogenannten 5er-Halle in den ORF-Fernsehstudios am Rosenhügel in Wien Speising statt. Halle ist etwas übertrieben. Eigentlich ist es eine Holzbaracke, die früher als Fernsehstudio benützt wurde. Jetzt produziert man hier kleine Fernsehspiele mit relativ einfacher Technik und mit recht bescheidenen Budgetmitteln. Man muss viel improvisieren, aber das passt ins Konzept der avantgardistischen Sendereihe »Impulse«, die Hans Preiner als verantwortlicher Redakteur des ORF 1973 ins Leben gerufen hatte. Hier bekommen junge Regisseure ihre ersten Chancen, ihr Talent zu beweisen. Gesendet werden die »Impulse« am späten Sonntagabend. Meist nach 22 Uhr. Also ein sogenanntes »Minderheitenprogramm«. Das hat sich der ORF in den 1970er Jahren schon geleistet.

Einer dieser jungen Regisseure war Reinhard Schwabenitzky, mit dem ich schon seit ein paar Jahren befreundet war. Wir kannten uns aus dem Dunstkreis der Filmakademie, ich habe seinerzeit seinen Diplomfilm ausgestattet. Ich selbst landete nach meinem praktischen Einstieg in die Filmbranche 1969 nämlich sehr bald im Department Ausstattung. Dort gab es erhebliche Nachwuchsprobleme. Kein Junger wollte sich um Requisiten kümmern. Mich hat das schon interessiert. Vor allem das Recherchieren bei historischen Stoffen war sehr spannend und lehrreich. Mein grundsätzliches Interesse für Geschichte kam mir da auch entgegen. Also blieb ich über fünf Jahre in diesem Metier und brachte es bis zum Production Designer. Damals hieß das allerdings noch schlicht und einfach Filmausstatter oder Filmarchitekt. Ich möchte diese Zeit nicht missen. Ich konnte bei zahlreichen nationalen und internationalen Produktionen wertvolle Erfahrungen sammeln, die mir in meinem künftigen Wunschberuf Regisseur sehr nützlich geworden sind.

Reinhard Schwabenitzky und ich waren nicht nur privat befreundet, ich habe mit ihm auch immer wieder beruflich zusammengearbeitet. Und nun war ich von Anfang an Geburtszeuge einer völlig neuen Sendung, die österreichische Fernsehgeschichte schreiben sollte. Aber das wussten wir damals natürlich noch nicht. Es war auch irgendwie schicksalhaft, dass wir auf dem filmhistorisch denkwürdigen Gelände der Rosenhügelstudios damit begonnen haben. Dort sind schon seit den 1920er Jahren viele wesentliche österreichische Kinofilme gedreht worden. Der Rosenhügel war jahrzehntelang neben den legendären Wien-Film-Studios in Sievering das wichtigste Produktionszentrum österreichischer Filmkultur. Die hat es ja tatsächlich einmal gegeben. Zumindest so lange, bis sie von wenig sensiblen Politikern systematisch zugrunde gerichtet wurde. Aber das ist eine andere Geschichte.

Ich war anfangs nur Zaungast bei der Produktion »Salz der Erde« und habe spontan den Souffleur bei den Proben gemacht. Es war im Grunde eine klassische Theaterarbeit. Wir haben die Textvorlage von Ernst Hinterberger erst einmal wie bei einer Leseprobe gelesen. Daraus hat sich dann die Szene entwickelt, die wir gemeinsam mit dem Kameramann Helmut Fibich ein paar Mal gedreht haben und zwar in relativ langen Einstellungen oder Takes, wie es in der Fernsehsprache heißt. Die Kamera hat sich im Raum bewegt und das Geschehen als objektiver Zuschauer beobachtet.

Helmut Fibich hat von Anfang an darauf bestanden, nur mit einer einzigen Kamera zu arbeiten. Normalerweise werden Fernsehspiele ja mit mehreren

Kameras aufgezeichnet. Aber diese Einkameratechnik hatte den großen Vorteil, eine in sich geschlossene Szene von mehreren Minuten einfach und authentisch festzuhalten und den Akteuren filmtechnische Hindernisse wie festgelegte Markierungen und Positionen oder Schnittpausen zu ersparen. Sie konnten sich so ganz auf ihre spontane Darstellung konzentrieren und ihren Emotionen freien Lauf lassen. Das war auch einer der Gründe für den Erfolg dieser Sendung. Eine nicht gespielte sondern wirklich gelebte intensive Emotion, die sich auf die Zuschauer direkt übertragen hat. Außerdem ließ diese Einkameratechnik auch der Spontaneität der Schauspieler genügend Spielraum.

Das war auch notwendig, da sich vor allem beim Text immer wieder improvisierte Passagen ergeben haben, die aber im wahrsten Sinn das »Salz der Erde« ausgemacht haben. Der deftige und immer auf den Punkt treffende Dialog, den ja Ernst Hinterberger wie kaum ein anderer Autor in Österreich beherrscht, war schon damals das herausragende und unverwechselbare Kennzeichen der gesamten Sackbauersippe. Und er ist es bis heute geblieben. Einzelne Formulierungen sind in den allgemeinen Sprachgebrauch übernommen worden und sie haben zumindest ansatzweise dazu beigetragen, das vom Aussterben bedrohte »echte Wienerisch« nicht gänzlich »tschäule« gehen zu lassen. Was auf Hochdeutsch so viel wie »fort« oder »verloren« bedeutet.

Die erste Folge

Das Salz der Erde

In diesem ersten Fernsehspiel geht es vor allem darum, die Hauptfiguren einzuführen, sie zu exponieren, wie es in der Fachsprache der Dramaturgie heißt. Die Handlung war relativ simpel gestrickt: Die Familie plant gemeinsam mit dem Schani-Onkel, dem älteren Bruder von Mundl, einen Urlaub in Italien.

Das war in den 1970er Jahren tatsächlich ein Thema. Man darf nicht vergessen, dass eine Arbeiterfamilie damals relativ bescheiden leben musste, auch wenn es drei Verdiener gegeben hat. Karli und Hanni, die beiden erwachsenen Kinder, leben ja noch immer in der elterlichen Wohnung in Zimmer, Küche, Kabinett mit Gangklosett. Die Ausstattung unserer Sackbauer-Wohnung entsprach durchaus der Realität der 1970er Jahre. In den meisten der sogenannten Substandardwohnungen war es tatsächlich üblich, dass man sich in der Küche im Waschbecken hinter einem halbdurchsichtigen Plastikvorhang wusch. Mit so einem banalen alltäglichen Vorgang beginnt also das »Salz der Erde«. Hier zur Einstimmung die erste Szene im Detail:

Mundl wäscht sich geräuschvoll und pritschelt dabei fröhlich die Küche voll, während er seinen »Athletenkörper« pflegt, bevor er zum wöchentlichen Training in seinen Stemmerverein geht. Auf Tonis genervt berechtigten Vorwurf »Geh Mundl, a bissl könntest scho aufpassen beim Waschen. Schau, was'd wieder für a Schweinerei gmacht hast« antwortet Mundl kurz und bündig: »Wenn einer so an Körper hat wie i, dann muss er ganz einfach spritzen!«

Dabei bückt sich Mundls bessere Hälfte und wischt die Überschwemmung am Küchenboden auf. Mundl steht hinter ihr und betrachtet ihr Hinterteil. Dieser Anblick entlockt ihm folgende Bemerkung: »Wann ma sowas Appetitliches sieht, lacht einem direkt des Herz. Wann i jetzt ka Sportler wär und zum Training müssert ...«

Seufzend zügelt er seine Gefühle und ruft sich diszipliniert zur Ordnung: »Aber a Athlet muss seine Opfer bringen.«

Doch Toni gibt nicht auf: »Wenn ma uns die Tahiti-Brausekabine 'kauft hätten, wär das alles nicht notwendig. Du könntest dich ordentlich waschen und braucherst net so umeinander zipfeln.«

Auf Mundls Gegenfrage »Wer braucht denn a Brausekabine? War i schön blöd, wenn des städtische Brausebad glei um die Ecken is!« kommt prompt Tonis Einwand: »Warum haben die Pernedner eine?«

Mundl beendet den ehelichen Diskurs mit einer für ihn typisch logischen Schlussfolgerung: »Weils Deppen san! Von mir aus können die sich a ganzes Schwimmbad in die Kuchel bauen lassen. Mir fahren im Sommer nach Italien und die Pernedner können sich in der Kuchel brausen!«

Diese ersten Minuten weisen im Grunde schon auf die deftige Art der Problemlösungen in der Familie Sackbauer hin und bestimmen in ihrer urwüchsigen Sprache die Charakteristik der gesamten Serie.

In der Folge kommt es zum Streit zwischen Mundl und seinem Sohn Karli, der einfach nicht mehr stemmen will, sondern sich stattdessen mit seiner Freundin Irma, mit der er sich im elterlichen Ehebett vergnügt hat, eine Wohnung anschauen will.

Karli als echter Sackbauer drückt das entsprechend aus: »I hau den Huat heut aufs Training, für den Pimperlverein bin i eh guat gnua.«

Das bringt seinen Vater in Rage: »Auf was du Pippn den Huat haust, bestimm i! Ausgerechnet heut musst du Gfrasst dir a Wohnung anschaun. Aber des ane sag i dir: Wann du am Samstag deine Kilo net aufebringst, dann könnts euch euchern Urlaub aufzeichnen!«

In dieser Auseinandersetzung zwischen Vater und Sohn, in die sich Mutter Toni schlichtend einmischt, fällt auch zum ersten Mal Mundls legendärer Stehsatz: »Wenn i amal mit mein Vater so gredt hätt, der hätt ma a Watschen geben, dass mir vierzehn Tag der Schädel gwackelt hätt!«

Diese berühmten »vierzehn Tage Schädelwackeln« werden in verschiedenen Variationen alle 24 Folgen begleiten und zählen bis heute wohl zu den bekanntesten Mundl-Sprüchen.

In diese angespannte Atmosphäre platzt nun auch noch Tochter Hanni, die sich hastig für ein Rendezvous mit ihrem Franzi Vejvoda, einem jungen aufstrebenden Schriftsteller, schön macht. Mundl gerät darüber in helle Aufregung: »I hab dir scho tausend Mal gsagt, dass i des net will, dass du di mit den Fetzenschädel triffst!«

Als daraufhin die trotzige Hanni sogar von Heirat spricht, flippt Mundl komplett aus: »Heiraten willst? Bist du deppert? Heiraten kannst, wenn i dirs erlaub! Und zu dem Zniachtl geb i dir nie die Einwilligung! Obergscheit reden, des kann er, aber sonst kommt an des Speiben, wenn man anschaut. A Figur hat der wie a Pfeifenröhrl und Augengläser mit an Haufen Dioptrien, der Herr Buchhalter der!«

Doch auch Hanni setzt heftig dagegen. Ihr ekelt vor Mundls Stemmerkollegen, die sie respektlos als muskelbepackte Gorillas bezeichnet. Dieser Vergleich bringt Mundl nun vollends auf die Palme. Er stürmt zum mit vielen Medaillen dekorierten Foto des Großvaters, das einen Ehrenplatz inmitten zahlreicher Pokale in der Zimmerecke hat und klopft so heftig darauf, dass man fürchtet, das Glas geht in Scherben: »Du spinnst ja! Da war der Großvater a Gorilla und i a? Meiner Seel, wenn i net vor meiner eigenen Kraft a Angst hätt, i tät dir jetzt a Watschen geben, dass dir vierzehn Tag der Schädel wackelt, du Gfrasst du!«

Womit wir bereits die zweite Variante von Mundls Lieblingsspruch kennen. Hanni verlässt mit Zornestränen in den Augen fluchtartig die elterliche Wohnung und lässt Mundl und Toni zurück. Toni versucht, den aufgebrachten Mundl zu beruhigen. Doch der bleibt stur und wortreich bei seiner Haltung: »Wenn ich sage, dass der Franzi a Nieten is, dann is er a Nieten, wie des Amen im Gebet! Da hab i scho gfressen. Da kommen so kleine Tupfer daher und glauben, sie san gscheiter wie die Alten. Was der Franzi waß, des hab i scho lang vergessen. Der kann mir nix derzähln! A Besserwisser is er, sonst gar nix! Erinnerst di no, wie er unlängst dahergredt hat über die Juden und die Neger? Als wann mi des was anginget. Erstens bin i ka Jud und a Neger bin i a kaner. Da kommen so junge Spritzer daher und sagen einem ins Gsicht, dass mir schuld gwesen san, weil der Hitler die Juden vergast hat, aber i bin net dabei gwesen und du a net. Mir haben do gar nix gwusst davon, und wenn auch, mir hätten a nix machen können. Da hättens uns ja selber gholt. Und überhaupt ist einem jeden der Hintern näher als wie die Hose!«

Dieser letzte Absatz ist bemerkenswert. Einerseits artikuliert Mundl hier die oft heute noch bestehende Grundhaltung gestandener Wiener zur jüngeren Vergangenheit. Andererseits ist diese Feststellung Mundls das einzige Beispiel in der gesamten Serie für eine gewisse Art von Vergangenheitsbewältigung. Offenbar sind diese Sätze auch noch ein letztes Relikt aus Ernst Hinterbergers ursprünglicher Romanvorlage, in der der Autor ja das Problem der nationalsozialistischen Vergangenheit thematisiert hat.

Hanni besucht Franzi, der bei seiner Mutter wohnt. Sie wehrt seine stürmischen Verführungsversuche trotz stimmungsvoller Musik Antonio Vivaldis ab. Mit klopfenden Herzen verabreden sie ein neuerliches Treffen, diesmal in einem Hotel.

Hanni und Franzi auf der Couch

Im Stemmerverein räsoniert Mundl über seine altersbedingte eingeschränkte Leistungsfähigkeit beim Training. Er klagt dem Obmann, hervorragend gschaftelhuberisch dargestellt von Joe Trummer, sein Leid und erzählt vom geplanten Urlaub in Jesolo mit der Begründung: »I hab ma denkt, mir könnten ja a amal owefahrn, wenn eh scho jedes Arschloch in Jesolo oder in Kaorle war!«

Am Naschmarkt treffen sich Hanni und Franzi auf ihrem Weg ins Hotel. An der Hotelrezeption fühlt sich Hanni sichtlich unwohl.

In einem bescheidenen kleinen Hotelzimmer kommt es zur ersten schüchtern-unbeholfenen sexuellen Begegnung zwischen der gschamigen Hanni und ihrem Franzi.

Daheim beim Familienrat der Sackbauers erscheint ein frustrierter Mundl mit seinem »sauberen Herrn Sohn«, der sich und seinen Vater beim Wettkampf mit den »Floridsdorfer Wedeln« unglaublich blamiert hat. Mundl will aufgrund dieser Schande vom gemeinsamen Urlaub überhaupt nichts mehr wissen.

Franzi steckt seiner seligen Hanni in ihrem bescheidenen Liebesnest einen Ring an den Finger. Schließlich sind sie nun ja verlobt.

Beim Familienrat ziert sich der Schani-Onkel. Er hat plötzlich Bedenken, am gemeinsamen Urlaub teilzunehmen. Aber 1900 Schilling »per Person und Woche, alles inklusive« erscheinen ihm schließlich doch noch überlegenswert. Da platzt Hanni in die Versammlung. Ihre Verspätung löst ein wahres Schreiduell aus. Vor allem Mundls Entdeckung des Verlobungsrings an Hannis Finger lässt die Situation eskalieren. Doch dank Tonis und Schanis Vermittlung beruhigt sich Mundl und erklärt sich schließlich sogar bereit, Franzi ebenfalls in den Urlaub nach Jesolo mitzunehmen. Allerdings unter einer Bedingung: »Wenn der sich in Jesolo aufspielt, kriegt er von mir a Watschen dass er vierzehn Tag mit'n Schädel wackelt!«

Diese Drohung veranlasst den Schani-Onkel zum trockenen Kommentar: »Den ganzen Urlaub.«

In diesen neun Szenen wurde also die Familie Sackbauer dem staunenden Publikum erstmals vorgestellt. Die Produktion war eine reine Studioproduktion. Das heißt, wir haben alle Szene in aufgebauten Dekorationen im Studio gedreht. Bis auf zwei Ausnahmen: den Stemmerverein und das Stundenhotel. Da sind wir tatsächlich aus unserer 5er-Halle rausgegangen. Unser Kameramann Helmut Fibich hat aus diesem Grund die sogenannte »Kleinelektronik« entwickelt. Normalerweise befindet sich ja in einem regulären Fernsehstudio der Regieraum unmittelbar neben dem Studio. Dort kann man über Monitore das Geschehen verfolgen und dort stehen auch die Aufzeichnungsmaschinen. In der 5er-Halle war das aber anders. Dort gab es zwar auch einen Regieraum, aber der war nicht mehr funktionstüchtig.

Die Techniker installierten tragbare Aufnahmegeräte, Monitore, Mischpulte und etliches anderes Equipment in zwei silberfarbenen VW-Transportern. Die Kontrollmonitore wurden einfach direkt in die Studiohalle gestellt, der Tonmeister saß aber in einem Nebenraum. Auch der sogenannte MAZnik, der die Kamerabilder auf **Ma**gnetband auf**z**eichnete, hatte einen eigenen Raum. Wir haben also mit dieser Kleinelektronik einen ganz normalen Studiobetrieb in einer Halle simuliert, die eigentlich dafür nicht mehr in Verwendung stand. Improvisation eben. Aber es funktionierte ausgezeichnet. Es lagen zwar überall Kabel herum und man musste aufpassen, um nicht zu stolpern. Wir fühlten uns trotzdem wohl. Außerdem waren wir weitab vom Schuss. Der normale Fernsehbetrieb fand ja zu dieser Zeit bereits im eben fertiggestellten neuen ORF-Zentrum auf dem Küniglberg statt. Der war zwar in Sichtweite, aber trotzdem weit genug weg, um ungestört und in aller Ruhe arbeiten zu können. Und das war uns wichtig.

Dank der relativ leicht transportablen Kleinelektronik haben wir nun in der Kantine der Rosenhügel-Studios die Szenen im Stemmerverein gedreht.

Apropos Kantine, die war ja eines der wesentlichen Kommunikationszentren des gesamten Studiogeländes. Dort hat man immer jemanden getroffen, mit dem man ein anregendes Gespräch führen, oder das eine oder andere Flucht-, Panik- oder Reiseachtel trinken konnte. Oder Seidel. Oder sonst was. Wir aus der 5er-Halle waren sozusagen die Outlaws im Gegensatz zu den Kolleginnen und Kollegen aus der großen 2er-Halle. Dort wurden damals größere Fernsehproduktionen gedreht, die eben mehr Platz brauchten als wir mit unseren bescheidenen drei oder vier Zimmern. Das neue ORF-Zentrum am Küniglberg war ja auch noch nicht wirklich in allen Bereichen funktionstüchtig. Und daher war eben in der Kantine immer etwas los. Und das Essen war auch ganz akzeptabel.

Doch zurück zum Stemmerverein. Da haben wir auf einen real existierenden Verein zurückgegriffen, nämlich auf den »Stemmerverein Grafl Rossmann«. Karl Merkatz hat damals echte Gewichte in die Höhe gestemmt und keine Attrappen. Die waren zwar vorbereitet, doch Karl war sehr ehrgeizig und hat mit wirklichen Gewichten trainiert und gedreht. Die anderen Stemmer waren echte Vereinsmitglieder, die sich sehr gerne samt Anhang als Komparsen zur Verfügung gestellt haben. Sie haben uns auch fachmännisch beraten und dazu beigetragen, dass die Szenen authentisch geworden sind. Für uns war das Gewichtheben ja damals ein spanisches Dorf. Der berühmte »Großvater«, von dem seit Beginn ein fast bedrohliches Foto an der Wand sämtlicher Sackbauerischen Wohnungen hing, war ja auch Stemmer. Und daher haben Mundl und sein Sohn Karli ebenfalls diesem seinerzeit in Wiener Arbeiterkreisen sehr beliebten Sport gehuldigt.

Bei den wöchentlichen Trainings im Wirtshaussaal war es Tradition, dass immer ein Klavierspieler das schweißtreibende Geschehen musikalisch untermalte. Ich war damals neben meiner Filmtätigkeit auch als Musiker aktiv und hatte bereits meine dritte Band, mit der ich in den Stehzeiten zwischen zwei Filmen meinen täglichen Unterhalt verdiente. Ich habe schon mit acht Jahren mit dem Klavierspielen begonnen, und so lag es auf der Hand, dass ich diesen Part beim Drehen übernehmen würde. Ich habe damit kein Problem gehabt, sondern großen Spaß. Es war üblich, dass jeder Stemmer sein Lieblingslied hatte, das bei seinem Auftritt zu seiner Unterstützung intoniert wurde. Ich habe mir also die gängigen Wienerlieder besorgt und sie den einzelnen starken

Männern quasi als Leitmotiv zugeordnet. Unter diesen Liedern waren traditionelle und neue wie etwa »Zwickts mi« von Wolfgang Ambros oder »Einer hat immer des Bummerl« von Horst Chmela. Für Mundl haben wir uns auf den »Narrischen Kastanienbaum« von Pepi Wakovsky und Hans Pflanzer geeinigt. Und dieses alte Wienerlied hat den Mundl bis in die Gegenwart begleitet.

Ich habe diese speziellen Dreharbeiten in der Kantine in besonderer, ja fast schmerzlicher Erinnerung. Es war im Rahmen des Stemmertrainings auch üblich, dass der jeweilige Angesungene nach vollbrachter Tat zum Klavierspieler gegangen ist und ihm wohlwollend auf die Schulter geklopft hat. Das hört sich ja ganz gut an, aber die echten Stemmer waren ja gerade keine besonders zartgebauten Mannsbilder, sondern richtige Bröckerln. Auch ihre Hände glichen eher Bärenpranken oder Vorschlaghämmern als normalen Menschenhänden. Außerdem muss sich ja jeder Athlet vor dem Ergreifen des Gewichts die Hände oder Pranken kräftig mit Magnesiumpulver einreiben, auf dass ihm die schwere Last nicht aus ebendiesen gleite. Und so ist meine Schulter im Laufe der Drehzeit des Öfteren mit weiß gepuderten Händen nicht blau, sondern weiß geschlagen worden. Ich habe damals eine besondere Vorliebe für dunkelblaue Hemden gehabt. Die Spuren der Zustimmung waren nicht zu übersehen. Und meine Haare waren damals wesentlich länger und dunkler als heute. O tempora, o zores!

Unvergessen bleiben auch die Anfeuerungsrufe der zumeist weiblichen Angehörigen. Ihre extatischen »Hoits! Hoits! Hoits!«-Chöre klingen mir noch heute in den Ohren. Gemeint war damit: »Halts! Halts! Halts!« Das Gewicht nämlich, das ja eine bestimmte Zeit mit gestreckten Armen über dem Kopf gehalten werden muss. Irgendwie erinnerten mich diese Chöre an das klassische griechische Drama, in dem der Chor bekanntlich eine ähnlich kommentierende oder das Schicksal der Helden beschwörende Funktion zu erfüllen hatte.

Bemerkenswert war auch die Tatsache, wie sich unsere Heroen auf ihre athletische Schwerarbeit vorbereitet haben. Ihr Doping war nicht Eigenblut wie heutzutage, sondern schlicht und ergreifend das eine oder andere Krügel Bier, das ja bekanntlich einen hohen Nährwert hat. Deswegen auch Mundls Vorliebe für dieses Getränk, das in seinen Augen so gut wie nichts mit Alkohol zu tun hat und schon gar »net deppert« ist. Angeblich sollen ja auch Schwangere Bier zum körperlichen Wohlbefinden trinken. Wahrscheinlich hat die »Großmuatta« dieses alte Hausrezept auch beherzigt, als sie mit dem kleinen Edmund schwanger war. Mundls Mutter ist übrigens, im Gegensatz

Mundl beim Training als Stemmer in seinem Verein

zum »Großvatern« in der ganzen Serie niemals auch nur erwähnt worden. Erst im letzten Kinofilm »Echte Wiener – die Sackbauersaga« erinnert sich Mundl im Gespräch mit seinem Enkel René an seine leibliche Mutter. Aber das ist eine andere Geschichte.

Wir hatten bei den Dreharbeiten unseren Spaß. Selbst die etwa zwei Duzend ORF-Techniker und sonstige Mitglieder des Drehstabes haben sich köstlich über die Komik der Szenen amüsiert. Und es hatte schon etwas zu bedeuten, wenn die in ihrer langjährigen Berufserfahrung abgebrühten Vollprofis vom Fernsehen plötzlich wirklich emotional »einsteigen« und mit uns lachten und sich freuten, vor allem aber immer wieder beteuerten, dass sie solche Typen wie den Mundl kennen oder sogar sich selbst oder ihre Kollegen als Mundls wiedererkennen würden. Das hat uns schon vor der ersten Ausstrahlung ein untrügliches Gefühl gegeben, mit diesem Fernsehspiel ganz richtig zu liegen. Diese gewisse Mischung aus lebensnaher Komödie mit doch recht deutlichen sozialkritischen Hintergründen kam Mitte der 1970er Jahre gerade rechtzeitig. Bis dahin waren die »kleinen Leute«, die Proleten, die einfachen Durchschnittsbürger, die Unterprivilegierten, kein Thema für Fernsehspiele.

Ernst Hinterberger war dafür genau der richtige Autor. »Die klanen Leut, für die sich sonst niemand interessiert« waren schon damals seine Helden und sind es bis heute geblieben. Allerdings hatte er, wie schon erwähnt, seinen Roman »Salz der Erde« – übrigens ein biblisches Zitat aus der Bergpredigt, Mt. 5,13–16 »Ihr seid das Salz der Erde« – aus dem Jahr 1966 viel härter und hoffnungsloser angelegt, als er in der Bearbeitung von Reinhard Schwabenitzky und Hans Preiner dann über den Bildschirm gekommen ist. Lediglich die zentralen Figuren, die Mitglieder der Arbeiterfamilie Sackbauer und ihre unmittelbaren Freunde aus der Hasengasse sind letztlich von der literarischen Vorlage übriggeblieben. Aber diese Sackbauers hatten es eben in sich.

Hinterbergers authentische und sehr genau gezeichneten Charaktere einer Wiener Durchschnittsfamilie aus dem Arbeitermilieu sind plötzlich lebendig geworden. Das war einerseits das Verdienst von Reinhard Schwabenitzky – der zwar kein »echter Wiener« ist, sondern ein gebürtiger Salzburger –, und andererseits das Verdienst der großartigen Schauspieler, die Reinhard mit Geschick und Gespür auf die Schnelle zusammengetrommelt hatte. Die meisten von ihnen hat man bis dahin, zumindest in der breiten Öffentlichkeit, nicht einmal dem Namen nach gekannt.

Da war vor allem Karl Merkatz als großgoscherter Edmund »Mundl« Sackbauer – zwar auch kein echter Wiener, aber immerhin ein echter Wiener Neustädter. Dann Ingrid Burkhard als seine geduldige Ehefrau Toni, eine echte Wienerin. Klaus Rott als Sohn Karli, der Trottel, auch ein echter Wiener. Erika Deutinger als trotzige Tochter Hanni, eine echte Salzburgerin aus Radstadt. Rudi Schippel als gütiger Schani-Onkel – kein echter Wiener, sondern gebürtiger Berliner! Liliana Nelska als Irmi, die Freundin von Karli – eine gebürtige Ungarin. Alexander Waechter als »Nudelaug« Franzi Vejvoda, Hannis Freund – ein Grazer. Ab der vierten Folge dann auch noch Gottfried »Götz« Kauffmann als Kurti Blahovec, der versoffene Hausmeisterphilosoph – ein gebürtiger Wiener. Und last but not least, Maria-Dolores »Dolly« Schmidinger als Kurtis lebens- und liebesfrohe Frau Fini – eine Wienerin.

Diese international zusammengemischte Truppe spielt nun eine echte Wiener Arbeiterfamilie so überzeugend, dass einem die Spucke wegbleibt. Aber diese Melange aus Menschen verschiedener Herkunft macht ja auch zu einem guten Teil die »echte Wiener Mischung« aus. Ein Blick ins Wiener Telefonbuch genügt als Beweis.

Ich habe mir oft darüber Gedanken gemacht, wieso der »Echte Wiener« so ein nachhaltiger Erfolg geworden ist. Und wieso er einen derartigen Kultstatus über dreieinhalb Jahrzehnte erreicht und gehalten hat. Wahrscheinlich hat damals, als wir damit noch völlig unbelastet begonnen haben, bereits dieses seltene Phänomen einer positiven Gruppendynamik zu wirken begonnen. Es haben eben viele Faktoren perfekt zusammengepasst. Wir haben uns auf Anhieb alle gut verstanden, waren uns sympathisch und haben nie wirklich ernsthaft gestritten. Und das betrifft nicht nur die Schauspieler. Das betrifft genauso die geistigen Väter Ernst Hinterberger als Autor und Erfinder der Figuren, Hans Preiner als Entdecker und Motor, Gottfried »Blacky« Schwarz als verantwortlichen Unterhaltungschef des ORF, der das richtige Gespür für die inhaltliche Brisanz gehabt hat und natürlich auch die ORF-Techniker, allen voran Helmut Fibich als Kameramann mit unendlichem Einfühlungs- und Durchsetzungsvermögen. Es war aber auch der richtige Zeitpunkt, der uns genau damals zusammengeführt hat. Zufälle gibt es ja bekanntlich nicht. Es lag einfach in der Luft. Und es war auch eine gewisse jugendliche Unbekümmertheit, mit der wir an die Sache herangegangen sind.

Die große Frage war nun, wie dieses Fernsehspiel beim Publikum ankommen würde. Gespannt haben wir die Sendung am Sonntag, dem 8. Juni 1975 im Kaffeehaus gemeinsam verfolgt. Das war damals, zumindest in der Vorstadt, noch durchaus üblich. Man ging eben statt ins Kino ins Kaffeehaus oder ins Wirtshaus, um dort im Kreis der Stammgäste fernzuschauen. Die Reaktionen der anwesenden Gäste in unserem Vorstadtcafé auf das »Salz der Erde« waren gemischt. Einige waren schockiert ob der deftigen Sprache. Aber die Mehrheit hat sich sehr gut unterhalten, um nicht zu sagen, sie haben sich »echt abghaut« über den Mundl und seine Familie.

Die Wahrnehmung durch die Presse war spärlich. In der damals wie heute auflagenstärksten Österreichischen Boulevardzeitung, der »Neuen Kronen Zeitung«, war vorerst nur eine spartanische Ankündigung auf der TV-Programmseite zu lesen:

So. 8. Juni 1975 FS 1 22:15*: »Impulse«: 1. Salz der Erde, 2. Heiteres Bezirksgericht.*

Sonst keinerlei Hinweis auf Inhalt oder Besetzung oder Anderes. Naja, die »Impulse« waren ja auch eine avantgardistische Sendereihe für mehr oder weniger Eingeweihte, die am nächsten Tag länger schlafen durften. Der »normale« arbeitende Fernsehzuschauer ging um 22 Uhr bereits schlafen.

Eine gedruckte Kritik auf unsere Premiere erschien in der Krone keine. Aber dafür hat die »Kommunistische Volksstimme« »mangelnden ideologischen Tiefgang« registriert, »eine zunehmende Verflachung der Sendereihe ›Impulse‹« festgestellt und sich bitter über »die nicht gerade überzeugende Schilderung des Arbeitermilieus« beklagt. Das Ganze sei »eher eine Karikatur davon gewesen«. Immerhin kann man daraus ablesen, dass man sich mit unserem Erstling sogar ernsthaft ideologisch auseinandergesetzt hat. Aber auch das ist bereits Geschichte. Oder kann man aus heutigen Fernsehkritiken ein derart politisch-kritisches Bewusstsein herauslesen?

Auch beim ORF Kundendienst gab es eine ganze Menge Anrufe. Die meisten waren ablehnend und unfreundlich. Empörte Wiener beschwerten sich vor allem über die ordinäre Sprache. Eine entsprechende Meldung etwa lautete wörtlich: »Sads es deppert? Mir Wiener san net so ordinär, es Arschlöcher!« Und manche Zuseher hielten das Milieu für eine Zumutung. Eine typische Reaktion der 1970er Jahre. Das Publikum war schockiert bis entrüstet, mit Proleten und ihren Problemen konfrontiert zu werden.

Ich kann mich in diesem Zusammenhang noch gut an die glänzende Premiere von Ödön von Horváths »Kasimir und Karoline« im Theater in der Josefstadt erinnern. Die lautstarke Entrüstung eines Teils des typischen Josefstadt-Stammpublikums klingt mir noch in den Ohren. Man hielt das sozialkritische Stück aus dem Jahr 1932 für eine Zumutung. Man wollte eben Ende der 1970er Jahre von den Problemen des arbeitslosen Chauffeurs Kasimir und seiner Karoline im trostlosen Umfeld der Weltwirtschaftskrise von 1929 einfach nichts wissen. Das war damals offenbar Zeitgeist.

Aber die Mundpropaganda zu unserem »Salz der Erde« funktionierte ausgezeichnet. Wir haben persönlich begeisterte Zustimmung erfahren. Und das nicht nur von unseren engeren Freunden und Bekannten. Viele Menschen haben es bedauert, die Sendung nicht gesehen zu haben. Videorecorder gab es nämlich damals auch noch keine. Unglaublich, aber wahr. Vielleicht hat man sich seitens des ORF auch deshalb entschlossen, die Sendung ein Jahr später zu wiederholen. Aber bleiben wir in der chronologischen Kontinuität.

»Für das Medium Buch, von dem man allerhand gewöhnt ist, ginge dieses Werk vielleicht noch an – für das Medium Fernsehen ist es einfach zu ordinär.« *TV-Aktuell*

Edmund Sackbauer

Der »Mundl«

Der Mundl ist gelernter Elektriker oder »Funkenschuaster«, wie man in seinem Heimatbezirk Favoriten zu sagen pflegt. Er ist also einer, der imstande ist, kaputte Leitungen und durchgebrannte Kabeln zu flicken – wie ein Schuster eben. Deshalb lässt er auch immer wieder die Funken spritzen, dass es nur so kracht. Manchmal hat er auch Gedankenblitze, die ihn aus heiterem Himmel treffen. Er nennt das dann wohlgefällig »Hirnidee«, wenn er sie selber hat. »Hirnideen« von anderen sind in seinen Augen zumeist »a aufg'legter Blödsinn«, oder, wenn es ganz arg wird, »a aufg'legter Schaß«. Sein ganzes Dasein wird aber auch immer wieder von Kurzschlüssen erheblich beeinflusst, und manchmal steht er selbst auf der Leitung, ohne es zu bemerken.

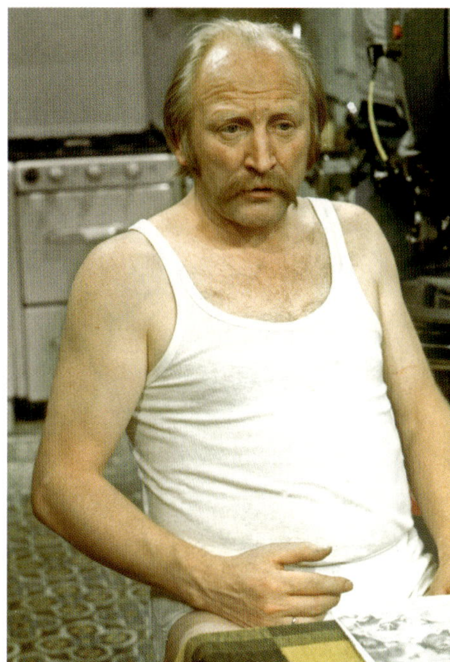

Er hat ein festgefasstes Weltbild, von dem er sich nicht abbringen lässt. Er ist ein typischer Vertreter der arbeitenden Klasse, als »Prolet« sieht er sich aber nicht. Sein grundsätzliches Misstrauen gegen alle Nichtproleten, also gegen Vorgesetzte, Studierte, Politiker und Ärzte, bestärkt ihn in seiner Meinung, allen überlegen zu sein. Und diese Meinung äußert er nahezu täglich lautstark und wortgewaltig.

Er hat eine starke Bindung zu seinem verstorbenen Vater, den berühmten Großvater, den er immer wieder zur Bestärkung seiner Meinung zitiert und damit seine nähere Umgebung nervt.

Er fühlt sich als das unumstrittene Familienoberhaupt, einzig und allein von seinen Entscheidungen hängt das Schicksal seiner Familie ab – glaubt er zumindest. Die Familie ist ihm das Wichtigste, er fühlt sich permanent für das Wohl seiner Anvertrauten verantwortlich, manchmal auch gegen deren Willen. Das lässt sich allerdings wegen seiner oft deftigen Verbalattacken auf den ersten Blick nicht immer erkennen. Er hat eben das, was man in Wien als »große Goschen« bezeichnet.

Wenn er unter Hochspannung steht – und das ist er fast immer–, droht er mit seiner berühmten »Watschen«, die ein vierzehntägiges Kopfwackeln auslöst. Doch diese Drohung bleibt immer nur eine verbale, hinhauen tut er niemals.

Sein absolutes Lieblingsgetränk ist das Bier, das ja bekanntlich net deppert ist. Wehe, wenn nicht genügend Vorrat im Kühlschrank ist. Das kann zu einer echten Ehekrise führen, aber auch die gehört dazu wie das Amen im Gebet.

Im Grunde seines Herzens ist er ein guter Kerl mit rauer Schale, der sein Leben lang versucht, gegen den Wechselstrom des Schicksals zu schwimmen.

Aber vor allem ist Mundl ein echter und typischer Wiener mit allen positiven und negativen Eigenschaften, die das echte Wienertum ausmachen.

Die zweite Folge

Der Urlaub

Jedenfalls hat das »Salz der Erde« Staub aufgewirbelt. Und das hat uns natürlich sehr gefreut. Der ORF hat daraufhin Ernst Hinterberger gebeten, gemeinsam mit Reinhard Schwabenitzky und Hans Preiner, eine Fortsetzung zu schreiben. Die ist dann Ende August bis Anfang September 1975 mit dem Titel »Der Urlaub« entstanden. Ich war bei dieser Produktion als Inspizient und wieder als Klavierspieler beschäftigt. Der Übertitel war übrigens zum ersten Mal »Ein echter Wiener kann nicht untergehen«.

Das Thema Urlaub aus dem »Salz der Erde« wird weitergeführt und endet in einer sogenannten »Krotenlacken«. Mundl verliert »seine Hackn«, weil er »seine vorlaute Goschen« nicht halten kann. Mit dieser Fortsetzung haben wir zum ersten Mal ein hochbrisantes zeitaktuelles Thema aufgegriffen: die Arbeitslosigkeit. Ein Thema, das uns allerdings bis in die Gegenwart beschäftigt. Bemerkenswert auch, wie mutig der ORF damals gewesen ist. Immerhin waren ja die Regierungen Kreisky II bis Oktober 1975, Kreisky III bis Juni 1979 und Kreisky IV bis Mai 1983 an der Macht, allesamt SPÖ-Alleinregierungen, die sich mit dem Problem der Arbeitslosigkeit auf ihre Art beschäftigt haben.

Zur zeitpolitischen Brisanz unserer Sendungen ist allgemein zu sagen, dass wir immer die gerade aktuellen Probleme aufgegriffen und sie am Beispiel der Familie Sackbauer möglichst breitenwirksam und kritisch durchgespielt haben. Und das in Form der Komödie. Vielleicht auch ein Grund für den Kultstatus der »Echten Wiener«. Auf jeden Fall aber ein Beweis für eine durchaus gesunde Portion Mut seitens der ORF-Verantwortlichen. Den hat es damals tatsächlich noch gegeben.

Auch der Sendetermin dieser zweiten Folge war mutig: Sonntag, der 26. Oktober 1975, immerhin der Österreichische Staatsfeiertag. Und die Sendezeit war sogar 25 Minuten früher als beim »Salz der Erde«, wie man der TV-Programmankündigung der »Neuen Kronen Zeitung« entnehmen konnte:

So. 26. Oktober 1975 FS 1 21:55 *»Impulse«: 1. Ein echter Wiener geht* *nicht unter, 2. Filme vom Trickfilmfestival in Annecy.* Parallel dazu in FS 2: *»Zeit im Bild 2 mit Sport«.*

Sicherlich eine starke Konkurrenz.

Doch nun zum Inhalt dieser zweiten Folge, die man unter das Motto »Heut ist ein Tag!« stellen könnte, wie Toni in der Folge einmal seufzend feststellen wird.

In der Beziehung zwischen Hanni und Franzi kriselt es bereits. Das soll es ja im wirklichen Leben auch geben – was sich liebt, das streitet sich. Als sich Franzi sogar weigert, am gemeinsamen Italienurlaub teilzunehmen, ist für Hanni der Ofen aus. Sie ist derart wütend, dass sie ihm sogar den Verlobungsring vor die Füße schmeißt und nichts mehr von ihm wissen will.

Mundls erster Auftritt in dieser Folge geschieht im Off. Das heißt, wir hören vorerst nur seine lautstarke Schimpfkanonade und sehen ihn erst, als er das Gebäude wutentbrannt verlässt und einen unschuldigen Passanten anpöbelt, der ihm zufällig über den Weg läuft. Gedreht haben wir diese Szene übrigens vor dem Eingangsbereich der Rosenhügel-Studios in der Speisingerstraße. Im Hintergrund ist in einiger Entfernung das neue ORF-Zentrum Küniglberg in seiner ganzen Pracht zu erkennen.

Ein freundlicher Auftritt Mundls überrascht Toni und Karli daheim, Mundl singt sogar den »Narrischen Kastanienbaum«. Es stellt sich heraus, dass er fristlos entlassen wurde, da er seinen Chef gefragt hat, »ob sie ihm ins Hirn geschissen haben, weil er drei Türken als Hilfsarbeiter aufgenommen hat«. Toni ist entsetzt darüber und Karli raubt seinem Vater jegliche Illusion auf eine neue Anstellung. Immerhin sei Mundl ja bereits 48 Jahre alt »und da kannst dich heutzutage schon brausen«, wie Karli ungerührt feststellt. Er werde jedenfalls mit seiner Irma einen gepflegten Urlaub auf den Inseln, den Kanarischen nämlich, verbringen und nicht in Jesolo, »wo eh schon alle Arschlöcher hinfahren«. Für den geplanten Familienurlaub ist jetzt ohnehin kein Geld mehr da, Mundl wird als »Arbeitslose« ein Viertel vom letzten Bruttogehalt erhalten.

Da kommt Hanni sehr bedrückt heim und gesteht, dass Franzi nicht nach Jesolo mitfahren wolle. Das bringt Mundl natürlich auf die Palme: »Wahrscheinlich samma ihm net gut gnua, dem Herrn Buchhalter, dann soll er uns halt am …«

Da fährt Toni energisch dazwischen: »Jetzt haltst aber amal die Pappen, Mundl, du hast es notwendig! Außerdem fahr ma eh net nach Italien.«

Die typische Antwort Mundls: »Gut, bitte, sag i halt nix mehr, wenn man net amal in seiner eigenen Wohnung die Pappen aufreißen darf.«

Hannis verzagte Frage nach dem Warum bleibt unbeantwortet.

Mundl bringt beim wöchentlichen Stemmer-Training das Gewicht nicht zur Strecke, er klagt seinem Obmann Traxler sein Leid. Der hat bereits Ersatz für Mundl und Karli im Auge.

Daheim studiert Toni die Stellenangebote in der Zeitung. Sie findet allerding fast nur Arbeitsplätze für das Höchstalter 35 Jahre. Mundl ist sehr deprimiert und tröstet sich mit seinem geliebten Bier. Auf Tonis nachdrückliche Aufforderung entschließt er sich endlich, doch einmal anzurufen. Er steckt die herausgerissene Zeitungsannonce ein und geht brummend.

Mundl in der Telefonzelle. Davor wartet geduldig ein anderer Anrufer. In den 1970er Jahren gab es bekanntlich noch diese schwarz-gelb gestrichene Einrichtung der öffentlichen Telefonzellen. Zu einem eigenen Telefonanschluss haben es die Sackbauers damals noch nicht gebracht. Sie werden erst in einer viel späteren Folge ein eigenes Telefon bekommen. Mundl war offenbar nicht erfolgreich mit seinem Telefonat und knallt die Tür der Telefonzelle wüten zu, dass es kracht. Der geduldig Wartende versucht nun vergeblich, die klemmende Tür zu öffnen und resigniert schließlich.

Hier haben wir uns übrigens zum ersten Mal den Spaß erlaubt, ein Teammitglied in die Handlung einzubauen: Der verhinderte Anrufer war niemand anderer als unser Kameramann Helmut Fibich, der seinen Rolle sehr überzeugend gespielt hat. Ähnliche sogenannte »Cameo-Auftritte« werden in den späteren Folgen noch öfter vorkommen. Berühmt gemacht hat diese Art des persönlichen Erscheinens im Film übrigens der große Alfred Hitchcock.

Das anschließende lustlose 3er-Schnapsen am Familientisch zwischen Mundl, Toni und Hanni wird durch Klingeln an der Wohnungstür unterbrochen. Mundl stellt hier zum ersten Mal seine legendäre Frage »Wer is denn des?«. Eine Frage, die niemand in der ganzen Serie je beantworten konnte. Diesmal ist es ein zerknirschter Franzi mit einen Blumenstrauß für Toni und einer Vivaldi-LP für Hanni.

Er ist gekommen, um sich bei Hanni zu entschuldigen und wundert sich, dass der Herr Sackbauer schon am Nachmittag zu Hause ist. Toni drängt Mundl, den Grund dafür zu erzählen. Es sei außerdem keine Schande, wenn man gerade keine Beschäftigung hat und schließlich gehöre der Herr Franzi ja schon zur Familie. Widerstrebend gibt Mundl den wahren Grund zu und lädt Franzi zu einem »gepflegten Bauernschnapser« ein. Er habe sich zwar gedacht, dass der Herr Franzi nicht Schnapsen kann, wo doch jeder Trottel heute schnapsen könne, aber »so viel werden 'S schon können, dass wir die zwei Weiber ordentlich hineinhauen«. Mundl befleißigt sich hier einer ungewöhnlich gestelzten Variation von Hochdeutsch, ein sehr typisches Phänomen aller echten Wiener.

Im Verlauf der folgenden Bauernschnapspartie kommt es zur peinlichen Situation, dass der Herr Franzi zuerst das angesagte »Gangl« Mundls spritzen will, eine nach allen Regeln dieses Kartenspiels unmögliche Ansage. »Gangl« oder auch »Durchmarsch« bedeutet, dass der Ansager alle Stiche machen muss. Dies zur Erklärung für die Wenigen des Bauernschnapsens Unkundigen. Doch die Krone setzt Franzi der ganzen Partie auf, als er Mundls letzten Stich, den der ja im »Gangl« machen müsste, mit einem Treff-König absticht. Karl Merkatz hat hier wohl einen seiner trefflichsten mimischen Reaktionen geboten. Ich kann mich an keinen ausdrucksstärkeren und im tiefsten Inneren verletzteren, nahezu waidwunden Blick entsinnen, der diese wortlose Fassungslosigkeit über ein verlorenes Kartenspiel ausdrückt.

Die Schluss-Szene spielt am Ufer einer sogenannten »Krotenlacken«, einem undefinierbaren Gewässer irgendwo am Rande Wiens. Soweit ich mich erinnere, war das in unserem Fall irgendwo im 14. Wiener Gemeindebezirk, vielleicht sogar der »Silbersee« am Dähnepark, eine Art kleiner, einsamer Teich, der den Sackbauers als Ersatz für den Lido di Jesolo herhalten musste. Dort nun erwarten Mundl, Toni und Hanni den Herrn Franzi, der sich aber ganz gegen seine Gewohnheit etwas verspätet. Das Ufer dieses Gewässers ist sehr unwirtlich, um nicht zu sagen, unappetitlich. Das veranlasst unseren Mundl zur Frage, »ob eh kaner hingschissen hat«.

Man verbringt die Wartezeit mit dem Verzehr des obligaten in der Kühltasche mitgebrachten kalten Wiener Schnitzels samt Erdäpfelsalat im Gurkenglas. Die drei Sackbauers geben dabei ein köstlich-skurriles Bild ab. Vor allem Mundl gleicht einem in Wien sogenannten »Topfenneger«, einem sehr weißhäutigen Sommerfrischler, der zum ersten Mal in der Saison seinen Luxuskörper öffentlich zur Schau stellt. Da taucht der Herr Franzi endlich auf. Als Grund für seine Verspätung gibt er an, sich bei seinem Chef erkundigt zu haben, der auf der Suche nach einem verlässlichen Hauselektriker sei. Wenn der Herr Sackbauer will, könne er jederzeit einmal unverbindlich vorbeischauen. Nach anfänglichem Zögern stimmt Mundl zu, er könne sich die Sache ja einmal

Franzi, Hanni, Mundl und Toni beim Badeausflug

anschauen. Mit einer durch mehrfaches Trinken aus dem mitgebrachten Doppler Rotwein unterbrochenen Erzählung Franzis über den komplizierten Inhalt seines nächsten Hörspiels, zu dem er endlich den offiziellen Auftrag erhalten hat, endet diese Folge mit dem gemeinsamen Plantschen in der Krotenlacken.

Bei dieser zweiten Folge ist mir die sensationelle Kameraarbeit Helmut Fibichs besonders in Erinnerung geblieben. Er hat es mit seiner Elektronik-Kamera geschafft, eine wunderbar filmische Sequenz zu drehen. Am Ende der ersten Szene, dem Streit zwischen Hanni und Franzi, wenn sie ihm davonläuft, fährt er ihr mit seinem schwarzen VW Käfer mit Fetzendach auf der Wiese nach. Helmut Fibich hat das alles mit einem extremen Teleobjektiv eingefangen. Der Effekt ist verblüffend, die beiden Streithanseln scheinen fast nicht von der Stelle zu kommen. Abgesehen davon haben sowohl Erika Deutinger als auch Xandi Waechter hier wirklich ganze professionelle schauspielerische Arbeit geleistet. Sie spielen diesen sehr emotionalen Dialog auf einer ziemlich langen Wegstrecke erstaunlich präzise. Nudelaug Franzi musste sich an Hannis Gehtempo halten und dabei auch noch geradeaus fahren, ohne ein einziges

Mal nach vorne zu schauen. Heute würde man eine derartige Aufnahme mit viel größerem Aufwand drehen. Zumindest würde man die Kamera am VW montieren oder »mounten«, wie es in der Fachsprache heißt. Oder man würde den VW mitsamt der Kamera auf einen Tieflader stellen und durch die Gegend ziehen, während die Hanni daneben herläuft. Aber damals haben wir das so unkompliziert gelöst, wirklich erstaunlich.

Zusätzlich hat auch der Tonmeister ganze Arbeit geleistet. Damals hat es ja auch noch keine Funkmikrofone gegeben, die man irgendwo im Kostüm der Schauspieler unauffällig verstecken konnte. Die Szene wurde einfach mit einen Richtmikrofon »geangelt«. Ich glaube, wir haben diese Szene einmal geprobt und dann höchstens zweimal gedreht. Kompliment an alle Beteiligten.

Bei dieser Folge haben wir auch zum ersten Mal eine besondere Schluss-Sequenz verwendet. Am Ende der Sendung läuft der sogenannte Abspann, in dem alle Mitwirkenden namentlich genannt werden. Wir haben den Schauspielern als Hintergrund dafür etwa eineinhalb Minuten Stegreifspiel vor stehender Kamera freigegeben. Sie sollten einfach drauflos improvisieren und mit einem Gag enden. Der Regieassistent hat hinter der Kamera angezeigt, wie viel Zeit noch zur Verfügung steht, um diesen Schlussgag anzubringen. Im Vorfeld dazu haben wir uns lediglich einen ungefähren Handlungsrahmen abgesprochen und den Bildausschnitt festgelegt. Geprobt haben wir diese Sequenzen nicht, um eine optimale Spontaneität zu erreichen. Ich kann mich nicht erinnern, dass wir eine solche Sequenz jemals wiederholen mussten. Dieser Trick hat sich bis zur letzten Folge sehr gut bewährt und uns vor der Unsitte geschützt, den wichtigen Nachspann einfach wegzuschneiden, da ja die Handlung noch weitergeht. Diese Unart wird ja seit vielen Jahren von sämtlichen Fernsehanstalten zum Ärger der Beteiligten und der Zuschauer praktiziert.

Die Reaktionen auf diese zweite Folge waren in meiner Erinnerung wesentlich zahlreicher als bei der ersten. Ich konnte aber keinerlei Hinweise in den Archiven finden. Aber es ist mit Sicherheit anzunehmen, dass viele Zuseher auch diese Folge gesehen haben. Deshalb hat sich das kreative Triumvirat Hinterberger, Preiner, Schwabenitzky neuerlich zusammengetan und weitere Pläne ausgeheckt. Ernst Hinterberger war vom Erfolg überrascht und es war daher nicht schwer, ihn zur Weiterentwicklung der Sackbauer-Story zu bewegen. Die einzige Auflage seitens des ORF war der Wunsch, den Helden Edmund Sackbauer im Gegensatz zum Roman nicht scheitern zu lassen. Man wollte

»Dicke Luft« – Hanni, Franzi, Toni, Mundl

also keinen offensichtlichen Verlierer zur Hauptfigur machen. So wurde unser Mundl zu einem wortgewaltigen Patriarchen, der sich nicht zuletzt wegen seiner starrköpfigen Haltung manchmal in die gefährliche Nähe eines möglichen Reinfalls laviert. Er schafft es aber immer, im letzten Augenblick die Kurve zu kratzen. Und das geschieht nicht selten unter tatkräftiger Mithilfe seiner leidgeprüften besseren Hälfte, seiner Toni, die ihm trotz allem die Stange hält.

Der Plan war, insgesamt vier neue Folgen zu entwickeln, die dann im Sommer und Herbst 1976 gedreht werden sollten. Im August 1976 sollten die beiden ersten Folgen »Salz der Erde« und »Der Urlaub« wiederholt und im Anschluss zwei neue Folgen, nämlich »Die Wohnung« und »Abgründe« ausgestrahlt werden. »Der Besuch« und »Das Haus« dann im November und Dezember 1976.

Ich selbst war in dieser Zeit, vom September 1975 bis Ende Mai 1976, nicht mit der Drehbuchentwicklung beschäftigt, sondern habe, wie schon in der Zeit davor, als Aufnahmeleiter und Musiker mein tägliches Brot sauer verdient.

Mitten im Hochsommer, mitten in der Sauregurkenzeit, an zwei aufeinanderfolgenden Sonntagen, dem 9. und dem 16. August 1976 war es dann so weit. Die beiden ersten Folgen wurden wiederholt. Und diese Wiederholungen schlugen dann zur Hauptsendezeit um 20 Uhr richtige Wellen.

Die Anzahl der Anrufe beim ORF Kundendienst stieg rapide an. 97 Beschwerden standen 5 positiven Anrufen gegenüber. Die »Kronen Zeitung« hat ihren Lesern die Frage »Ist die Familienserie in FS 1 zu ordinär für das Fernsehen? Immer heftigere Proteste!« gestellt und damit wohl direkt zu eben diesen Protesten aufgerufen.

Bemerkenswert daran finde ich, dass die »Kronen Zeitung« bereits den Begriff »Familienserie« verwendete. Zu dieser Zeit gab es diesen Begriff in Österreich im heutigen Sinn noch gar nicht. Heute würden wir das ja auf Neudeutsch als »Sitcom« bezeichnen. Lediglich in der BRD gab es seit 1973 eine ähnliche Familienserie beim WDR. »Ein Herz und eine Seele« oder »Ekel Alfred – Alfred Tetzlaff« mit Heinz Schubert in der Hauptrolle spielte ebenfalls im Arbeitermilieu der Familie Tetzlaff in Bochum-Wattenscheid. Geschrieben wurde diese sehr erfolgreiche Serie vom durch sein »Millionenspiel« bekannten deutschen TV-Erfolgsautor Wolfgang Menge als Adaption der englischen BBC-Serie »Till Death Us Do Part«– »Bis der Tod uns scheidet« von Johnny Speight. Aber ich bin mir ziemlich sicher, dass dies damals nur einigen wenigen Eingeweihten bekannt war. Und im Grunde war das dem Publikum auch ziemlich egal oder »blunzn«, wie es Mundl genannt hätte. Außerdem gab es ja auch kein Satelliten- oder Kabelfernsehen zu der Zeit. In Österreich konnte man deutsche Sendungen nur im Rahmen der Eurovision sehen. Und »Ekel Alfred« war da sicher nicht dabei. »Einer wird gewinnen – EWG« mit Hans Joachim Kulenkampff eher schon.

Die dritte Folge

Die Wohnung

Am Donnerstag, dem 3. Juni 1976 habe ich meinen offiziellen Vertrag als Regieassistent für die Produktion »Ein echter Wiener geht nicht unter« unter der Projektnummer 6/103/925 vom ORF erhalten, am darauffolgenden Mittwoch, dem 9. Juni 1976 habe ich mit meiner Tätigkeit begonnen. Wir waren noch immer in unserer inzwischen zur Heimat gewordenen 5er-Halle am Rosenhügel untergebracht.

Unsere Familie war inzwischen um das Ehepaar Werner, die Eltern von Karlis Irma und stolze Inhaber eines kleinen Strickmodengeschäfts, angewachsen.

Ilse Hanel und Jaromír Borek gehörten seit damals als unverzichtbare »bürgerliche« Pendants zur Sachbauer-Sippe. Konfliktstoff aus rein sozialen Herkunftsgründen gab es somit genug. Die gegenseitige Abneigung äußerte sich in entsprechenden Verbalattacken, wobei vor allem Irmas Mutter Martha Werner besonders penetrante Standesdünkel zum Besten gab. Franz Werner, der eher verständnisvolle, konfliktscheue und zur Vermittlung neigende Vater, stand auf der Seite seiner Tochter, was ihm immer wieder rügende Vorwürfe seiner Gemahlin einbrachte. Jaro Borek hat sich für diesen Charakter eine wunderbare Marotte zugelegt: Immer, wenn es brenzlig wurde, unterdrückte er ein aufkommendes Magendrücken und griff zur allzeit paraten Magenbitterflasche. Es versteht sich von selbst, dass Ilse Hanel als seine angetraute »bessere Hälfte« diese selbstverordnete Therapie bis zur letzten Folge der Serie konsequent mit missbilligendem Kopfschütteln registrierte.

Dies als kleines, aber feines Darstellungsdetail, das im Zuge der Probenarbeit entstanden ist. Mundls proletarisch-ablehnende Haltung gegenüber Karlis bürgerlichen Schwiegereltern in spe war natürlich vorauszusehen. Seine unvergleichlich bildhafte Ausdrucksweise bereicherte den typischen Mundl-Wortschatz erheblich, vor allem im Bereich der sozialen Unterschiede. Mit Sätzen wie: »Die glauben, die san was bessers!« oder »Die wolln ja mit uns Proleten nix z'tun haben, die Arschlöcher!« oder »Die glauben, mir san vielleicht Trotteln, oder was?« hat unser Familienoberhaupt seinen verletzten Stolz als gestandener Proletarier immer wieder nachdrücklich artikuliert.

In dieser dritten Folge geht es unter anderem um die geplante Heirat zwischen Karli und Irma. Dazu sucht nun der Karli eine entsprechende Wohnung. Ein Unterfangen, das damals wie heute zu den relativ schwierigen und kostspieligen Dingen im Leben zählt. Natürlich gerät das junge Paar dabei an ein schmieriges Vermittlungsbüro, das für drei unbrauchbare Adressen einen unangemessen hohen Betrag kassiert.

Es ist wieder ein besonderer Tag für die Familie Sackbauer. Mundl soll sich bei seinem neuen Chef vorstellen. Er schmeißt sich dazu in Schale, wie man in Wien sagt. Das heißt, er tauscht seine obligate Lederjacke und die grüne Schnürlsamthose gegen Sakko, Hemd und Krawatte. Dabei platzt er ins Schlafzimmer, wo sich Karli und Irma wieder einmal im elterlichen Ehebett vergnügt haben. Mundl kann seinen Blick kaum von der unbekleideten Irma abwenden, was Karli zu der trockenen Bemerkung veranlasst: »Und nebenbei schaust da Irmi am Arsch, dass dir die Augen außekommen wie an Laubfrosch.«

Toni und Hanni haben für den abendlichen Besuch bescheiden eingekauft. Man will gemeinsam Franzis Hörspiel im Radio hören. Der Aufwand dafür bringt Mundl auf die Palme: »Eh klar, i bin arbeitslos und meine Leut kaufen ein, wie wenn i an Haupttreffer gmacht hätt.«

Auch das ausständige Kostgeld Karlis belastet die allgemeine etwas angespannte Situation in der Familie.

Dennoch begeben sich Karli und Irma in ein sogenanntes Adressenbüro, eine typische Einrichtung der 1970er Jahre. Dort hat man tatsächlich gegen die Bezahlung eines nicht geringen Betrages nichts anderes als Adressen von angeblich zur Vermietung freien Wohnungen erhalten.

Ich kann mich noch sehr gut an eine derartige Episode erinnern, die ich damals selbst erlebt habe. Und so einen Reinfall erfahren Karli und Irmi nun am eigenen Leib. Karli legt dafür »Fuffzehn Kilo« hin, was im Klartext 1500 Schilling bedeutet. Dafür bekommt er drei Adressen und unterschreibt einen Vertrag mit »kiloweises Klandruckten«. Die erste Adresse ist eine desolate Waschküchenruine im Hinterhof, die zweite ein möbliertes Zimmer, das grundsätzlich nur an ausländische alleinstehende Studenten vergeben wird und die dritte schließlich eine voll renovierte Neubauwohnung, für die allerdings 160 000 Schilling Ablöse verlangt werden. Karli lehnt dieses Anbot verärgert ab, schließlich »bin i der Sackbauer Karli und net der Aga Khan«.

Als die drei Ansprechpersonen glänzen Hanne Rohrer, Maria Englstorfer und Ernst Hausknost in den jeweiligen Episoden. Dass Karli und Irma auf ihrer vergeblichen Wohnungssuche keine Einzelschicksale darstellen, beweist ein anderes Paar, das jeweils kurz nach Karli und Irmi an denselben Adressen erscheint und ebenso enttäuscht das Weite sucht.

In diesem »Running Gag«, einer mindestens dreimal widerkehrenden komischen Situation, erscheint Joschi Biedermann, unser sehr geschätzter Inspizient. Joschi wird in einer späteren Folge in einer anderen kleinen Rolle wieder auftauchen.

Mit diesem Misserfolg beladen kommen Karli und Irmi frustriert nach Hause. Auch Mundl erscheint mit einem großen Heftpflaster auf der Stirn. Er beantwortet Tonis Frage nach dem Erfolg bei der Vorstellung in der neuen Firma ausweichend und interessiert sich für Karlis vergebliche Wohnungssuche, die ja »Naphta«, also so gut wie nix war. In Karlis Erzählung platzt Franzi mit seiner Mutter, das Hörspiel wird gleich beginnen. Mundl besteht trotzdem zum Ärger von Toni und Hanni auf sofortigem Eingreifen in Sachen Wohnungsvermittlung. Mit den Worten »Die werden den Mundl heut scho kennenlernen, die brauchen ka Fernsehn oder Hörspiel, des kriegens heut live!« verlässt er mit Karli die traute Runde.

Mundl stellt im Adressenbüro die Verhältnisse eindeutig klar: »Bitte sagen sie doch nicht immer Herr Sohn zu mein Buam, des is ja kein Herr sondern ein Trottel.«

Der schnippischen jungen Adressenvermittlerin, sehr treffend dargestellt von Ingrid Kelemen, bleibt angesichts von Mundls Drohung »I pick Ihner auf die Mauer, dass Ihner der Chef abekratzen kann!« nichts über, als dem Herrn Sohn das Geld zurückzugeben. Mundls nachdrückliche Aufforderung »Sie brennen oder sie lernen mi kennen!« hat ihre Wirkung getan, Mundls Leitspruch »Glaubst der Sackbauer Mundl lasst si am Schädel scheißen und sagt no dank schön?« hat sich wieder einmal bewahrheitet.

Das Hörspiel ist zu Ende. Die Familie sitzt in einem ehrfürchtigen Halbkreis um das Radio, aus dem soeben der Sprecher die prominente Besetzung von Franzis Hörspiel verliest, als Mundl und Karli dazukommen. Besonders Hanni ist sauer, dass Mundl diesen kulturellen Genuss versäumt hat. Mundl verspricht, sich die Wiederholung bei Gelegenheit anzuhören, denn »die wiederholn eh alles im Radio!«

In etwas gespreiztem Hochdeutsch erzählt er von seiner väterlichen Heldentat. Schließlich ist ja Franzis Mutter, sympathisch menschlich dargestellt von der Tiroler Schauspielerin Julia Gschnitzer, zum ersten Mal im trauten Kreis der Familie anwesend.

»I glaub die hat sich vor lauter Angst angschissen. Was hätt i denn machen sollen, wenn sie meinen Buam um das Bein hauen wollen. Von allanich hätt der Trottel des Geld nie zruckkriegt.«

Mundls sprachliche Sensibilität lässt ihn Frau Vejvoda fragen: »Sie san net aus Wien?«

»Nein, aus Tirol.«

»Ah so, hab glaubt, aus Kärnten«, ein Beweis für das untrügliche Ohr des Wieners für alles, was nicht Wienerisch klingt.

Schließlich rückt Mundl mit seinem Geständnis heraus, dass der von Franzi vermittelte Job als Hauselektriker erst in drei Monaten frei werde. Sein Pflaster, das seine Stirn ziert, sei auf die vielen Glastüren in der Firma zurückzuführen. Jetzt hätten sie dort eine weniger.

Das Wohnungsproblem von Karli und Irma ist also noch immer nicht gelöst. Frau Vejvoda schlägt vor, doch einen Antrag bei der Gemeinde Wien auf eine Gemeindewohnung zu stellen. Voraussetzung wäre aber eine Heirat. Karli meint zwar, dass er »aufs Hirn ghaut ghörert, wegen einer depperten Wohnung zu heiraten«, nimmt das aber auf Irmis Vorwurf zurück. Das Wohnungsamt würde dann zum Schein eine Kommission schicken, um die derzeitigen Wohnverhältnisse zu überprüfen. Dieser Vorschlag stößt bei Mundl auf absolute Ablehnung. In seine Wohnung komme keine Kommission, nicht einmal zum Schein. Er würde »die Hurenkinder gleich über die Stiegen owehaun«.

Irma muss nun ihren Eltern reinen Wein einschenken. Vor allem Irmas Mutter äußert heftige Bedenken gegen die geplante Verbindung mit den Sackbauers, die nach Schilderung Irmas eh ordentliche Menschen seien. Elektriker und Stemmer sind allerdings für Irmas Mutter Proleten und keineswegs standesgemäß. Irma fragt patzig, ob Karli vielleicht stricken lernen soll, um in die Familie zu passen. Irmas Vater vermittelt immerhin ein erstes Zusammentreffen der beiden Familien, nicht zuletzt, um den häuslichen Frieden wieder herzustellen.

Karli überbringt die Einladung seiner zukünftigen Schwiegereltern und erntet erwartungsgemäß Mundls strikte Ablehnung. Seine lapidare Antwort lautet: »An Dreck geh ma hin, Trottel depperter. Kapierst du net, um was es geht bei dem Besuch? Bist du so deppert, oder stellst di nur so? Manchmal frag i mi, ob den wirklich i gmacht hab.«

Das obligatorische Schnapsen

Das bringt Toni zu ihrem in den kommend Folgen noch öfter harsch geäußerten »Mundi, jetzt halts'd aber die Pappen«.

Und Mundls Standardantwort in diesem und späteren Fällen »Bitte, sag i nix mehr!« beweist eindrucksvoll, wer im Hause Sackbauer in Wahrheit das Sagen hat. Auch Mundls trotzige Weigerung »Ihr könnts ja hingehn, aber i geh net hin« hält den Lauf des Geschehens nicht auf.

Beim gemeinsamen Abendessen beschnuppern sich die Sackbauers und die Werners. Irmas Mutter ist bei diesem Verhör federführend. Sie lockt aus den arglosen Sackbauers alles heraus, was ihre Vorurteile bestätigt. Auch Mundls Tischmanieren tragen dazu bei. Er zerlegt das Hendl wie nix, schließlich hat er Hände, mit denen er einen Ochsen zerreißen könnte. »Da ist ja so a Piperl direkt a Blaser«, wie er stolz bemerkt. Als die Sprache auf Karlis Beschäftigung als Staplerfahrer beim Konsum kommt, bei der er es mit einer Menge »Pfosten« zu tun hat, fühlt sich Mundl berufen, diesen Ausdruck, den Frau Werner offenbar nicht kennt, zu erklären: »Pfosten, wissens, san wie ma sagt, quasi

Trotteln, net direkte, aber immerhin Leut mit einem gewissen Kläscher, und die hat der Karli unter sich.«

Auch den Beruf des Staplerfahrers erklärt Mundl auf seine Art: »Weil Staplerfahrn kann ja heut scho jeder Trottel, er braucht net amal an Führerschein.«

Am Heimweg von den erschüttert hinterbliebenen Werners rückt Mundl nach einer Rüge Tonis, er habe gegessen wie ein Schweindl, mit der allerneuesten Neuigkeit heraus: er werde am nächsten Montag als Mitfahrer bei der Firma Marschall beginnen und dort Elektrogeräte ausliefern, so »Farbcolorfernseher« und ähnliches. Die Hackn hat ihm sein Obmann Traxler zukommen lassen.

Toni ist vorerst beruhigt, Mundl spendiert für die Heimfahrt ein Taxi, das allerdings den Geist aufgibt, sobald die Sackbauers eingestiegen sind. Es bleibt ihnen nichts übrig, als den schweren Wagen anzuschieben.

»›Ein echter Wiener geht nicht unter‹ (heute wieder um 20 Uhr in FS 1) empört viele Fernseher und hat eine beachtliche Protestwelle ausgelöst [...] Nach der zweiten Sendung zählte man schon 255 negative Stimmen und für heute rechnet man im ORF mit neuen vehementen Reaktionen.« *Kronen Zeitung*

Antonia Sackbauer

Die »Toni«

Die Toni ist diejenige, die im Grunde die Familie zusammenhält und alle Kurzschlusshandlungen ihres Mundl immer wieder ausbügelt. Sie hat das Herz am rechten Fleck und weiß genau, wann und wie sie eingreifen muss, um größeres Unheil zu verhindern.

Wenn es wirklich drauf ankommt, setzt sie ihren Willen mit sehr treffenden Worten kurz und bündig durch. Bei der Beurteilung der Geistesblitze ihres Göttergatten und deren Auswirkungen auf das gesamte Familienleben ist sie im Lauf der Jahre vorsichtig geworden. Eine gesunde Portion Skepsis hat sie sich wohl oder übel angeeignet. Trotzdem steht sie zu ihrem Mundl, den sie manchmal allerdings mit einem sehr bestimmten Unterton zur Ordnung rufen muss. Wenn sie ihn plötzlich »Edmund« statt »Mundi« nennt, ist es für ihn besser, seine vorlaute Pappen zu halten. Und es ist auch wahrlich kein Wunder, wenn ihr im Lauf der Zeit die Galle übergeht.

Im Endeffekt ist Toni die letzte Instanz im Familienrat, auch wenn sie gescheit genug ist, das ihrem Mundl nicht offensichtlich spüren zu lassen. Eine kluge Frau eben mit dem entsprechenden Durchsetzungsvermögen, das ihr in all den Jahren ihrer Ehe nicht abhanden gekommen ist.

Die vierte Folge

Abgründe

Obwohl die Folge mit dem »Narrischen Kastanienbaum« beginnt steht Mundls Schicksal unter keinem guten Stern. Er tritt tatendurstig seine neue »Hackn« als Mitfahrer bei der Firma Marschall an der Laderampe der Elektrogerätefirma an. Sein Kollege, gespielt von Tom Krinzinger, bremst Mundls Energie ein, man dürfe ja nicht zu schnell arbeiten, »sonst könn ma kane Überstunden schreiben«. Viel Unterstützung ist hier wohl nicht zu erwarten.

In der zweiten Szene tritt das Hausmeisterehepaar Kurti und Fini Blahovec zum ersten Mal in Erscheinung. Götz Kauffmann und Dolly Schmidinger ergänzen das bisher bewährte Ensemble um zwei echte Wiener Typen, die einfach zum Gesamtbild eines derartigen Genrebildes gehören wie das Amen im Gebet. Der Berufsstand des Hausmeisters hat ja im Lauf der Zeit erheblich an Bedeutung verloren und soll jetzt wieder zu verdienten Ehren gelangen, wenn man den lautstark geäußerten Absichten der Stadtregierung glauben darf. Damals jedenfalls, in den 1970er Jahren, gehörten die Hausmeister noch zum wesentlichen Bestandteil eines Wiener Wohnhauses. Sie wussten über alles im Haus Bescheid und erfüllten neben ihrer Reinigungs- und Instandhaltungsaufgaben auch die wichtige Funktion einer Mikrokommunikationseinrichtung.

In unserem Fall handelt es sich um ein trinkfestes Ehepaar, das besonders der Familie Sackbauer freundschaftlich verbunden ist. Kurti geht nebenbei einer Tätigkeit als »Wachorgan« nach, das bedeutet, dass er bei der ehemaligen Wach- und Schließgesellschaft als Nachtwächter in Uniform tätig ist. Und das ausschließlich in der Nacht. Er nimmt diesen Beruf sehr ernst und verteidigt ihn bei jeder Gelegenheit. Fini, seine lebenslustige junge Frau, ist also, zumindest des Nachts, Strohwitwe. Außerdem scheint das Liebesleben der beiden nicht besonders zu blühen. Möglicherweise ist dafür der beachtliche Alkoholkonsum Kurtis verantwortlich. Fini jedenfalls macht daraus kein Hehl, sie wirft ihrem Kurti immer wieder Potenzschwäche vor.

Götz Kauffmann war damals nicht gerade ein schlankes Bürscherl, sondern eher ein ordentliches Bröckerl, so um die 150 Kilo. Außerdem hatte er zu Beginn einen Vollbart, an dem ihm Dolly immer wieder gezogen hat. Diese kleine Bosheit ist bei den Proben entstanden und hat sich eine Zeit lang gehalten, bis es Götz zu blöd wurde und er sich den Bart vor der Kamera abrasierte. Von der ganzen Pracht ist schließlich sein berühmter Schnauzbart entstanden, sodass er ein wenig seinem Freund Mundl ähnelte.

Kurti, das Wachorgan

Die beiden bewohnen eine typische Substandardwohnung in der Hasengasse, bestehend aus einer Gangküche und einem Zimmer. Diese Küche wird in der Folge noch des Öfteren auftauchen. Wir hatten in unserer 5er-Halle am Rosenhügel also noch eine weitere Dekoration aufgebaut, die unser Filmarchitekt Erwin G. Hubert sehr milieugerecht und einfach eingerichtet hatte. Allerdings wurde das Raumangebot in unserer Studiohalle immer beengter. Doch das hat uns nicht viel ausgemacht, wir waren ja immer noch ein bescheidenes Team mit bescheidenen Mitteln.

Toni klagt den Hausmeistern ihr Leid über Mundls neue unterqualifizierte Tätigkeit. Fini tröstet sie auf ihre eigene pragmatische Art: »A Mann braucht a Arbeit, sonst kommt er auf depperte Gedanken.«

Aber Kurti äußert sich voll Verachtung: »Wenn i den Mundl sei Hackn hätt, da geh i lieber stempeln.«

Hier ein kleiner sprachwissenschaftlicher Abstecher zum in Wien oft verwendeten Ausdruck Hackn für Arbeit. Peter Wehle bietet eine interessante Herkunftsdeutung:

Hackn: a klasse Hackn: dem Landstreicher, der um Essen bettelte, drückte die Bauersfrau eine Hacke in die Hand und ließ ihn Holz zerkleinern.

Mundls Laune ist tatsächlich nicht die beste daheim am Familientisch. Er raunzt frustriert und gerät mit Karli in Streit, der auch Probleme mit seiner Zukunft hat. Selbst im Fernsehen gibt es nichts Gescheites. Dabei kaufen »sich die Leut an Farbfernseher, damit s den Schaß a no in Farbe sehen können«.

Dazu kommt noch Franzi, der Hanni zum gemeinsamen Kinobesuch abholen will und an einer angebotenen Kartenpartie mit Mundl nicht interessiert ist. Da ihm auch noch Toni sein geliebtes Bier nicht gönnt verabschiedet er sich Richtung Schlafzimmer: »Bier derf i jetzt a kans mehr trinken? I geh jetzt schlafen gute Nacht! Hauts euch am Bauch!«

Ein abfälliger sprichwörtlicher Wunsch, dem aber niemand nachkommt.

Zum alltäglichen Ritual der Dreharbeiten gehört das sogenannte Rotlicht. Ein Signalton ertönt und rote Lampen beginnen im gesamten Studiobereich zu blinken. Das alles geschieht, um Ruhe für die Aufnahme zu schaffen. Alle Autos im Studiogelände müssen den Motor abstellen und selbstverständlich muss in der Aufnahmehalle absolute Ruhe herrschen. Bei uns in der 5er-Halle war das natürlich genauso. Nur manchmal hörten wir in die gespannte Stille, bevor der Regisseur das Kommando »Action« oder »bitte, los« gab, sonderbare leise Geräusche. Es klang wie lautes Atmen, bisweilen von einem tiefen Räuspern oder Seufzen unterbrochen. Wir begaben uns auf die Suche nach der Ursache dieser sonderbaren Störung. Der Urheber war Herr Figl, ein pensionierter Beamter und leiblicher Cousin des ehemaligen österreichischen Außenministers und Bundeskanzlers Leopold Figl. Er war von allem Anfang an als »Brandwache« engagiert und sollte eigentlich darauf achten, dass sich im Studiobereich niemand heimlich oder offen eine Zigarette ansteckte. Aus diesem Grund sind in allen Filmstudios der Welt riesige Aufschriften »Rauchen verboten!« zu finden. Darunter stehen zumeist mit Wasser gefüllte Blechkübeln, um im Fall des Falles sofort löschend eingreifen zu können. Diese als solche auch gekennzeichneten Löscheimer zeichneten sich dadurch aus, dass sie fast bis zum Rand mit Zigarettenstummeln gefüllt waren. Das Löschwasser wurde von diesen oft noch leicht qualmenden Tschicks nahezu aufgesogen. Die Funktionalität dieser vorschriftsmäßigen Brandschutzeinrichtung war also höchstens eine symbolische. Und unser gesamtes Team bestand zum Großteil aus starken Rauchern vor und hinter der Kamera.

Herr Figl hatte also auch den Auftrag, diese zu Aschenbechern umfunktionierten Tschick-Kübeln zu beaufsichtigen, notfalls zu entleeren und mit frischem Wasser zu befüllen. Er war schon ein älterer Herr um die siebzig und saß mit seiner Aktentasche meistens bescheiden irgendwo in der Halle an der Rückseite einer Dekoration, um die Aufnahmen nicht zu stören. Hin und wieder entnahm er seiner Aktentasche einen mitgebrachten Doppler und tat einen kräftigen Schluck. Dann schlief er meistens ein und gab die anfangs erwähnten sonderbaren Geräusche von sich. Schließlich waren die Figls trinkfeste und geeichte Weinbauern. Sein berühmter Cousin Leopold hat ja dank dieser Fähigkeit anläßlich der Staatsvertragsverhandlungen in Moskau sogar Weltgeschichte geschrieben.

Unser Herr Figl war uns allen sehr ans Herz gewachsen und zu einer Art Maskottchen geworden. Er war in der Wahl seiner Kontrollverstecke sehr einfallsreich. Manchmal dauerte es eine geraume Zeit, bis wir ihn fanden und sanft weckten. Dann brummelte er irgendetwas Unverständliches und verhielt sich zumindest für die Zeit der Aufnahmen still.

An seinem Geburtstag kam irgendjemand auf die Idee, ihm dazu ein besonderes Geschenk zu machen. Es war genau der Tag, an dem wir die nächste Szene der vierten Folge gedreht haben. Hanni wollte ja mit Franzi ins Kino gehen, gelandet sind die beiden allerdings daheim bei Franzi im Bett. Erika Deutinger, unsere Hanni, lag bereits nackt im Bett, während sich Xandi Waechter als Nudelaug Franzi gerade seiner Kleider entledigte. Die beiden streiten und Hanni springt nackt aus dem Bett, geht durch das Zimmer und schlüpft in ihre Unterwäsche. Diesen reizvollen Anblick haben wir Herrn Figl zum Geburtstag geschenkt. Er musste diesmal ausnahmsweise nicht hinter der Kulisse Platz nehmen, sondern war direkt neben der Kamera. Herr Figl war darüber sehr gerührt und dankbar. Er hat sich am nächsten Tag mit zwei Dopplern Eigenbauwein revanchiert. Dieser liebenswürdige alte Herr trat dann noch zumindest zwei Mal in Erscheinung. Doch davon später.

Mundl trifft in der Mittagspause mit seinen Kollegen zufällig mit Kurti zusammen. Zwischen zwei Herren-WC-Türen spielt sich eine Art Klassenkampf zwischen dem Wachorgan und dem Transportarbeiter ab. Kurti bedauert sehr, dass Mundl zu den in seinen Augen minderwertigen Transportarbeitern gegangen ist. Das einzige, was beide Berufsgruppen verbindet, ist der von beiden Seiten geübte Alkoholkonsum.

Irma sucht am Arbeitsamt eine geeignete Stelle. Als grantig-charmanter Sachbearbeiter brilliert hier das Wiener Original Joe Berger in einer köstlichen kleinen Episodenrolle. Leider kann er Irma nur einen Job in einer Fabrik anbieten, da sie kein Lehrzeugnis für ihre Tätigkeit im elterlichen Strickmodengeschäft vorweisen kann.

Mundl kommt leicht illuminiert frühzeitig zum Stemmer-Training. Ich sitze im noch leeren Lokal wieder einmal am Klavier und spiele so für mich »An Elise« von Ludwig van Beethoven. Obmann Traxler äußert sich skeptisch über Mundls Zustand. Der ignoriert das und fordert mich auf, den »Narrischen Kastanienbaum« zu spielen, er will ein Einzeltraining abhalten. Ich erfülle ihm seinen Wunsch und Mundl haut sich ein Gewicht nach dem anderen drauf. Doch er verliert die Kontrolle und bricht unter der Hantel zusammen. Diesmal allerdings hat Karl Merkatz mit den vorbereiteten Dummies gedreht, die wesentlich leichter sind als die Originalgewichte und trotzdem den Originalen ziemlich ähnlich sehen.

Trainer Traxler und der Schani-Onkel bringen den völlig fertigen Mundl zur überraschten Toni nach Hause. Mundl versucht, Toni zu beruhigen: »Hat mi eh niemand gsehn, net amal die alte Quapil!«

Diese Frau Quapil ist eine Figur, die in der ganzen Serie kein einziges Mal zu sehen ist. Man kennt sie nur aus Erzählungen. Sie ist sozusagen das Hausgespenst der Hasengasse 13, ein alter Drache, der überall herumschnüffelt und Unfrieden stiftet.

Schani und Traxler ziehen den wiederstrebenden aus und legen ihn zum Ausnüchtern ins Doppelbett. Man hört ihn eine ganze Weile weitergrölen und räsonieren. Toni ist entsetzt über Mundls Zustand und beklagt sich bei Traxler und Schani heftig über die neuen Arbeitskollegen, mit denen er sich täglich »antschechert«. Traxler ist das furchtbar peinlich, schließlich hat er ja Mundl diesen Arbeitsplatz verschafft. Aber jetzt muss er wieder zurück zum Training, schließlich ist er ja der Obmann.

Toni klagt nun Schani ihr Leid mit Mundl, doch der versucht, sie zu beruhigen. Das werde schon wieder vorübergehen, vielleicht ist das nur so eine Phase. Mundl muss sich jetzt ein paar Tage ausruhen, wahrscheinlich hat ihm die neue Arbeit auch zu sehr angestrengt. Da platzt der ebenfalls schwer betrunkene Karli bei der Tür herein, was Schani trocken kommentiert: »Ganz der Papa.«

Doch Karli hat einen Grund für seinen Rausch: »Am Samstag heiratet der Karli Sackbauer die Irma Werner!«

Hanni plaudert bei einem Kaffe mit Franzis Mutter über die Männer im Allgemeinen und im Besonderen. Frau Vejvoda vertritt dabei einen sehr verständnisvollen Standpunkt.

Mundl, der eigentlich im Krankenstand ist, diskutiert mit Kurti im Beisl. Kurti verachtet weiterhin Mundls subalterne Tätigkeit und bedauert, dass er nicht zu ihm in den Wachkorps gekommen ist. Mundl hat ebenfalls nur Verachtung dafür: »Die Schlüsselwachter san doch alles Trotteln oder Altersrentner.«

Doch Kurti bleibt ihm nichts schuldig »Und du, du sagst zu jeder alten Schastrommel, derers 'd was lieferst: Küss die Hand, gnä Frau!«

In dieser Wein-philosophischen Stimmung träumt Kurti von einem Hund, der ihm bei seinen nächtlichen Wachrunden ein sinnvoller Begleiter wäre. Er malt sich das bereits bildhaft aus: »... und dann sag i: fass! Und der Hund jappelt hin und beißt den Einbrecher in Arsch.«

Da kommt unvermutet Fini dazu und warnt Mundl, dass ihn die alte Quapil beobachtet habe, wie er im Krankenstand ins Wirtshaus gehe. Doch Kurti schwächt ab: »Die Quapil, die lügt doch, weils a Wut auf mi hat, weil i ihr gsagt hab, wenn ihr Hund no amal zum Haustor hinbrunzt, dann is er ausbanlt.«

Mundl bekommt trotzdem einen Anflug von schlechtem Gewissen und verabschiedet sich mit der Begründung: »Mei Frau glaubt vielleicht, i sitz irgendwo und sauf.«

Irma teilt ihren Eltern den Hochzeitstermin mit, die das mit gemischten Gefühlen zur Kenntnis nehmen. Irmas Mutter bemerkt dazu nur spitz: »Ich glaube nicht, dass dir diesen Proleten jemand nehmen wird.«

Außerdem wird sie auf keinen Fall zu dieser Hochzeit kommen. Irmas Vater hat plötzlich Magendrücken und tröstet sich mit seinem Magenbitter, was seine Frau wieder einmal sehr typisch findet. Aber Irma steht zu ihrem Karli, sie mag ihn einfach.

Toni ist wieder bei Fini, die sie zu beruhigen versucht: »Mein Gott Toni, die Mannsbilder saufen doch alle! Der Kurti sauft scho seit immer. Aber bitte, meine Leber is es ja nicht.«

Toni lässt sich davon nicht beruhigen. Sie denkt sogar daran, ihrem Mundl davonzurennen, wenn der so weitertut.

Am Penzinger Standesamt geben sich Karli und Irmi vor der fast vollständig versammelten Familie das Ja-Wort. Der Standesbeamte wird von Walter Langer dargestellt, einem Schauspieler, der in der späteren Erfolgsfernsehserie »Kaisermühlenblues« von Ernst Hinterberger noch eine wichtige Rolle spielen wird. Doch das wusste er zu diesem Zeitpunkt sicher noch nicht. Bemerkenswert an der Hochzeitsszene sind vor allem die nahezu unglaublichen Frisuren der Damen. Das ist 1970er-Jahre-Mode in Reinkultur! Hier hat sich unsere langjährige Maskenbildnerin Ingrid Skorpik wahrlich ausgetobt. Das obligate Hochzeitsfoto, an dem schlussendlich auch Irmas Mutter teilnimmt, wird von Schani stilgerecht im Hinterhof des Standesamtes gekonnt inszeniert.

Die allgemeine Freude über das festliche Ereignis kann Hanni nicht teilen. Sie muss ihr Kabinett dem jungen Brautpaar überlassen und ab sofort im Wohnzimmer auf der Bettbank unter dem Foto des Großvaters schlafen. Sie ist darüber naturgemäß stinksauer. Als ihr die glückliche Irma ihr neues

Nachthemd vorführt, kann sie sich auf die besorgte Frage, ob es nicht doch zu durchsichtig sei, die bissige Bemerkung nicht verkneifen: »Is wurscht, der Karli ziehts dir ja eh gleich aus.«

Hanni vergattert Franzi, endlich etwas für ihren Vater in seiner Firma zu unternehmen. Es sei an der Zeit und mit ihm nicht mehr auszuhalten.

Mundl kommt zünftig wie immer in seinem blaue Stemmerdress gekleidet für Traxler überraschend zum Training. Er will heute alles niederreißen. Doch Traxler teilt ihm unumwunden mit, dass ab sofort kein Platz mehr für ihn in der Mannschaft sei. Außerdem sei er noch rekonvaleszent und Bier dürfe er auch keines trinken. Das sage er ihm als gewählter Obmann. Mundls Enttäuschung äußert sich kurz und bündig: »Du traurigs Mandel du, du kannst mi als gewählter Obmann im Arsch lecken!«

Volltrunken kommt Mundl nach Hause und trifft auf Toni, Karli und Irma, die einträchtig vor dem Fernseher sitzen und eine Übertragung der Löwingerbühne ansehen. Karli stellt ihn zur Rede: »Wir schauen fern und du bist wieder angsoffen wie a Tschick.«

Mundl rastet aus und die Szene eskaliert beinahe. Toni flüchtet ins Schlafzimmer, Karli und Irma ziehen sich in ihr Kabinett zurück. Nur Mundl bleibt vor der »Hirnschaukel« sitzen und hält einen wehleidig-betrunkenen Dialog mit Paul Löwinger auf dem Bildschirm. Als Paul Löwinger auf seine unnachahmlich weinerliche Art sagt »Es is a Jammer«, antwortet Mundl: »Is a Jammer! Bei uns is allerweil a Jammer, da scheiß i bald drauf.«

Nach dieser hochgeistigen Aussage begibt er sich ins eheliche Schlafzimmer, wo er sich Toni zudringlich nähert. Doch sie wendet sich angewidert ab. Als er nicht aufhört haut sie ihm einfach eine richtig schallende Watschen runter. Mundl ist baff und verlässt mit stierem Blick das Schlafzimmer.

Inzwischen hat sich Hanni auf ihrer Bettbank zur Nachtruhe eingerichtet. Mundl steht in seiner legendären Rippunterhose und dem Athletenleiberl ziemlich verloren im Raum. Dann rafft er sich auf und setzt sich zu seiner Tochter aufs Bett. Er bittet sie, mit Toni zu reden, quasi von Frau zu Frau. Ihm hört sie ja nicht zu. Hanni verspricht es unter der Bedingung, dass sie demnächst zu Franzi und seiner Mutter ziehen werde.

Diese Szene erinnert mich sehr an eine ähnliche, jedoch emotional wesentlich stärker ausgeprägte Situation im Kinofilm, den wir dreißig Jahr später gedreht haben. Auch dort fragt Mundl seine Tochter: »Redst du nimmer mit mir?«

Karli und Irma haben geheiratet und alle sind gekommen

Gesagt, getan, schon am nächsten Tag packt Hanni ihre Siebensachen und verlässt die elterliche Wohnung. Sie verabschiedet sich von Toni, offenbar haben die beiden bereits miteinander geredet.

Bei Franzi taucht Hanni kurz danach auf und wird von Freu Vejvoda herzlich begrüßt. Franzi macht sich eilig auf den Weg, er muss ja den Herrn Sackbauer abholen.

Mundl wartet schon vor dem Haus und trifft mit Kurti zusammen, der einen kleinen braunen Zwergspitz Gassi führt. Es ist dies sein Bärli, der ihn von nun an begleiten wird. Götz Kauffmann besaß damals wirklich diesen entzückenden kleinen Kerl und hat ihn einfach bis zur letzten Folge in die Handlung eingebaut.

Da kommt Franzi mit seinem schwarzen VW-Käfer, dessen stolze Besitzerin übrigens Erika Deutinger war. Wie gesagt, wir waren eine bescheidene Produktion mit bescheidenen Budgetmitteln. Da haben wir eben auf eigene Requisiten zurückgegriffen. Mundl steigt zu Franzi in die schwarze Leibschüssel, wie er sie gerne bezeichnete und los gehts zu neuen Ufern. Gedreht haben wir sämtliche Außenszenen übrigens nicht in der Hasengasse in Favoriten sondern in der Fenzlgasse im 14. Bezirk. Das lag wesentlich näher zum Rosenhügel und war für uns drehtechnisch einfacher zu handhaben.

Mundl und Franzi kommen am Firmengelände an. Das war das Gebäude der Firma Sandoz in Liesing, also auch in der Nähe vom Rosenhügel. Als Mundl und Franzi aussteigen, parkt neben ihnen rasant eine schicke rote Alfa Romeo Giulietta ein. Eine Dame steigt aus und Franzi grüßt sie freundlich: »Guten Morgen, Frau Doktor Quapil.«

Mundl reißt es bei diesem Namen: »Die heißt Quapil?«

Franzi nickt und führt Mundl die Stufen zum Eingang seiner neuen Arbeitsstelle.

Diese Frau Doktor Quapil war natürlich keine Mitarbeiterin der Firma, sondern unsere ORF-Produktionsleiterin Verena Eder-Leitner, die uns bei den ersten fünf Folgen vieles ermöglichte. Wir haben sie hier in einem speziellen Cameo-Auftritt verewigt. Ihr schicker roter Alfa war übrigens der Wagen unseres Regisseurs Reinhard Schwabenitzky, was man leicht an der deutlich sichtbaren Salzburger Nummerntafel erkennen kann.

Die fünfte Folge

Der Besuch

In dieser Folge haben wir uns zum ersten Mal mit einer wesentlichen Eigenschaft der Wiener Seele beschäftigt, mit der nahezu zeitlosen Angst vor allem, was nicht aus Wien ist. Man bezeichnet dieses Phänomen heutzutage als Xenophobie und meint damit vor allem die rigorose Ablehnung von Ausländern, von Zuwanderern.

Aber die typische Wiener Spielart dieser Haltung lehnt im tiefen Grunde ihres Wesens grundsätzlich alles ab, was nicht aus Wien kommt. Und das können bereits unsere unmittelbaren Nachbarn aus dem Wiener Umland sein. Sie alle bezeichnet man in Wien nach wie vor pauschal als »Zuagraste«, Hochdeutsch »Zugereiste«, oder schlicht als »Gscherte«, also »Geschorene«.

Kommen sie gar aus dem fernen Tirol, steigert sich die Ablehnung des Wieners ins Unermessliche. Die Ursache dafür liegt wahrscheinlich in unausrottbaren Vorurteilen, fest gefasster und tradierter Meinung und in der selbstgefälligen lokalpatriotischen Überheblichkeit. Der echte Wiener ist einfach was Besseres, das steht fest und daran wird nicht gerüttelt. Doch wenn man es genau nimmt, stehen die Bewohner Restösterreichs den Wienern ebenfalls mit ähnlichen Ressentiments und einer merkbaren Reserviertheit gegenüber. Aber die Wiener haben im Fall des Falles das letzte Wort und auf jeden Fall recht.

Unsere Geschichte beginnt mit einer typischen Sackbauerischen Sonntagmorgen-Idylle. Mundl und Toni beim Frühstück. Heinz Conrads fragt übers Radio: »Was gibt es Neues?« Diese beliebte Radiosendung gehörte ja vierzig Jahre zum fixen Bestandteil vieler Wiener Familienfrühstücke. Unvergesslich seine Begrüßungsformel: »Guten Morgen die Madeln, servas die Buam!«

Toni ist glücklich, dass Mundl an diesem Sonntag das erste Mal seit langem nicht wie üblich im Wirtshaus sitzt. Hanni kommt vorbei und bringt einen Guglhupf mit den besten Grüßen von Franzis Mutter. Dabei plaudert sie unbeschwert über immer häufigere Besuche vom Schani-Onkel. Er und Frau Vejvoda sind das Liebespaar des Jahrhunderts. Das empört Mundl auf der Stelle, erstens ginge das nicht zwischen »zwa so alten Scheißern« und außerdem ist die Frau Vejvoda ja eine Tirolerin, die ja bekanntlich »alle an

Hammer haben«. Er steigert sich in eine unsägliche Erregung und unterstellt den Tirolern, »dass die sogar die Slowenen zählen wollen«. Tonis Versuch einer Richtigstellung, dass das ja die Kärntner seien, tut er mit der Bemerkung ab: »Des is ja wurscht! Und überhaupt, die haben ja keine Kultur da unten, die Pemstln!«

Mundl lässt sich nicht bremsen, sein Adrenalinhaushalt ist völlig aus dem Gleichgewicht. Franzis Mutter ist für ihn ein rotes Tuch: »Zuerst ziegt die Hanni mit ihrn Buam umeinander und jetzt fischt si die alte Schachtel den Schani. Das is ja die reine Inzucht!«

Als dann auch noch Franzi aufkreuzt und Hanni zum gemeinsamen Wanderausflug abholt, stürmt Mundl in Hauspatschen aus dem Haus und stellt seinen Bruder und Frau Vejvoda zur Rede. Vergebliche Liebesmühe, das Quartett startet in Franzis schwarzem VW Käfer Richtung Rax. Empört bleibt Mundl zurück. Er muss da eingreifen, schließlich sei er der Bruder.

Gemeinsam mit dem wenig begeisterten Karli begibt er sich einige Abende später auf die Suche nach Schani. Angeblich gehen er und Frau Vejvoda schon gemeinsam ins Theater. Als sie dort ankommen, ist die Vorstellung bereits zu Ende, was Karli zur trockenen Bemerkung veranlasst: »Na klar, so a Theater spielt ja net die ganze Nacht, is ja ka Puff.«

Ratlos machen sich Vater und Sohn auf den Heimweg. Dabei kommen sie an einem chinesischen Restaurant in der Himmelpfortgasse, Ecke Hegelgasse vorbei, das übrigens heute noch existiert. Mundl entdeckt Schani und Frau Vejvoda durch die Auslage. Sofort stürmen sie ins Lokal und nehmen ungeniert am Tisch des »Liebespaares« Platz. Mundl versucht, Schani scheinheilig von einem zufälligen Vorbeikommen zu erzählen. Vater und Sohn bemerken kaum, wie unangenehm ihr Auftritt ist. Außerdem stellen Frau Vejvoda und Schani eindeutig klar, dass ihr Privatleben keinem etwas anginge, nicht einmal den jüngeren Bruder Mundl. Mit einem enttäuschten »Sie haben ka offenes Bier? Was is denn des für a Wirtshaus? Net amal Gabeln, ka Bier?« vertrollen sich Mundl und Karli und lassen das »Liebespaar des Jahrhunderts« mit gemischten Gefühlen zurück.

Mundl ist daheim immer noch aufgebracht und schreibt dem Herrn Vitus Egger, dem in Innsbruck ansässigen Bruder von Frau Vejvoda, einen Brief, in dem er ihn zu einem dringenden Gespräch unter Männern nach Wien einlädt.

»… Jedenfalls ist diese Geschichte bald schon keine Geschichte mehr, weil Ihnere Schwester mit meinen Bruder was hat, sondern wer weiß, was hinauskommt«, wie er der fassungslosen Toni aus seinem holprigen Brief vorliest. Er sei dazu verpflichtet, denn »Bruader is Bruader«. Toni findet diesen Schritt Mundls mehr als entbehrlich und zerreißt den Brief kurzerhand mit den trokkenen Worten: »Und Depp is Depp.«

Doch Mundl lässt sich von seinem Vorhaben nicht abbringen. Er telegrafiert kurzerhand nach Innsbruck und erwartet seinen Tiroler Gast am Westbahnhof beim Ozeandampfer, einem beliebten Treffpunkt in der Ankunftshalle. Als Erkennungszeichen trägt er einen Wimpel vom Volksstimmefest im Prater, an dem er seinerzeit noch als Stemmer teilgenommen hat. Wir haben damals natürlich am Originalschauplatz gedreht. Diese Szene hat daher auch neben ihrer ans kabarettistische grenzenden Komik einen nostalgischen Dokumentationscharakter. Wer weiß, wie diese Ankunftshalle nach dem derzeitigen Umbau aussehen wird.

Mundl wartet gespannt auf die Ankunft seines Gastes. Er spricht einen Mann in typischer Tiroler Tracht mit »Sie, Herr Tiroler Sie!« an, doch der scheint nicht der Richtige zu sein. Im Gegenteil, der vermeintliche Tiroler antwortet im breitesten Wienerisch: »Hörst du Würschtel, bist angsoffen, oder hast an Klopfer, oder willst mi vielleicht am Schmäh halten?«

Mundl ist baff, doch er weiß sich zu wehren und stellt eine seiner unsinnigsten Fragen: »Was gehst denn dann vorbei da am Ozeandampfer, wenn du net der Vitus Egger bist?«

Eine entsprechende Antwort kann da nur lauten: »Kannst ja nix dafur, dass 'd a Trottel bist. Meiner Seel, es wär höchste Zeit, dass' a paar von euch einschläfern.«

Damit beruhigt sich der falsche Tiroler und macht sich aus dem Staub. In dieser klassischen Episode hat Michael Toost brilliert. Er wird in einer späteren Folge noch einmal erscheinen.

Da taucht endlich der echte Vitus Egger in der Person von Kurt Weinzierl auf. Er ist eine Art Tiroler Pendant zu Mundl mit leicht intellektuellen Zügen, vor allem, was das Räsonieren betrifft. Kurt Weinzierl, damals Ensemblemitglied der »Münchner Lach- und Schießgesellschaft« und scharfzüngiger Pointenschleuderer, war die ideale Besetzung für diese Rolle. Wir alle schätzten ihn sehr und haben uns über diesen Zuwachs unserer Stammbesetzung gefreut. Karl Merkatz und er waren bereits viele Jahre sehr eng befreundet.

Mundl und der »falsche« Tiroler am Westbahnhof (Michael Toost)

Man merkt dieses Naheverhältnis auch allen gemeinsamen Szenen deutlich an. Es hat beiden großes Vergnügen bereitet, hier die chauvinistische Sau rauszulassen. Ich persönlich kannte Kurt Weinzierl bereits seit seinem ersten Riesenerfolg »Der Fall Jägerstätter«, diesem wunderbaren Fernsehfilm von Axel Corti aus dem Jahr 1972. Ich war damals Innenrequisiteur und habe auch eine kleine Rolle als Wachsoldat beim Berliner Volksgerichtshof gespielt. Ich musste den Angeklagten Jägerstätter zur Verhandlung vorführen. Kurt und ich haben über diese gemeinsame Episode oft und gerne gesprochen.

Eine besondere Spezialität Kurt Weinzierls war das sogenannte »Steinscheißer-Karl-Spiel«, ein vor allem unter Schauspielern ausdauernd praktiziertes, hinterlistiges Fragespiel. Man stellte eine scheinbar harmlose Frage, auf die die Gegenfrage »Wer?« kommen musste. Die unausweichliche Replik darauf lautete: »Der Steinscheißer Karl!« Das daraufhin ausbrechende Hohngelächter der Anwesenden brachte den Befragten manchmal an den Rand der Verzweiflung. Diesen Sieg nannte man dann einen »Schuss«.

Hier ein einfaches Beispiel für Anfänger: »Er lässt dich schön grüßen.«

»Wer?«

»Der Steinscheißer Karl!«

Mundl und der »echte« Tiroler am Westbahnhof (Kurt Weinzierl)

Eine persönliche Variante: »Wir haben so gestritten und jetzt ist er bös auf mich.«

»Wer?«

»Der Steinscheißer Karl!«

Die perfideste Steigerung, verbunden mit erhörter emotionaler Anteilnahme: »Hast schon gehört, er hat sich gestern einen Fuß gebrochen.«

»Wer?«

»Na, der Steinscheißer Karl!«

Das klingt natürlich etwas kindisch und niemand weiß, wer dieses Spiel erfunden hat, aber Kurt Weinzierl war der Weltmeister darin. Er hat es verstanden, ausnahmslos jeden auch noch so vorsichtigen Kollegen zu »schießen«. Angeblich wurde unter Profis sogar über die Anzahl der »Schüsse« penibel Buch geführt und es gab interne Meisterschaften, die sich oft über Jahre hinzogen. Ein typisches Spiel unter Schauspielern, die sich ja oft nach Jahren irgendwo im Ensemble wieder trafen. Es erübrigt sich zu erwähnen, dass auch wir im Echten-Wiener-Team seit dieser Folge begeistert unsere »Schüsse« zu platzieren versuchten.

Die ersten Worte des Onkel Vitus damals am Westbahnhof legten sogleich unmissverständlich seine Meinung von Wien dar, die er über viele Folgen und bis zuletzt im Kinofilm 2008 vertreten hat: »Wean wär ja eine ganz anständige Stadt, wenns koane Weaner gabert.«

Damit waren die Fronten klar und unverrückbar. Was dann folgte, war eine Aneinanderhäufung von beiderseitigen köstlichen Vorwürfen und Unterstellungen.

Auch Joe Trummer tritt hier in einer Doppelrolle als Gepäckträger auf, der sich sofort noch auf dem Bahnsteig mit Onkel Vitus in die Haare kriegt. Als dann Mundl und Vitus endlich aufeinandertreffen, bemerkt auch Mundl den Gepäckträger und hält ihn natürlich für Traxler, seinen Obmann vom Stemmerverein. Er fragt ihn unverblümt, ob er mit seiner Schneiderei in Konkurs gegangen sei.

»I bin net der Traxler, i heiß Trummer und jetzt geh i ham und leg mi ins Bett! Lauter Trotteln san heute am Bahnhof!«

Onkel Vitus spielt auf Mundls Erkennungszeichen, den Wimpel vom Volksstimmefest an, und stellt fest, dass Mundl »...aber koa richtiger Bolschewist sei«. Ehe der antworten kann, kommen Hanni, Franzi, Schani und Frau Vejvoda dazu. Auch sie wollten den Onkel Vitus vom Bahnhof abholen. Allerdings ist in Franzis VW Käfer nicht genügend Platz und so muss der verdatterte Mundl allein zurückbleiben.

Daheim angekommen rätselt man über den wahren Hintergrund von Mundls Einladung an Vitus, der bei seiner Schwester Julia übernachten will. Das ist aber nicht möglich, da ja Hanni jetzt hier wohnt. Daher wird beschlossen, dass Vitus bei den Sackbauers untergebracht werden soll.

Mundl ist mit Kurti beim Wirten versumpft. Kurti versteht nicht, warum Mundl nicht ihn als Experten mit geschultem Auge bei dieser heiklen Aufgabe zu Rate gezogen hat. Und überhaupt, was will denn Mundl von diesem Hirnhappler, und überhaupt von einem Tiroler. Mundl bleibt dabei, er muss sich um seinen Bruder kümmern, er ist schließlich der einzige Mensch, der auf Schani aufpasst, ohne ihn ist er ja verloren.

Unvermutet fragt Mundl seinen Freund Kurti, ob er wie ein Bolschewist ausschaue. Das hätte der Tiroler irgendwie angedeutet. Kurti beruhigt ihn, er schaut eher wie ein Trottel aus. Dann diskutieren die beiden in ihrer alkoholbenebelten Zweisamkeit, was denn überhaupt ein Bolschewist sei. Mundl ist der Überzeugung, dass er jedenfalls keiner sei. In seiner Volltrunkenheit fordert Kurti seinen Bärli auf, einmal deutlich »Aua!« zu sagen. Und der Bärli kann das tatsächlich.

Toni hat natürlich nichts dagegen, den Onkel Vitus übernachten zu lassen. Sie macht sich nur Sorgen um Mundl, der immer noch nicht daheim ist. Fini beruhigt sie und schmeißt sich an den Onkel Vitus ran.

Spätnachts wanken Mundl und Kurti mit Bärli nach Hause. Bärli will jetzt zur Enttäuschung Kurtis nicht mehr reden.

Mundl torkelt in seine bereits finstere Wohnung, alle sind offenbar schon zu Bett gegangen. Karli Merkatz hat hier in dieser Sequenz eine hinreißende Studie eines an erheblichen Gleichgewichtsstörungen leidenden Betrunkenen hingelegt. Tiefe Kniebeugen wechseln mit Pirouetten, im letzten Augenblick fängt er sich noch an der Sessellehne und glotzt entgeistert den schlafenden Vitus auf der Bettbank an, der im Traum auflacht. Toni kommt aus dem Schlafzimmer und versucht, den immer noch fassungslosen Mundl zu beruhigen, der entschieden bestreitet, angesoffen zu sein. Schließlich bringt sie ihn mit Mühe ins Bett, während er feststellt, dass »den Blahovec sei Hund a Trottel is, der kann net amal reden«. Kurz danach ein Riesenpumperer. Toni schrickt auf und weckt den verdatterten Mundl. Vitus ist im Schlaf aus dem Bett gefallen. Mundl kommt dazu und hat vor, jetzt die bewusste Angelegenheit ein für allemal zu Ende zu bringen. Aber zuerst »hauen wir uns ein gepflegtes Bier in die Venen, damit ma munterwerden. Aber net aus der Flaschen, mir san ja kane Gscherten«.

Tonis Angebot, einen schönen Kaffee zum Frühstück zu machen, lehnt Mundl entrüstet ab: »Doch kan Kaffee! Der passt ja net zum Bier.«

Dann kommt Mundl zur Sache und fordert Vitus dezidiert auf, seine Schwester zu bremsen, da ja eine Tirolerin nicht zu einem Wiener passt. Es entspinnt sich ein hitziges Streitgespräch, in dem sich gegenseitige Vorwürfe und Schuldzuweisungen häufen. Sogar der Einsturz der Wiener Reichsbrücke und das Defizit der Wiener Staatsoper, für das nach Meinung von Onkel Vitus die Tiroler aufkommen, müssen in diesem Wortgefecht herhalten. Die beiden Kontrahenten übersehen dabei vollkommen den ursprünglichen Kern der Sache, die für Mundl nach wie vor inakzeptable Verbindung zwischen Schani und Julia Vejvoda. Die hitzige und lautstarke Auseinandersetzung ruft sogar Fini Blahovec trotz der frühen Morgenstunde auf den Plan. Ihr Vorschlag zur Güte, sich doch heute Abend beim Heurigen zusammenzusetzen, beendet vorläufig den unentschiedenen Diskurs der beiden erregten Streithähne.

Abends beim Heurigen droht die Angelegenheit wiederum zu eskalieren. Keine Spur von Wiener Gemütlichkeit kommt auf, bis plötzlich die

Heurigenmusiker den »Narrischen Kastanienbaum« anstimmen und Vitus zu Mundls Verblüffung begeistert mitsingt. Vitus kennt und liebt dieses Lied seit seiner Jugend, als er sich länger in Wien aufgehalten hat. Ehe sich Mundl auch darüber aufregen kann, wird er vom Zauber des »Narrischen Kastanienbaums« überwältigt und stimmt lautstark in den allgemeinen Gesang ein. Musik verbindet eben und ist imstande, scheinbar unüberbrückbare Hindernisse zumindest für eine gewisse Zeit zu überwinden.

Werden jetzt Tiroler protestieren?

»Im Mittelpunkt dieser 5. Folge steht eine Auseinandersetzung Wien–Tirol, die recht heftig geführt wird«, sagt der Regisseur [Reinhard Schwabenizky].

Der »echte TV-Wiener«, Mundl, hat nämlich eine ganze Reihe von Vorurteilen gegen Tiroler und hält damit auch nicht zurück, als sich herausstellt, dass der Onkel Schani engere Beziehungen zu einer Tirolerin zu knüpfen beginnt. Aber der zu Hilfe eilende Bruder der Tirolerin gibt es dem »echten Wiener« gehörig zurück.

Aufregungen sind also wieder programmiert. *Kronen Zeitung*

Die sechste Folge

Das Haus

Zu Beginn dieser Folge spielt die Wiener Musik wieder eine wesentliche Rolle. Eine ganz besondere Wiener Musik allerdings. Mundl, Toni und Irma, diesmal mit Lockenwicklern im Haar, im trauten abendlichen Kreis am Familientisch. Während sich Mundl der Lektüre der »Kronen Zeitung« widmet, läuft auf dem neuerworbenen Plattenspieler »Alle Menschen samma zwieder, i möchts in die Goschen haun«.

Karl Merkatz liefert hier ein Kabinettstück seiner unverkennbaren schauspielerischen Talente. Während er zu Beginn noch die »Kronen Zeitung« pointiert mit Sätzen wie »Lauter Nackerte da drinnen!« kommentiert, nimmt er allmählich die bitterböse Textversion der Beethovenschen »Ode an die Freude« von Wolfgang Teuschl in der treffenden Interpretation des großen Volksschauspielers Kurt Sowinetz wahr.

»Wer singt denn des? Der Sinowatz? Seit wann singt denn der Sinowatz? Ah so, der Sowinetz.«

Anfangs teils zustimmend, verfällt er zunehmend in entrüstete Ablehnung. Dieses Wechselbad ambivalenter Gefühle spiegelt sich im Gesicht Mundls in einer minutenlangen Großaufnahme. Bei der Textzeile »Bei der Blödheit samma Briader« reicht es ihm endlich: »Des is ja gar ka Wienerlied net, des is ja ordinär! Nimms abe, die Platten!«

Damit endet diese über vier Minuten dauernde Sequenz, die in ihrer originellen Besonderheit eines treffenden Psychogramms des Edmund Sackbauer für mich eine der bestgelungenen Kostbarkeiten der gesamten Serie ist.

Als sich Mundl leicht resignierend in die Hapfen hauen will, platzt ein vollkommen aufgedrehter Karli in die Runde. Er hat sich soeben ein Haus angeschaut, das um eine Million Schilling zu haben wäre. Tonis trockener Kommentar »A eh nur a Million« kann den enthusiastischen Karli nicht von seinem Plan abbringen, dieses Haus für die ganze Familie zu kaufen. Sein Argument »Wollts ihr ewig da in der Bruchbude wohnen? In dem Scheißhaus?« bringt seinen Vater natürlich wieder einmal lautstark auf die Palme: »Wannst no amal sagst, dass mei Wohnung a Scheißhaus is, kannst glei ausziagn, dann kriegst a Watschen dass …! Außerdem kann i schreien, wenns mir passt, und wenns mitten in der Nacht is!«

Doch irgendwie ist Karlis Plan bei Mundl auf fruchtbaren Boden gefallen. Vater und Sohn schicken Toni und Irma schlafen, weil »die Weiber eh nix vom Gschäft verstehen« und schmieden Finanzierungspläne. Wenn alle zusammenlegen, müsste sich das doch ausgehen. Eine Million Schilling waren in den 1970er Jahren allerdings eine unvorstellbare Summe, jedenfalls jenseits der von den Sackbauers leistbaren Möglichkeiten.

Auch Schani wird mit dem Problem konfrontiert, schließlich ist er ja Buchhalter und kennt sich in solchen Sachen aus. Dass er Lohnbuchhalter ist, stört Mundl und Karli keineswegs.

Zwischen Hanni und Franzi zeichnen sich in diesem Zusammenhang grundlegende Meinungsverschiedenheiten ab. Franzi fühlt sich im gegenwärtigen beengten Zustand nicht wohl, er spricht vom bürgerlichen Mief, aus dem er endlich ausbrechen möchte. Aber grundsätzlich ist er an einer Veränderung der Wohnverhältnisse nicht uninteressiert.

Mundl, Karli und Franzi beraten sich mit Irmas Eltern, die hätten ja als Geschäftsleute die nötigen Mittel, sich an einem Hauskauf zu beteiligen. Man beschließt, sich das Objekt zumindest einmal anzusehen.

Es kommt zu einer sehr ausführlichen Besichtigung des besagten Hauses, an der als Fachleute auch Kurti und Fini teilnehmen. Schließlich sind Hausmeister ja Experten auf allem, was mit einem Haus zu tun hat. Die Hausinhaberin, eine gepflegte ältere Witwe, führt Mundl, Toni, Karli, Irma, Hanni, Franzi, Frau Vejvoda, Schani, Herrn und Frau Werner und die beiden Hausmeister samt Bärli durch ihr villenartiges Haus. Sie verkauft ihr Haus nur gegen Barzahlung und lehnt jegliche andere Möglichkeit strikt ab. Auch Ratenzahlung und Leibrente kommen für sie überhaupt nicht in Frage. Elisabeth Epp, Grand Dame des Wiener Volkstheaters und Witwe des ehemaligen Direktors Leon Epp, hat dieser Episodenfigur bewundernswerte Distanz zu der Sackbauer-Meute gegeben. Sie verabschiedete den wüsten Haufen mit den legendären Worten: »Es war sehr nett, es hat mich g'freut.«

Vor dem Haus versammelt man sich und zieht Bilanz über Vor- und Nachteile des Objekts. Respektlos wird die Inhaberin als »alte Funsen« bezeichnet, die sogar von Frau Werner als viel zu distanziert und hochnäsig eingeschätzt wird. Trotzdem hätte das Haus einen gewissen Reiz als künftiges gemeinsames

Toni, Karli, Mundl und Reinhard Schwabenitzky

Domizil. Da macht Franzi den Vorschlag, doch ganz kurz gemeinsam beim Joe vorbeizuschauen, der in einer sogenannten Wohngemeinschaft lebt.

Das ganze Dutzend Sackbauers und Co. besichtigt nun höchst interessiert diese »Kommune«, die von Joe in allen Einzelheiten erklärt wird.

Den Joe hat Franz Suhrada gespielt, der ja auch in »Kottan« als Kieberer mitgewirkt hat. Er war übrigens nicht der einzige Schauspieler, der in diesen beiden wesentlichen Fernsehserien mitgewirkt hat. Doch davon später. Unsere wissbegierigen Helden erfahren von Joe viele praktische und vernünftige Details über das Zusammenleben der jungen Menschen in der Wohngemeinschaft und finden daran sogar teilweise Gefallen. Vor allem Franzi ist von dieser Möglichkeit sehr angetan. Selbst Mundl kann sich überraschenderweise vorstellen, auch »so was ähnliches« zu machen. Nur Fini ist etwas enttäuscht: »Haschen tats net, schlafen tats ah net miteinander, für was seids denn dann a Kommune?«

Schani erhält nun den Auftrag, sich ernsthaft um Kreditmöglichkeiten zu erkundigen. Auch Karli macht sich auf diesem Gebiet schlau. Dreißig Prozent Eigenmittel sind allerdings unbedingt für die erwünschte Kreditsumme erforderlich, immerhin mehr als 300 000 Schilling.

Am Heimweg macht Karli einen kurzen Abstecher bei den Hausmeistern.

Kurti rasiert sich gerade seinen Vollbart bis auf einen kümmerlichen Schnurrbart ab, um von Fini nicht mehr daran gezogen zu werden. Karli beauftragt Kurti und Fini, sich inzwischen schon einmal um Nachmieter für die elterlichen Wohnung umzusehen. Das kann nicht schaden, denn es wird sicher nicht mehr lange dauern »und die Sackbauer san a Wolken«. Fini findet trotz Kurtis Schnurrbart immer noch eine Möglichkeit, ihn daran zu ziehen.

Daheim ist der gesamte Clan bis auf Irma schon versammelt. Mittels Taschenrechner werden nun die tatsächlich vorhandenen Eigenmittel errechnet. Die betragen exakt 142 000 Schilling, also rund die Hälfte der erforderlichen Summe.

Irmi versucht erfolglos, ihre Eltern zu einer finanziellen Beteiligung zu überreden. Aber aus dem vorhandenen Notgroschen hat Irma nichts zu erwarten. Für Irmas Mutter ist es unvorstellbar, mit »diesen Proleten« unter einem Dach zu leben. Dieser Edmund sei ja ein wahres Monstrum und seine Frau tue ihr ehrlich leid. Auch Irmas schüchterner Versuch, das Geld zumindest geborgt zu bekommen, wird rigoros abgelehnt.

Daheim ist Schani inzwischen der Boss, auch wenn er nicht will. Wenn Mundl sagt, er ist es, dann ist er es. Und aus. Karli entfaltet einen riesigen Plan des Hauses, der auf dem Fußboden ausgebreitet wird. Notwenige Umbauarbeiten werden besprochen, die Zimmer aufgeteilt und über den Einbau einer Sauna im Keller wird bereits diskutiert. Der allgemeinen Euphorie kann sich nicht einmal die skeptische Toni wirklich entziehen. Da kommt die verzagte Irma dazu, alle Augen der rund um den Grundriss Knienden richten sich erwartungsvoll auf sie. Doch sie muss die Wahrheit gestehen, von ihren Eltern ist leider nichts zu erwarten. Nach einer Schrecksekunde ob dieser Hiobsbotschaft findet Mundl als erster wieder seine Sprache. Lautstark bricht seine Enttäuschung aus ihm heraus und er beschimpft Irmas Eltern auf das Gröbste. Die lässt ihre Eltern nicht beleidigen und versucht, sie zu rechtfertigen. Doch selbst Hanni schlägt sich auf die Seite ihres Vaters und wirft Irma die Standesdünkel ihrer Eltern vor. Auch Franzi ist davon überzeugt, dass Irmas Eltern viel zu spießig für sein derartiges Projekt sind. Nur Toni fügt sich pragmatisch wie immer in die neue Situation. Sie versucht, den enttäuschten Mundl zu trösten, der sich schon so auf ein neues Schlafzimmer gefreut hat. Das könnten sie sich ja von ihrem Beitrag zur allgemeinen Hausfinanzierung immer noch anschaffen.

Im Kabinett ist Karli völlig niedergeschlagen und verbittert: »Einmal hab i a Hirnidee und dann kommts ihr daher und hauts mirs zsamm.«

Irma verteidigt weiterhin den Standpunkt ihrer Eltern und versucht, Karli zur Vernunft zu bringen, schließlich seien sie doch verheiratet. Doch Karli ist zutiefst verletzt: »I waaß, aber hoffentlich nimmer lang!«

Da springt Irma auf und packt ihre Koffer.

Auch zwischen Hanni und Franzi spitzt sich die Lage bedenklich zu. Franzi hat sich entschlossen, zu Joe in die Wohngemeinschaft zu ziehen. Hanni denkt nicht daran, ihm dorthin zu folgen. Doch Franzis Entschluss ist endgültig: »Ja Hanni, dann müss ma's eben lassen. Wir passen halt net zsamm.«

Mundl, Toni und Karli erhalten unerwarteten Besuch von einer sehr gedämpften Hanni, die mit ihrem Köfferchen plötzlich nach Haus kommt. Sie erzählt von Franzis Entschluss, was natürlich Mundl schon wieder auf die Palme bringt. Er will den »Dioptrienotto morgen in der Firma durch die gschlossene Glastür auf die Straßen aussehaun. Den Trottel, der hat ja an Hirnpecker! Dann kann er seine Hörspiele am Zentralfriedhof schreiben«.

Doch Toni redet Mundl zu, schließlich sind Hanni und Franzi ja nicht verheiratet. Mundl beruhigt sich und überlässt Hanni wieder ihr Kabinett. Der Pleampel Karli soll gefälligst da heraußen am Sofa schlafen. Noch ehe Hanni erfährt, warum Irma nicht mehr da ist, läutet es abermals an der Wohnungstür. Doch diesmal stehen »zwei Neger« draußen, ein dunkelhäutiges Ehepaar aus Jamaika, die von Kurti und Fini als potentielle Nachmieter im Auftrag von Karli hergebracht wurden. Den aufkommenden Ausbruch Mundls besänftigt Fini mit dem Vorschlag, doch zuerst einmal ein Glasl Wein zu trinken. Dieser Rat wird befolgt und flugs steht ein Doppler auf dem Tisch, um den sich alle versammeln und ihre ausgetrockneten Kehlen ausgiebig befeuchten. Der dunkelhäutige Mann war übrigens der ehemalige Tennisprofi und spätere Sänger und Produzent Lance Lumsden, den wir hier für einen kurzen Gastauftritt gewinnen konnten. Er hat dann einige Zeit später mit Karl Merkatz dessen legendäre Interpretation von Franz Kafkas »Ein Bericht für eine Akademie« als Video produziert.

Karli Sackbauer

Der »Trottel«

Mundls Sohn hat viel von seinem Vater, allerdings wird er von ihm nicht wirklich ernst genommen. Nicht umsonst hat er das Dauerprädikat »Trottel« verpasst bekommen, das ihn aber weiter nicht zu stören scheint. Er hat ja als Erstgeborener auch bestimmte Vorteile, so zum Beispiel seinen Anspruch auf das Kabinett seiner jüngeren Schwester Hanni. Als Verheirateter kann er ja wirklich nicht auf der Couch schlafen.

Als »Nachkriegskind«, dem man ja laut Aussage seines Vaters einiges verzeihen muss, schafft er immerhin aus Eigeninitiative einen gewissen sozialen Aufstieg vom Staplerfahrer zum Hallenmeister. Nur dauert es bei ihm manchmal ein bisschen länger, wie etwa beim Führerschein, obwohl er eh wie ein Trottel gelernt hat.

Karli klopft auch gerne ähnlich originelle Sprüche wie sein Vater, der Apfel fällt eben nicht weit vom Stamm und Männer sind halt nicht zum Dreckputzen auf die Welt gekommen.

Die siebente Folge

Die Renovierung

Bei dieser und den nächsten drei Folgen, die wir zwischen 10. November 1976 und 29. März 1977 gedreht haben, gab es eine gravierende Änderung der Produktionsmethode. Unser Kameramann Helmut Fibich und die Kleinelektronik wurden von der ORF-Disposition für andere Produktionen benötigt und standen uns daher nicht zur Verfügung. Das war zumindest die offizielle Begründung. Wir mussten daher auf eine 16-Millimeter Filmkamera umsteigen. Das hat natürlich auch einen Wechsel des bisher bewährten technischen Teams bedeutet. Unser neuer Kameramann war Rudolf Murth, ebenfalls ein erfahrener und engagierter ORF-Kameramann. Aber er war natürlich nicht unser »Fibsi«, wie wir unseren treuen Begleiter der Serie von allem Anfang an genannt haben. Soweit ich mich erinnern kann war Reinhard Schwabenitzky über diese von oben diktierte Änderung nicht wirklich glücklich. Es blieb uns allerdings nichts anderes übrig, wir mussten diese Entscheidung des ORF akzeptieren. Rudi Murth und auch sein Team hatte sich sehr bemüht und sich tatsächlich innerhalb kurzer Zeit in unsere Familie eingelebt.

Diese Änderung hat sich natürlich auch auf die Gestaltung der vier Folgen ausgewirkt. Die Filmkameratechnik war im Grunde wesentlich flexibler als die Elektronik und von der Logistik her unkomplizierter. Wir sind daher viel öfter aus dem Studio nach außen gegangen. Auch die Bildsprache hat sich den Gegebenheiten angepasst. Wir haben ganze Passagen als sogenannte Montagen gedreht. Das bedeutet, reine Handlungsabläufe ohne Dialog, dafür mit pointierter Musik unterlegt. Diese filmische Technik ist natürlich besonders für die siebente Folge besonders gut geeignet, geht es doch darin um eine komplette Wohnungsrenovierung bei der Familie Sackbauer.

Wir sehen Mundl erstmals bei seiner neuen Arbeit als etwas hektischen Hauselektriker, der sich mit einem »Herrn Inschineur« leicht in die Wolle kriegt. Kurz danach sucht er Franzi in dessen Büro auf. Er will mit ihm über das von Hanni und Franzi gemeinsam gesparte Geld reden und Hannis Anteil einfordern. Sie braucht das Geld, weil sie gemeinsam Toni zu deren Geburtstag mit einer kompletten Renovierung der Wohnung überraschen wollen.

Wenn schon der Plan eines gemeinsamen Hauses nicht gelungen ist, sei das doch das Mindeste. Franzi ist dazu gerne bereit, fordert aber eine Bestätigung Hannis über ihr Einverständnis, das sei so üblich. Mundl »scheißt zwar auf das, was üblich ist«, fügt sich aber der Forderung Franzis.

Daheim debattiert Mundl mit Hanni und Karli über die geplante bevorstehende Überraschung. Karli besteht auf seinem Kabinett, schließlich kann er als Verheirateter nicht auf der Couch schlafen. Hanni wehrt sich entschieden dagegen. Mundl droht, den Streit der Geschwister mittels einer Watschen für alle beide zu beenden, dass ihnen ... Die berühmten vierzehn Tage ergänzen Hanni und Franzi im Chor und nehmen so Mundl den Wind aus den Segeln. Man kommt zur Sache und zählt die vorhandenen Geldmittel zusammen. Karli ist bereit, fünfzehn Tausender beizusteuern, bei der Arbeit mithelfen kann er allerdings nicht, er muss sich auf den Führerschein vorbereiten. Das leuchtet Mundl ein und er dispensiert Karli, das Lernen geht eben vor. Hanni ist darüber natürlich wieder sauer. Sie trägt immerhin 13 000 Schilling von ihrem Ersparten bei, aber gegen die Männer hat sie eh keine Chance. Fehlt nur mehr Mundls Beitrag für die veranschlagten 50 000 Schilling. Doch er kann nur fünf Blaue beisteuern, schließlich war er ja längere Zeit »hacknstad«. Das wird aber beim besten Willen nicht reichen. »Da muss man sich eben die ganze Renoviererei in die Haar schmieren«, wie es Karli treffend auf den Punkt bringt. Doch das kommt für Mundl nicht in die Frage, »renoviert wird, mir san ja kane Hund, mir wolln a schöner wohnen!«.

Da kommt Toni vom Einkaufen nach Hause und unterbricht den Familienrat. Mundl kann gerade noch Karli seine Idee zuflüstern, »an Kredit nimm i mir«.

Somit nimmt das Unheil seinen Lauf. Mundl begibt sich in einer kurzen Montage auf Kreditsuche. Immer wieder kommt er nachdenklich bis enttäuscht aus diversen Bankfilialen heraus. Schlussendlich durchblättert er den mit zahlreichen Kreditanbietern gespickten Annoncenteil seines Leib- und Magenblattes, der »Kronen Zeitung«.

Schließlich landet er in den Fängen eines schmierigen Kredithais, überzeugend dargestellt von Johannes Schauer. Er erklärt dem vollkommen ahnungslosen und naiven Mundl mit rasanter deutscher Zunge die Bedingungen, unter denen er jede gewünschte Summe innerhalb kürzester Zeit und ohne bürokratische Hindernisse bekommen kann. Mundl ist beeindruckt und verspicht, am nächsten Tag wiederzukommen. Dann weiß er auch genau, wie viel Geld er benötigen wird, er muss ja erst mit seiner Frau die Möbel aussuchen.

Mundl und seine Toni in einem großen Möbelhaus in der Laxenburgerstraße im 10. Bezirk. In einer rasanten Montage suchen sie die passenden neuen »modernen« Möbelstücke aus, die dem damaligen Zeitgeschmack durchaus entsprechen.

Nun ist Mundl wieder bei seinem Kreditvermittler, der ihm einen dicken Vertrag vorlegt, den Mundl nur mit einer »kleinen Unterschrift« unterfertigen muss. Mundls äußert Bedenken wegen des umfangreichen Kleingedruckten und meint, »da müssert man ja a Rechtsanwalt sein, dass man des alles versteht«.

Der Kredithai beruhigt ihn: »Alles eine reine Formsache, hat alles keine weitere Bedeutung.« Zu guter Letzt muss Mundl auch noch einen Stapel Wechsel unterschreiben.

Daheim erwartet man gespannt den Besuch des Herrn Architekten, den das Möbelhaus als Berater geschickt hat. Hier brilliert Michael Schottenberg als souveräner Einrichtungsberater unter Zeitdruck. Er kreuzt mit einem riesigen Pack Musterbüchern auf und empfiehlt daraus sämtliche Tapeten und Möbelstoffe, die künftig die Sackbauerwohnung in völlig neuem Design erstrahlen lassen sollen. Mundl, Toni und Hanni sind sichtlich beeindruckt vom Sachverstand des »Herrn Architekten«, wie Toni ihn voll Respekt anspricht. Als er jedoch mit Kennermine die Platzierung der neuen Möbel andeutet, widerspricht ihm Mundl aufs Entschiedenste: »Da kommt ka Wandklappbett her, da bleibt der Großvater auf sein Platzerl.«

Der »Herr Architekt« akzeptiert Mundls Hinweis und empfiehlt für die Küche die neue Patentbadewanne mit Elektrowarmwasserboiler, die ganz einfach unter die Abwasch zu schieben ist. Das Neueste vom Neuen, wirklich sehr zu empfehlen. Nun stellt sich die Frage, ob man sich das alles leisten kann, immerhin kommt da eine Summe von 70 000 Schilling zusammen. Mundl beruhigt die skeptische Toni, er habe ja schließlich einen Kredit genommen, aber eh an langfristigen. Der Herr Architekt meint, den hätte man ja auch beim Möbelhaus bekommen. Die besorgte Toni fragt ihren Edmund ahnungsvoll, ob er da keinen Blödsinn gemacht hat. Natürlich nicht, »i bin ja ka Trottel«. Auf Tonis Frage, ob er schon unterschrieben hätte, windet sich Mundl: »Nein, ja, indirekt ... a bissl. I hab di ja überraschen wollen. Aber er is eh günstig, der Kredit.«

Gar so günstig sei das aber nicht, stellt der Architekt nach eingehendem Studium des Kreditvertrags fest. Immerhin müsse man für 50 000 jetzt 105 000 Schilling zurückzahlen. Toni ist fassungslos, was hat ihr Edmund da schon wieder gemacht? Das einzige Glück wäre, wenn der Herr Sackbauer unmündig sei, weil dann seine Unterschrift ungültig ist. Daraufhin rastet Mundl natürlich wieder aus: »Wissens wer a Glück braucht? Der Blade, der Piefkineser! Fehlt no, dass uns der Androsch Steuern auffehaut auf so an Kredit! Die halten uns alle für Volltrotteln!«

»Jawohl, und das mit Recht, Edmund. Du gibst morgen das Geld zurück!«, entscheidet Toni resolut. Aber das geht nicht, Mundl hat ja schon Karlis fünfzehn Blaue als Anzahlung im Möbelhaus hinterlegt.

Mundl bleibt nichts anderes übrig, als sich in die Höhle des Löwen zu begeben. Aber selbst seine Androhung, die Polizei einzuschalten, nützt ihm nichts. Der Kredithai wirft ihn kurzerhand aus dem Büro. Er habe schließlich unterschrieben und sei nicht entmündigt. Mit der Polizei haben ihm schon ganz andere gedroht. Mundl verzieht sich kleinlaut und bringt bei seinem unrühmlichen Abgang gerade noch den Ansatz einer aussichtslosen Drohung heraus: »Gut geh i halt, Piefke. Aber du kommst scho no in mei Gassen, des las i mir net gfallen!«

Viel wird er da wohl nicht ausrichten können, das steht fest.

Daheim sind Toni und Hanni bereits mit dem Ausräumen der Kleiderschränke beschäftigt, während Karli emsig für seinen Führerschein lernt und sich natürlich nicht an der Arbeit beteiligt. Da kommt der wütende Mundl heim und muss sein Versagen widerwillig eingestehen. Jetzt bleibt als letzte Möglichkeit nur mehr der Weg zu Franzi, vielleicht kann der da noch etwas retten.

Ein ungewohnt kleinlauter Mundl hat Franzi in dessen Büro sein Schlamassel eingestanden. Franzi kann dazu nur den Kopf schütteln. Er will aber versuchen, für Mundl einen Vorschuss in der Firma zu erreichen, damit er dann die ganze Summe zurückzahlen kann. Aber mit einem Verlust von ein paar Tausendern müsse er schon rechnen. Immerhin, ein kleiner Hoffnungsschimmer für den sichtlich zerknirschten Mundl.

Nun steht der Renovierung nichts mehr im Weg. Mundl, Toni und Hanni

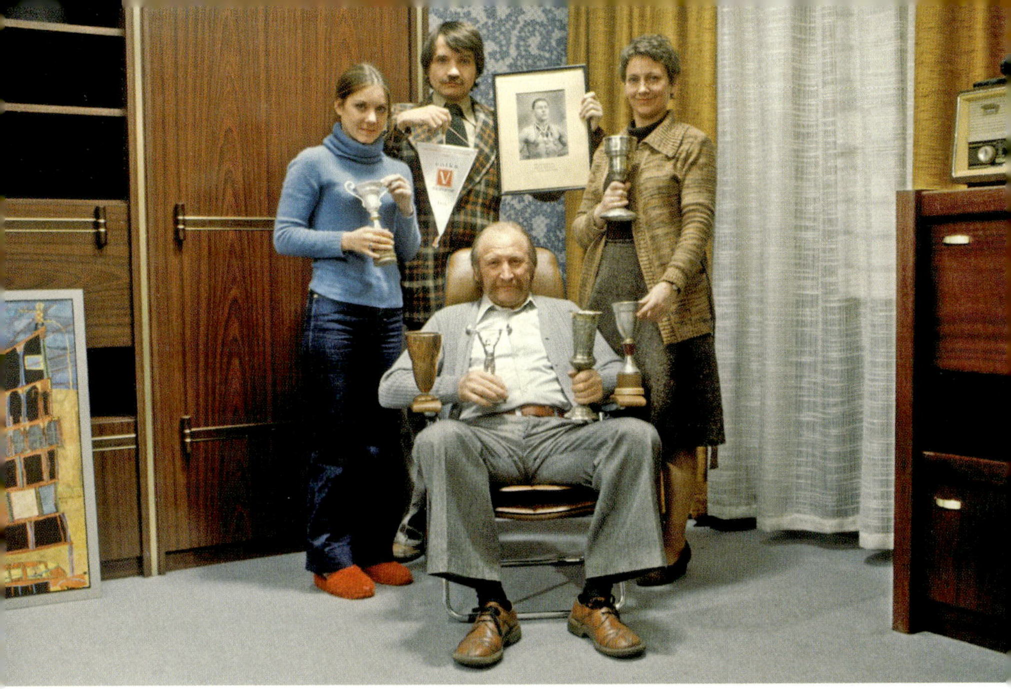

Hanni, Karli, Mundl und Toni haben es geschafft

beginnen mit dem Tapezieren der Wohnung. Dazu hat sich als filmische Form eine Art dokumentarische Montage mit klassischen Slapstick-Elementen geradezu angeboten.

Karl Merkatz, der ja gelernter Tischler ist, hat zur komödiantischen Darstellung dieser rein handwerklichen Tätigkeiten unglaublich viel beigetragen. Sein Geschick und Können war bewundernswert. Wir mussten diese Szenen auch nicht wirklich proben. Wir haben nur immer den nächsten Arbeitsschritt vereinbart und einfach drauflos gedreht. Der Improvisationsanteil dieser Sequenzen war sehr hoch und manchmal ist es uns verständlicherweise sehr schwer gefallen, beim Zusehen hinter der Kamera nicht in schallendes Gelächter auszubrechen. Bewundernswert ist hier auch die Disziplin von Ingrid Burkhard und Erika Deutinger, die ja ihr aufkommendes Lachen vor der Kamera unterdrücken mussten. Unvergessen etwa Mundls Besteigen der Leiter mit der herunterhängenden eingekleisterten Tapetenbahn, in die er natürlich hineintritt und sie damit unbrauchbar macht. Auch schon das Abmessen, Zuschneiden und Einkleistern der Tapeten waren wunderbar komische Beispiele für den Kampf der Akteure mit der Tücke des Objekts. Und schließlich als Krönung des Ganzen das Tapezieren des Plafonds. Karl konnte ja wirklich »mit der Stehleiter gehen« und hat dafür kein Double gebraucht. Wie er mit Tonis und des Besens Hilfe die Tapete am Plafond anbringt und sie ihm dabei natürlich wieder herunterfällt, ist wirklich sehenswert. Jeder Heimwerker kann diesen komplizierten und tückischen Arbeitsvorgang und dessen Misslingen mit Sicherheit nachvollziehen. Wir haben übrigens für diese Szene extra ein Stück Zimmerdecke in die Dekoration eingebaut. Normalerweise sind ja Filmdekorationen aus beleuchtungstechnischen Gründen oben offen.

Mundl beginnt nun, im Vorzimmer ein Klosett zu mauern. Auch das wieder ein gelungenes Beispiel für Karls handwerkliches Geschick. Er hat mit echten Ziegeln und echtem Mörtel gearbeitet und dabei natürlich das Studio entsprechend verdreckt, worüber sich unsere Reinigungsdamen verständlicherweise nicht sehr gefreut haben. Köstlich dabei Mundls Missgeschick mit der Bierflasche, die ihm natürlich kopfüber in die mit Mörtel gefüllte Scheibtruhe fällt.

Währenddessen werden die alten Möbel von zwei Möbelpackern abgeholt. Diese beiden waren natürlich zwei Mitglieder unseres Ausstattungsteams. Toni gibt ihnen hundert Schilling Trinkgeld, wie das so üblich ist. Die beiden bedanken sich artig und verabschieden sich mit der Bemerkung, dass die Firma die Rechnung schicken werde. Toni ist verblüfft, sie hat eigentlich damit gerechnet, für die alten Möbel etwas zu bekommen. Offenbar hat da Mundl wieder irgendetwas falsch verstanden. Anstatt einer Antwort geht Mundl das Schlafzimmer kontrollieren, das Toni und Hanni inzwischen fertig tapeziert haben. Auf den ersten Blick sieht alles perfekt aus, doch dann entdeckt er einen gravierenden Fehler. Offenbar haben sich die beiden Frauen beim »Stoß« geirrt, das auffällige Muster der Tapete ist um ein ganzes Ornament verrutscht. Mundls Ansatz einer Kritik wird von Toni kurzerhand mit einem knappen »Na du hast es notwendig!« im Keim erstickt.

Mundl und Hanni kommen aus einem Installateurgeschäft und schleppen diverse Utensilien und eine Klomuschel nach Hause. Unterwegs ruft Mundl von einer Telefonzelle bei Franzi an, die Angelegenheit mit Mundls Vorschuss ist leider noch nicht durch. Beim Weitergehen begegnet den beiden ein Passant, der ebenfalls eine Klomuschel schleppt. Mundl ist davon etwas irritiert. Eine kleine, aber feine Nonsens-Episode, sehr typisch für die spezielle Art von Humor unseres Regisseurs Reinhard Schwabenitzky.

Daheim montiert Mundl eine neues Waschbecken, da kommt Hanni nach Hause und berichtet Neuigkeiten vom Möbelgeschäft. Leider werden die Möbel heute nicht mehr geliefert, aber morgen könne man sie selber abholen. Das regt Mundl natürlich wieder auf, aber Selbstabholung ist schließlich eine neue Form von Kundendienst. Und morgen hat ja Karli seine Führerscheinprüfung, da kann er gleich beweisen, was er gelernt hat. Bleibt nur die Frage: »Und wo schlaf ma bis morgen?«

Ein Matratzenlager mitten im Wohnzimmer ist die Lösung des Problems. Frühmorgens schrillt der Wecker. Automatisch kommt Mundls schlaftrunkene Frage »Wer is denn des?«, dann will er den immer noch penetrant läutenden Wecker »gleich beim Fenster abehaun, wenn i eahm derwisch!«.

Karli kommt genervt aus seinem Kabinett, dem einzigen Raum, der von der Renovierung nicht betroffen ist. Er regt sich über die chaotischen Zustände in der Wohnung auf, schließlich hat er heute Führerscheinprüfung. Er hat »glernt wie a Trottel«, schnappt sich eine Rolle Klopapier und will aufs neue Klo. Mundls Aufschrei hält ihn im letzten Augenblick davon ab: »Net da eine, net da eine! Net da eine! Is ja ka Wasser drin, kannst ja net eineschiffen, stinkt ja die ganze Bude zsamm!«

Toni drängt, endlich die Wirtschaft aufzuräumen, damit Platz wird für die neuen Möbel. Bei Mundls Versuch, den Tapetentisch zusammenzuklappen, geht dieser erwartungsgemäß zu Bruch.

Gespannt warten Mundl, Toni und Hanni vor dem Haus auf Karli, der mit großer Verspätung daherkommt. Natürlich ist er bei der Führerscheinprüfung durchgefallen. Die nächste Explosion Mundls »Des hab i scho im Urin gspürt! Na

Renovierung mit Hindernissen

merkst jetzt, dass der Bua a Trottel is?« kann Toni nur mit einem Stoßseufzer beantworten.

An der Laderampe des Möbelgeschäfts nehmen Mundl, Toni, Hanni und Karli den firmeneigenen Pritschenwagen in Empfang. Mundl setzt sich ans Steuer und nach einigen Startschwierigkeiten starten die Sackbauers mit ihren neuen Möbeln auf der Ladefläche.

Prompt verursacht Mundl auf der Kreuzung Laxenburgerstraße/Gudrunstraße beim Abbiegen einen erheblichen Verkehrsstau. Ungeduldiges Gehupe und erregte Rufe wie »Hast dein Führerschein beim Tombola gwonnen?« werden laut.

Das ruft einen Polizisten auf den Plan, der Mundl sofort mit der Trillerpfeife an den Fahrbahnrand winkt. Mundl kurvt rasant heran, der Polizist kann sich gerade noch mit einem Sprung auf den Gehsteig retten. Die verständliche Frage des Polizisten, ob er wahnsinnig geworden sei, beantwortet Mundl aufgebracht: »I bin ja nervös! Weisens mi lieber auße da!«

Toni schämt sich fürchterlich, noch nie haben sie was mit der Polizei zu tun gehabt. Hanni will aussteigen und mit der Straßenbahn heimfahren. Doch Mundl besteht auf die Hilfe des Polizisten, schließlich »san des unsere An gstellten. Wir zahln ja die Steuern. Überall stehns umaneinander und machen sich wichtig«.

Diesen wagemutigen »Angestellten« Mundls in Uniform hat übrigens wieder unser Inspizient Joschi Biedermann mit Todesverachtung sehr überzeugend dargestellt.

Mit einiger Mühe schleppen Mundl und Karli unter fürsorglicher Anweisung von Toni die sperrigen neuen Möbel durch das enge Stiegenhaus in der Hasengasse.

Das Sackbauerische Wohnzimmer ist nicht mehr wiederzuerkennen. Stolz präsentiert Mundl Hannis neues Schrankklappbett. Er wird von der starken Federung dabei fast in den Schrank hineingezogen.

Eine Situation, die stark an eine legendäre Szene aus dem Klassiker »Die Marx-Brothers im Kaufhaus« aus dem Jahr 1941 erinnert. Da zeichnet sich der nächste Familienzwist ab. Hanni hat sich ein Hundertwasser-Poster ausgesucht und will das neben ihr Schrankklappbett an die Wand hängen. Mundls ablehnende Meinung ist eindeutig: »Der Scheißdreck kommt da weg, des könnts euch aufs Häusl hängen, der brunzt ja da her, is ja ordinär! Da her kommt der Großvater, aus Schluss basta!«

Doch Toni reicht es diesmal und sie wird richtig laut und heftig: »Einmal setz i mein Willen a durch und da her kommt der Hundertwasser!«

Daraufhin will Mundl schnurstracks die Wohnung verlassen, »weil wer mir meine Ecke nimmt, nimmt mir meine Wohnung«.

Toni ist des lieben Friedens willen einverstanden, den Großvater und die Pokale im Schlafzimmer aufzuhängen. Die unvermutete Ankunft Franzis beendet diesen Konflikt. Franzi berichtet, dass der Vorschuss bewilligt ist, aber Mundl leider 7000 Schilling bei der ganzen Angelegenheit verloren hätte. Hanni würde sich sichtlich freuen, wenn Franzi jetzt ein wenig dabliebe, doch der geht wieder, er muss zum Analysetag in seiner Wohngemeinschaft. Selbst Mundl ist von Franzis Konsequenz berührt. Er will die Spannung auflösen und sein erstes Bad in der Patentbadewanne nehmen. Doch leider war der Installateur noch nicht da, um die Wanne anzuschließen. So bleibt der Familie nichts anderes übrig, als die Gangbassena zur nötigen Körperpflege zu benützen. Toni hat inzwischen eine Flasche Sekt auf den Tisch gezaubert und die vier nehmen zum ersten Mal um den neuen runden Tisch Platz. Es erübrigt sich zu erwähnen, dass beim einschenken das neue Tischtuch tüchtig eingeweicht wird.

»Karl Merkatz über die Reaktion der Leute auf der Strasse: ›Man ist sehr freundlich zu mir. Beschimpft wurde ich überhaupt noch nicht‹.«
Kronen Zeitung

Die achte Folge

Unterwelt

Diese Folge unterscheidet sich von allen anderen dreiundzwanzig Folgen grundlegend, geht es doch hier um ein völlig anderes Milieu. Karli kommt mit der trostlosen Halbwelt der Prostituierten in Konflikt, eine Welt, die so gar nicht in das übliche Umfeld der Hasengasse passt.

Die ganze Geschichte ist eigentlich eine recht triste Milieustudie mit starken sozialkritisch-naturalistischen Elementen, die sich zeitweise in die Nähe des Krimis bewegt. Dennoch ist diese Folge auf gewisse Art auch ein historisches Zeitdokument. Denn damals in den 1970er Jahren gab es die »einheimische« Rotlichtszene im Gegensatz zu heute tatsächlich noch. Aber für den sonst üblichen typischen Humor bleibt nicht allzu viel Platz. Andererseits stellt »Die Unterwelt« ein bewusstes Gegengewicht zur vorhergehenden »Renovierung« mit ihren zahlreichen Slapstick-Passagen dar.

Ob diese Überlegungen damals tatsächlich den Ausschlag gaben, kann ich heute nicht mehr sagen. Auffallend ist es allerdings mit dem Abstand von mehr als dreißig Jahren beim neuerlichen Durchsehen der Serie.

Die Geschichte beginnt mit einer Partie Bauernschnapsen am neuen runden Familientisch. Mundl hat keine Lust mehr, da er dauernd verliert. Er will lieber Fernsehen. Er hat dazu ja auch einen neuen Fernsehsessel bekommen, in dem er es sich bequem macht. Doch was bekommt er zu sehen?

»Politiker, nichts als Politiker. Immer wennst eineschaust, siehst die Politiker. I waaß net, was die machen. Arbeiten die was? Da wählt mas und wählt mas und was tans? Deppert reden! Die Hauptsach is, dass flimmert. Was spielt is ja wurscht!«

Karli ist an einem gemeinsamen Fernsehabend nicht interessiert und verabschiedet sich wie an den letzten Abenden zuvor. Er will nicht sagen, wohin er geht. Toni macht sich Sorgen um ihren Sohn. Die Fahrschule interessiert ihn nicht mehr und mit dem Kostgeld ist er auch schon im Rückstand. Das bessert Mundls Laune keineswegs: »Der is a Trottel, des hab i scho gspürt, wie er auf'd Welt kommen is. Aber wenn er net zahlt, kriegt er a Watschen, dass er vierzehn Tag im Kras geht!«

Wieder eine neue Variante von Mundls Lieblingsdrohung.

Karli im spärlich besetzten Zuschauerraum des Rondell-Kinos. Es läuft eine Dessous-Show als Vorprogramm. In diesem einst berühmten einzigen Raucherkino Wiens in der Riemergasse im 1. Bezirk wurden damals Sexfilme mit den aufregenden Titeln wie »Gierig und geil« oder »Lippen voller Lust« für das überwiegend männliche Publikum gezeigt. Heute befindet sich dort das »Porgy & Bess«, eines der beliebtesten Jazzlokale neben dem legendären »Jazzland« am Franz-Josefs-Kai.

Aber damals wurden dort tatsächlich Dessous von ein paar Models vorgeführt, die wir auch für unsere Dreharbeiten engagiert haben. Unvergesslich die Stimme der Moderatorin, die völlig emotionslos die einzelnen Models in knapper Reizwäsche ihrem Publikum präsentiert: »Bei diesem Höschen brauchen sie nur an der Seite ziehen und schon fällt es. Applaus bitte.«

Diese Aufforderung hat allerdings nur ganz schwache Resonanz gefunden, der Applaus war mehr als dünn. Schließlich wird mit der gleichen faden Stimme der »Star des Abends, unsere Helga« in einer besonders aufreizenden Winzigkeit von Reizwäsche angekündigt. Doch selbst sie ruft keine Begeisterungsstürme hervor. Nur Karli verschlingt sie mit seinen Augen.

Den folgenden Sexfilm schenkt sich Karli, er wartet im Kassenraum auf Helga, die bald danach mit einer Freundin das Kino verlässt. Karli fasst sich ein Herz und spricht seine Angebetete an. Er will sie auf einen Kaffee einladen. Ihre schnippische Antwort »Was glaubens, was a Kaffee bei mir kost?« hält ihn in seiner Naivität nicht davon ab, auf seiner Einladung zu bestehen. Offenbar hat er sich wirklich in Helga verliebt, die von Gunda König überzeugend dargestellt wurde.

Den Kaffee trinken sie in einem schmucklosen Espresso in der Lehargasse, Ecke Girardigasse, gleich hinter dem Naschmarkt. Das enge Lokal vermittelt alles andere als einen gemütlichen Eindruck und die wenigen Gäste wirken nicht wirklich vertrauenserweckend, doch das scheint Karli keineswegs zu stören.

In einer minutenlangen romantischen filmischen Montage in der von winterlichem Nebel durchzogenen Lobau kommen die beiden sich näher. Diese fast kitschig anmutende Passage entsprach durchaus der Mode der damals aktuellen Kinofilme, ist aber eigentlich aus dem bisher gewohnten Rahmen unserer Serie gefallen.

Die Sequenz endet im Bett, Helga verlangt Geld von Karli, das sei schließlich ihr Geschäft. Ihr Zuhälter Dolfi will in einer Stunde acht Hunderter sehen. Karli fragt sie, ob sie nicht mit dem Scheiß-Gschäft aufhören möchte. Nötigenfalls werde er Dolfi eben handgreiflich davon überzeugen. Diesen Ungustl Dolfi stellte Matthias Croy mit emotionsloser Kälte und latenter Brutalität dar.

Daheim versucht Hanni, ihren Bruder zum Reden zu bringen. Karli beichtet ihr sein Problem mit seiner neuen Liebschaft. Mundl hört auf dem Weg ins neue Klo zufällig mit und ist völlig konsterniert: »Du Toni, unser Karli geht mit aner Hur! Der Trottel will derer ihren Peitscherlbuam haun!«

Mundl sucht Rat bei Kurti, dem wieder ein Vollbart gewachsen ist. Obwohl er heute Nacht dreißig Kilometer gehatscht ist verspricht das Wachorgan mit seinem geschulten Auge, Mundl in der Sache beizustehen. Fürs erste werden sie Karli heimlich beschatten oder »nasern«, wie Kurti das fachmännisch bezeichnet.

Gesagt, getan. Mundl und Kurti heften sich auf Karlis Spuren, der nächtens mit einem Taxi davonfährt. Kurti hat sich extra einen VW Bus besorgt, mit dem sie die Verfolgung aufnehmen. Karli huscht in das bekannte Espresso, Mundl und Kurti folgen ihm so unauffällig wie möglich. Einer der Gäste ist Mundls alter Bekannter, der »Tiroler vom Westbahnhof, der was quasi gar kaner is«.

Karli hält sich nicht lang mit Dolfi auf und verschwindet mit Helga durch den Hinterausgang. Gleich oberhalb des Lokals befindet sich Helgas Bleibe. Karli will mit ihr reden, doch »zum Reden hamma ka Zeit. Der Dolfi mag des net«.

Karli geht wieder in Saft: »Du wirst dich doch von dem Schwindsüchtigen net einschüchtern lassn. Wann er goschert wird, dann hau i eahm über die Stiegen owe.«

Im Espresso stellt sich der »falsche Tiroler« als Pepi Wurm vor, ein Händler in Rauwaren, Pelzen und Fellen. Außerdem ist er Stammgast hier. Die beiden Ahnungslosen, Mundl und Kurti, scheinen ihm nur unabsichtlich und in dieses Lokal gekommen zu sein. Da taucht Karli auf und verdrückt sich rasch aus dem Lokal, sobald er Mundl und Kurti bemerkt hat. Die beiden »Beschatter« kommen zu spät, Karli ist bereits wieder mit einem Taxi um die nächste Ecke entwischt.

Mundl und Kurti beschatten den Karli

»Was nutzt uns des, wann ma den Trottel gsehn haben, wann ma net wissen, wo er hingfahrn is.«

Pepi Wurm hat alles mitgekriegt und stellt die interessante Frage an Mundl: »Sag einmal, glaubst, dass sich dei Bua an Pelzmantel um 15 000 leisten kann?«

Am nächsten Tag daheim beim Abendessen kommt es zum längst fälligen Krach. Aus Sorge um die Mama, die schon »ganz gelb is im Gsicht, weils net schlafen kann« und im Grunde auch aus Sorge um Karli bricht es förmlich aus Mundl heraus. Er wirft ihm vor, dass er der »Hur an Pelzmantel kaufen will, der Volltrottel«.

Karli versucht, die Situation zu erklären. Er will Helga einreden, mit ihrem bisherigen Leben aufzuhören und mit ihm neu anzufangen. Am liebsten würde er sie sogar nach Hause bringen, damit man sich kennenlernt. Das bringt Mundl noch mehr auf die Palme: »Der kann do net mit einer Strichkatz zu uns in die Wohnung kommen! Was glaubst, was die Leut sagen werden?«

Hannis Einwand, es doch zumindest zu versuchen, schmettert Mundl kurzerhand ab. Außerdem hat er sie »eh scho angschaut, die is ja angschmiert von oben bis unten. A richtige Hur! Ziag a mit der Schnallen!«.

Das bringt nun für Karli endgültig das Fass zum Überlaufen. Er macht Mundl schwere Vorwürfe, dass er ihn immer nur als Versager hingestellt habe, dabei sei er, sein Vater, in Wirklichkeit der Versager, der es zu nichts gebracht habe. Wortlos springt Mundl auf und verschwindet im Schlafzimmer. Dann kommt er mit dem Bild vom Großvater zurück. Da schreit ihn Karli an: »Lass mi mit den depperten Großvater in Ruah!«

Mundls Reaktion ist diesmal keine verbale sondern eine echte Watschen. Es war dies das einzige Mal, dass Mundl in der gesamten Serie tatsächlich tätlich wurde. Die Beleidigung des Großvaters hat ihn offenbar dazu veranlasst. Karli dreht sich wortlos um und verlässt die Wohnung.

Dolfi macht Helga nachdrückliche Vorwürfe, dass sie mit Karli zu viel Zeit verbringe: »Stundenlang herum pudern is bei dem Gschäft net drin, des muss hopp hopp gehen.«

Sollte sie nicht spuren, droht er ihr massiv mit drastischen Erziehungsmaßnahmen. Da kommt Karli dazu und beschimpft Dolfi als Peitscherlbuam, der sich gefälligst schleichen soll. Dolfi schlägt ihn daraufhin brutal nieder und wendet sich ungerührt an Helga: »Und du ziag di um und hau di am Strich, damits 'd weißt, wos 'd hinghörst.«

Helga fügt sich und erteilt dem gedemütigten Karli eine endgültige Abfuhr: »Außerdem is mir der Dolfi beim Arsch liaber als du beim Gsicht.«

Karli kann das alles nicht glauben.

Mundl will sich heimlich unter einem Vorwand wegstehlen, doch Toni lässt sich von ihm nicht »anschmettern«. Da gesteht Mundl, dass ihm die Watschen leid tut, aber jetzt müsse er sich um den Buam kümmern.

Im Espresso findet der besorgte Mundl seinen Karli mit einem blauen Auge zerknirscht in eine Ecke. Ehe er Mundl eine Erklärung dafür geben kann, kommen Helga und Dolfi ins Lokal. Dolfi fordert Helga auf, sich um ihren nächsten Kunden zu kümmern. Da springt Karli auf und stürzt sich wütend auf den Zuhälter. Im Nu entsteht eine wüste Schlägerei, in die sich auch Mundl wie ein Berserker hineinwirft. Er lässt seinen »Buam« nicht im Stich, eh klar. Auch Pepi Wurm wirft sich mit seinem ganzen Gewicht in das Gerangel. Da blitzt in Dolfis Hand ein Messer auf. Schlagartig beendet Mundl die gefährliche Situation und zerrt Karli aus dem Lokal.

Bei einem Würstelstand laben sich Mundl, Karli und Pepi Wurm mit einer Eitrigen. Mundl und Karli sind auf dem Weg der Versöhnung: »Die Hauptsach ist, dass du einsiechst, dass'd a Trottel gwesen bist, Selbsterkenntnis is der erste Weg zur Besserung.«

Karli hält sich sein schmerzendes Veilchen und futtert dankbar sein Burenhäutl. Pepi Wurm gibt ihm die Weisheit eines erfahrenen Mannes mit auf den Lebensweg: »Zu einer Hur geht ma, zahlt und dann geht ma wieder.«

Mundl kann das nur bestätigen: »Weil die eigene Frau is die eigene Frau. Bist ja schließlich noch verheiratet.«

Zur Feier des Tages will Mundl seiner Toni einen echten rauchledernen Mantel von Pepi Wurm erstehen. Doch da stellt sich heraus, dass Mundl sein Geldbörsel zu Haus vergessen hat. Auch Karli kann nicht aushelfen.

»Du Rauschkind hast ja dein Geld bei der Hur anbracht. Dir ghörert jetzt so a Watschen, dass 'd bis z'Haus beschleunigst!«

Pepi Wurm erregt sich ebenfalls. Das kommt eben davon, wenn man sich als seriöser Mensch mit solchen Proleten einlässt. Das kann natürlich Mundl nicht auf sich sitzen lassen: »Des hat mir no kaner gsagt, dass i a Prolet bin, du Wamperter, du blade Blunzn du!«

Auch Pepi Wurm erhebt seine mächtige Stimme: »Halts mi zruck, sonst pick i die zwa Würschteln an die Fensterscheiben!«

Nur der stoische Würstelmann bleibt ruhig und nießt zwischendurch. Die immer lauter werdende Auseinandersetzung ruft einen Polizisten auf den Plan, bei dessen Erscheinen die drei Streithanseln plötzlich ganz zahm werden. Die uniformierte Amtsperson ermahnt sie nachdrücklich, sonst müsse er sie wegen nächtlicher Ruhestörung perlustrieren. Es sei drei Uhr Früh und ganz Wien schlafe. Damit verlässt er den Ort des Geschehens.

Dieser mit natürlicher Autorität ausgestattete Polizeibeamte war kein geringerer als Michael Janisch, bekannt als »Inspektor Fichtl« aus der damals aktuellen und beliebten ORF-Tatort-Reihe »Oberinspektor Marek« mit Fritz Eckhardt in der Titelrolle.

Nun geht es ans Bezahlen der Zeche am Würstelstand. Doch auch hier bleibt Pepi Wurm über, Mundl verdrückt sich mit Karli: »Kumm, Karli, mir gengan dem Mistelbacher nach.« Mistelbacher nennt man in Wien die Polizisten deswegen, weil seinerzeit angeblich wirklich zahlreiche Angehörige der Wiener Exekutive Söhne dieser friedlichen Stadt im nordöstlichen Weinviertel waren.

Die neunte Folge

Die Erbschaft

Im Vorfeld zu dieser Folge habe ich die ehrenvolle Aufgabe erhalten, ein verfallenes kleines Haus in Sichtweite des AKW Zwentendorf als Motiv für unsere Dreharbeiten zu suchen. Zwentendorf war ja im Laufe der 1970er Jahre zum absoluten Reizwort geworden und hat die österreichische Bevölkerung in zwei radikale Lager der Befürworter und der Gegner der Atomkraft gespalten. Ich persönlich zählte und zähle mich zur zweiten Gruppe. Ich werde die heftigen und hochemotionalen Streitgespräche, selbst in meinem engsten Freundeskreis, nie vergessen. Es gab sogar Situationen, an denen langjährige Freundschaften fast zerbrochen sind.

Es muss ein Sonntag im Januar 1977 gewesen sein, als ich mich in meinen dunkelgrünen Volvo setzte, die Fotokamera und die Straßenkarte von Niederösterreich griffbereit am Nebensitz verstaute und losfuhr. Motivsuche ist eine Tätigkeit, die mir bis heute viel Vergnügen bereitet. Es ist immer sehr spannend, einen Ort zu suchen, den es geben muss, von dem man aber nicht weiß, ob und wo er tatsächlich existiert. Als Autor und auch als Regisseur hat man ja immer ganz konkrete Vorstellungen einer bestimmten Situation, die den Ablauf einer bestimmten Handlung optisch ermöglicht.

Ich fuhr also durch das Tullnerfeld und war schon sehr neugierig auf den Anblick des ominösen AKW Zwentendorf, das ich bis dahin nur aus dem Fernsehen und der Presse gekannt habe.

Schon von weitem tauchte die Silhouette bedrohlich auf. Ich fuhr langsam näher und war ehrlich gesagt innerlich einigermaßen angespannt. Irgendwie kam ich mir wie ein Geheimagent vor, der sich einem verbotenen Terrain nähert. Ich schoss mehrere Fotos und war von diesem Bauwerk auf eine gewisse Weise fasziniert. Das AKW war zu diesem Zeitpunkt schon so gut wie fertiggestellt, zumindest von außen. Das ganze Gelände war massiv eingezäunt, überall bemerkte ich Überwachungskameras. Menschen waren kaum zu sehen, es war ja Wochenende. Ich umfuhr das riesige Gelände, hielt manchmal an und fotografierte aus dem Autofenster. Ausgestiegen bin ich nur ein einziges Mal, und gerade da tauchten hinter dem Zaun zwei Männer der

Objektwache auf. Ich überlegte kurz und fotografierte sie, dann stieg ich rasch wieder ein und fuhr weiter. Doch entweder haben sie mich gar nicht gesehen oder sie ignorierten mich einfach. Irgendwie war ich trotzdem stolz auf mich und meinen Mut. Gleichzeitig erinnerte ich mich, warum ich eigentlich hierhergekommen war. Ich sollte ja ein altes, desolates kleines Bauernhaus in Sichtweite des AKW finden. Aber so etwas war mir bisher nicht untergekommen. Es gab in der unmittelbaren Nähe überhaupt keine Häuser. Der Markt Zwentendorf lag in einigen Kilometern Entfernung und bestand im Wesentlichen aus lauter modernen Häusern. Also fuhr ich einfach die Straße donauaufwärts weiter Richtung Westen. Da kam nach ein paar Kilometern eine Ortschaft namens Buttendorf. Mit gefiel der Name irgendwie und ich war mir sicher, hier das gesuchte Häuschen zu finden.

Und tatsächlich, etwas unterhalb der Straße in einem Graben schon am Ortsende fand ich es. Und das AKW war tatsächlich noch in der Entfernung zu sehen! Am Ende meiner Entdeckungsreise habe ich auch noch ein passendes Wirtshaus in Buttendorf gefunden, in dem wir ebenfalls noch zwei Szenen drehen würden.

In der Familie Sackbauer ist sichtlich wieder der Frieden eingekehrt. Toni bereitet das Frühstück vor, Mundl rasiert sich, Karli strebert für seine Führerscheinprüfung und Hanni erwacht gähnend in ihrem Schrankklappbett. Im Radio laufen Nachrichten über Unfälle in Atomkraftwerken. Eine richtige Idylle also.

Mundl stellt dem aufgeregten Karli knifflige Fragen aus der Straßenverkehrsordnung. Da schrillt die Türglocke und Mundl fragt wieder einmal, wer der Depperte ist, der da mitten in der Nacht läutet. Dieser Störenfried ist ein penibler Briefträger mit einem eingeschriebenen Brief für Frau Antonia Sackbauer. Und diesen Brief muss er an die Adressatin persönlich und sonst niemanden übergeben, eingeschrieben ist eingeschrieben, man soll sich das gefälligst merken. Mundls Antwort ist das Götz-Zitat, was den abgebrühten Postler aber offenbar überhaupt nicht stört. Er fordert mit strenger Miene einen Ausweis von der Frau Antonia, den sie ihm brav vor die Nase hält. Nachdem sie unter seinen gestrengen Blicken ordentlich und leserlich mit Vor- und Zunamen unterschrieben hat erhält sie endlich den Brief persönlich ausgehändigt.

Diesen beharrlichen Briefträger in der damals noch üblichen blauen Uniform mit Schirmmütze und umgehängter Ledertasche hat Kurt Nachmann als köstlich-penible Personifizierung einer prototypisch österreichischen Amtsperson hinreißend dargestellt. Für mich zählt diese Episode zu den herausragendsten kleinen Kostbarkeiten der Serie.

Toni trifft fast der Schlag, als sie den Brief hastig überfliegt: »Die Rosa-Tant is gestorben, i hab was geerbt! A Haus, Nebengebäude und Grund in Buttendorf.«

Diese Nachricht schlägt ein wie eine Bombe, die Familie sieht sich schon als stolze Gutsbesitzer. Mundl macht sich bereits Sorgen, was man mit den Kühen machen soll, die müssen ja gemolken werden. Hanni bringt den Atlas und man findet Buttendorf, ein Dorf in der Nähe von Tulln und künftiger Lebensmittelpunkt der Familie Sackbauer am Sackbauer-Hof.

In der Werkskantine regt sich Mundl fürchterlich auf über das Fallen der Rindfleischpreise um ganze acht Prozent! Dafür sind natürlich nur die Politiker verantwortlich, diese Arschlöcher, die man wählt und wählt. Doch Mundls Arbeitskollegen scheißen auf die Rindfleischpreise, ihnen wäre eine Gehaltserhöhung wesentlich wichtiger. Die braucht wiederum Mundl nicht, weil der Androsch davon eh wieder die Hälfte einstreift. Außerdem haut er wahrscheinlich überhaupt den Hut auf die Elektrikerei und wird Bauer. Mit stolz geschwellter Brust erzählt er von der Erbschaft in Buttendorf. Die Kollegen bremsen seine Euphorie mit dem Hinweis, das Buttendorf ganz in der Nähe von Zwentendorf liege. Und was in Zwentendorf ist, das weiß ja jeder: der umstrittene Atomreaktor. Mundl fällt aus allen Wolken, wenn da was passiert, geben seine Kühe ja radioaktive Milch!

Karli bleibt während seiner praktischen Fahrprüfung mitten auf der Straße stehen und steigt aus. Er hat Irma gesehen und läuft zu ihr hin. Die Prüfer sind ratlos. Karli bittet Irma hastig um ein Treffen, er muss mit ihr reden aber jetzt muss er rennen, sonst fällt er durch. Irma ist perplex und verspricht, ihn bei der Fahrschule abzuholen. Karli entschuldigt sich bei den Prüfern, er hat eben seine Frau getroffen, die er schon lang nicht mehr gesehen hat, es tut ihm leid. Ist er jetzt durchgefallen? Ein sehr menschlicher Prüfer seufzt und deutet ihm nur, weiterzufahren.

Vor der Fahrschule wartet Irma auf Karli, der seine Prüfung glücklich bestanden hat. Es sprudelt nur so aus ihm heraus, er hat über alles nachgedacht und sie muss ihm einfach zuhören. Irma freut sich natürlich über ihren Karli, der da so richtig aufgeigt. Außerdem soll sie ihn jetzt begleiten, er will sich ein Auto anschauen.

Irma zwischen Mutter und Vater (Ilse Hanel, Liliane Nelska, Jaromir Borek)

Karli und Irma begutachten einen schicken Puch 500er mit sportlichen Rallystreifen, den ihnen Toni Wagner als Autoverkäufer schmackhaft macht. Toni Wagner war übrigens der Mr. Campari aus der Werbung, der mit seiner Frage »Wo ist der Campari?« österreichweit bekannt wurde. Toni war ein sehr quirliger Schauspieler und außerdem der vor allem in Schauspielerkreisen sehr beliebte Wirt vom »Glacis-Beisl« im ehemaligen Wiener Messepalast, dem heutigen Museumsquartier. Karli prüft seinen neuen Boliden auf Herz und Nieren und lässt sich von den Argumenten des Autoverkäufers schließlich überzeugen: »Der ist zwar ein bissl klein, aber ein Büffel. Parken kann man am Schreibtisch und Benzin braucht er fast überhaupt keinen, den könnens in der Apotheke tanken. Soll ich ihn gleich einpacken?«

Ein sehr aufgebrachter Mundl stürmt ins Wohnzimmer. Er lässt sich kaum besänftigen und will partout nicht ausdampfen, wie ihm Toni rät, sondern sich aufregen: »I will vorher gfragt werden, bevor diese Politiker über unsern Kopf hinweg bestimmen, diese Arschlöcher. Die san nämlich für uns da und net mir für sie!«

Endlich bekommen Toni und Hanni aus der wirren Suada Mundls heraus, dass es um den Atomreaktor von Zwentendorf geht. Die Informationen hat er aus einem Flugblatt, aus dem er zitiert: »Was siehst dann, wennst die Tür auf machst, kane Küa, den Reaktor … Jahrhunderte kannst net in Buttendorf wohnen … Jahrtausende, die san ja deppert, so alt wer ma ja gar net … Wenn der Reaktor an Riss kriegt, strahlen die Atome eine bis in unsern Bauernhof! A so a Strahl kann außekommen, dann san ma alle hin, ganze Familie tschäule!«

Mit dieser für ihn typischen vereinfachenden Ausdrucksweise hat Mundl natürlich im Kern vollkommen recht gehabt mit seiner Schreckensvision, wie sich neun Jahre später beim Supergau von Tschernobyl gezeigt hat. Aber das haben wir damals natürlich noch nicht wissen können.

Da platzt wieder einmal ein ziemlich überdrehter Karli in die Runde. Er ist aber nicht besoffen, sondern happy. Schließlich ist er stolzer Besitzer eines Führerscheins und eines neuen Autos. So nebenbei erwähnt er auch, dass er wieder mit der Irma zusammen ist. Mundl lässt die Sache mit Zwentendorf keine Ruhe. Er wird dem Kreisky schreiben und auch die ganzen Zeitungen einladen, sogar den Ombudsmann: »Da erbt ma amal a Haus und dann bauns a Atomkraftwerk hin.«

Gleich am nächsten Samstag wird mit Karlis neuem Wagen hingefahren, in dem aber nur vier Personen Platz haben. Hanni muss also daheim bleiben, aber sie hat ja net geerbt, sondern die Mama.

Voller Stolz putzt Karli seine »Puderdosen«, wie Mundl den Puch 500er abfällig tituliert. Man holt Irma vom elterlichen Wohnhaus ab. Irmas Eltern begutachten mit gemischten Gefühlen aus dem Fenster das Wiederauftauchen ihres Schwiegersohnes und seiner Familie. Mundl, Toni, Karli und Irma zwängen sich in den Kleinwagen und rauschen mit Vollgas ab.

Beim Notar, gespielt vom ehemaligen Direktor des Theaters der Jugend Peter Weihs, erfahren die Sackbauers Einzelheiten der Erbschaft. Die Erbmasse beträgt ungefähr 300 000 Schilling, davon sind 60 000 Erbschaftsteuern im Falle einer Annahme zu bezahlen. Zur Enttäuschung Mundls ist allerdings kein Nutztierbestand gegeben, wie das im Juristendeutsch heiße. Der Notar empfiehlt Toni, sich das Anwesen einmal anzusehen, dann könne sie sich ja endgültig entscheiden. Die Schlüssel verwahrt das Ehepaar Binderhofer in der Nachbarschaft. Mundl ist sauer, weil der Notar immer nur mit Toni spricht. Aber schließlich ist sie ja die Erbin und nicht er.

In Buttendorf will Karli mit Irma im Wirtshaus warten, das Haus interessiert ihn nicht wirklich. Mundl will sich ebenfalls anschließen, doch Toni nötigt ihn, mit ihr zu gehen. Die Binderhofers, ein älteres Ehepaar, gespielt von Luise Prasser und Karl Augustin, erweisen sich als bestens informiert über die Rosa-Tant. Gemeinsam macht man sich auf den langen Fußweg durch das Dorf und über die Felder bis zur »Erbmasse«.

Toni gefällt die schöne Gegend, doch »was nutzt die schönste Gegend, wenn uns die den Reaktor her bauen«, wie Herr Binderhofer resigniert bemerkt. Mundl aber weiß Bescheid: »Der Kreisky hat ja selber gsagt, er draht eahm erst auf, wenn er waaß, wo's den Mist hingeben. Die hinigen Atome, den Mist eben. Und wenn er n aufdraht, dann mach ma eine Bürgerinitiative und sagen na!«

Auch hier hat sich Mundl als Visionär erwiesen. Die Volksabstimmung am 5. November 1978 ist ja bekanntlich mit 50,47 Prozent zu 49,33 Prozent gegen die Inbetriebnahme ausgegangen. Und seither ist Österreich das einzige Land auf der Welt, das ein fix und fertig gebautes AKW nicht in Betrieb genommen hat. Aber auch das haben wir damals natürlich noch nicht gewusst, aber insgeheim gehofft.

Endlich erreichen sie ihr Ziel, das vererbte Haus der Rosa-Tant. Mundl trifft fast der Schlag beim Anblick dieses mickrigen, halb verfallenen kleinen Häuschens, in dem die Rosa-Tant am Ortsrand gelebt hat: »Des is dei Haus? Da kriegt ma ja an Herzkasperl! Des is a Verwandtschaft! So a Scheißhütten!«

Auch Toni ist konsterniert. Doch ehe man das Haus näher in Augenschein nehmen kann, taucht ein protziger Mercedes auf. Die Binderhofers begrüßen den Ankömmling ehrfurchtsvoll, es ist Herr Meixner, Abgeordneter zum Niederösterreichischen Landtag und sozusagen der neue Nachbar von Toni und Mundl. Der macht keine Umschweife und kommt sofort zum Thema. Er weiß über alle Details Bescheid und macht Toni das Angebot, ihr 160 000 Schilling auf die Hand zu zahlen. Das Grundstück ist ja nur für einen Interessenten wie ihn interessant, wer möchte denn neben einem Atomkraftwerk wohnen. Im anderen Fall können sie ja auf der Gstätten hocken bleiben, bis sie alt und kleinwunzig werden. Er drückt der verdatterten Toni seine Visitenkarte in die Hand und schon ist er wieder verschwunden, ehe Mundl auch nur einen Ton herausgebracht hat. Er kann nur mehr dem Mercedes wütend nachrufen, das er ihm »am liebsten ane druckt hätt, dass er sein Gamsbart schluckt«. Diesen authentischen Gamsbartträger hat Herbert Propst, eine Stütze des

Volkstheaters, sehr glaubwürdig dargestellt. Stellvertretend beschimpft Mundl auch noch das völlig unschuldige Ehepaar Binderhofer, den Schlüssel sollen sie sich gefälligst einmargarieren, die Hütten brauch ma net.

Im Wirtshaus kühlt Mundl seinen Ärger mit einem Bier und erfährt vom Wirten noch Näheres über den sauberen Herrn Landtagsabgeordneten. Angeblich hat er das schon bei vielen anderen gemacht, um billig an die Grundstücke zu kommen. In Wahrheit ist er aber der Kopf einer Bürgerinitiative gegen das Atomkraftwerk, die verhindern will, dass es überhaupt in Betrieb geht. Da erst geht Mundl ein Licht auf: »A so einer is des!«

Das neuerliche Aufflammen der Liebe zwischen Karli und Irma besänftigt ihn allerdings ein wenig, er freut sich und drückt Irma einen ordentlichen Schmatz auf die Wange.

Irma erzählt ihren Eltern von der misslungenen Erbschaft ihrer Schwiegereltern. Das löst zwischen dem Ehepaar Werner unvermutet einen Streit aus, wer von den beiden seinerzeit eigentlich das Geld in die Familie gebracht hat, um das Geschäft aufzubauen. Natürlich war es die Mutter, denn der Vater hat ja nichts gehabt. Ja, nach dem Krieg war das eben so, und er war immerhin Offizier.

Toni wäscht Mundl den Kopf

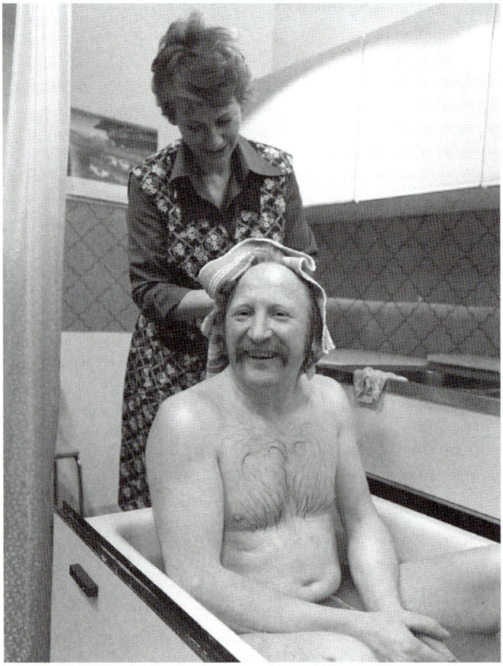

Mundl grollt noch immer über das Missgeschick in Buttendorf. Er sitzt dabei erstmals in seiner neuen Badewanne hinter dem Plastikvorhang in der Wohnküche und hadert mit seinem Schicksal. Toni ist im Grunde froh, dass es so und nicht anders gekommen ist. Mundl fordert sie auf, ihm den Rücken zu waschen.

»Wie sagt man? Wie heißt des? Bitte heißt des!«

»Bitte Frau Sackbauer, waschen sie mir den Buckel.«

Liebevoll wäscht Toni ihm zuerst den Rücken und dann den Kopf. Dabei schlägt sie ver-

Toni und Mundl begutachten ihre Erbschaft (Herbert Propst, Karl Augustin, Luise Prasser)

nünftigerweise vor, doch das Angebot von diesem Meixner anzunehmen und das Geld auf die Bank zu tragen. Damit könnten sie die Erbschaftssteuern bezahlen und ihre Schulden begleichen. Und außerdem bleibt dann noch ein Rest für alle Fälle. Hanni schlägt vor, die Reise nach Jesolo nachzuholen. Auf diesen Hausmeisterstrand soll der Kurti mit der Fini hinfahren, er jedenfalls nicht. Toni ist mit ihrer Kopfwäsche fertig und Mundl will eben aus der Wanne steigen. Da kommt Karli mit Irma daher. Hektisch zieht Mundl den Vorhang vor und schlüpft in seinen Bademantel. Hanni freut sich, dass Irma wieder zur Familie gehört und führt ihr stolz ihr neues Schrankklappbett vor. Leider trifft sie beim Aufklappen Mundl unabsichtlich am Kopf, der sofort in Wehgeschrei ausbricht und Hanni eine solche Watschen androht, »dass ihr der Hundertwasser auffefliegt«.

Es hat sich also in Irmas Abwesenheit nicht viel geändert in der Sackbauerfamilie.

Der Dreh dieser letzten Szene hat sich erheblich verzögert und das kam so: Das Aufheizen des Badewassers dauerte einige Zeit. Wir haben den Boiler eingeschaltet und uns dann in die Kantine zur Mittagspause verzogen. Ich komme als pflichtbewusster Regieassistent als Erster wieder zurück ins Studio und bemerke einen eigenartigen Brandgeruch aus der Gegend der Badewanne. Zufällig kommt da unser Requisiteur aus der Kantine.

»Hörst Hansi, ich glaub, da brennts irgendwo!«

Hansi reagiert sehr schnell und schnappt sich einen vorsintflutlichen riesigen Feuerlöscher. Inzwischen beginnt die Wand hinter der Badewanne fröhlich zu qualmen. Hansi richtet sofort sein Feuerlöschmonster darauf und drückt ab. Pfffffff, eine riesige graue Staubwolke verbreitet sich in Sekundenschnelle übers ganze Studio und überzieht die gesamte Dekoration zentimeterdick mit einer puderförmigen Staubschicht. Ich schnappe mir gleichzeitig einen mit Löschwasser und Zigarettenstummeln gefüllten Blecheimer und schütte dessen unappetitlichen Inhalt über die Brandstelle. Es ist eigentlich ein Wunder, dass mich bei dieser hektischen Aktion nicht der elektrische Schlag getroffen hat. Jedenfalls war zu diesem Zeitpunkt Drehschluss. Zur Krönung des ganzen Schlamassels kommt plötzlich unser Brandschutzbeauftragter, der liebe Herr Figl, vom Mittagessen zurück und wundert sich über das hektische Geschehen. Als wir ihm erzählen, dass es gebrannt hat, kann er es nicht glauben. Doch dann ist er sehr enttäuscht, dass dieses Malheur ausgerechnet in seiner Abwesenheit passiert ist. Wir haben den Schreck mit dem einen oder anderen G'spritzten in der Kantine hinuntergespült. Das eilig angeforderte Putzkommando hat bis zum nächsten Morgen durchgearbeitet und die Dekoration von der grauen Pulverschicht befreit.

Am nächsten Tag konnten wir endlich die Szene mit Mundl in der Wanne drehen. Nun ist ja Karl Merkatz ein sehr blonder Typ. Und er hat deshalb auch eine sehr empfindliche Haut. Leider hat er uns das nicht rechtzeitig gesagt. Die blitzblank gesäuberte Badewanne ist mit wohlig warmem Wasser gefüllt. Hansi, unser Requisiteur, hat vorsorglich eine besonders schön schäumende Badeessenz besorgt. Karl will bereits bei der Probe in der gefüllten Wanne sitzen, um diverse Spritzorgien ausprobieren zu können. Nach der Probe reinigt Hansi die Überschwemmung, wir beginnen zu drehen. Alles klappt ganz gut, aber Reinhard Schwabenitzky hat noch einen Einfall. Wir drehen also noch einmal, nachdem Hansi wiederum die Überschwemmungen beseitigt hat. Es klappt wieder vorzüglich. Dann wird die Mittagspause angesagt, die in der ORF-Diktion aus unerklärlichen Gründen »Mittepause« heißt. Karl steigt aus der Wanne. Er hat wie immer seine private geblümte Unterhose an, die man ja im dichten Schaumbad nicht zu sehen bekommt. Herr Kral, der aufmerksame Garderobier, hält ein großes Badetuch bereit und trocknet unseren Mundl ab.

Alle erstarren. Karli Merkatz blickt erstaunt in die Runde: »Was habts denn? Was schauts denn so deppert? Is was?«

Wir können uns das Lachen kaum verbeißen. Karli schaut aus wie ein frisch gesottener Krebs. Feuerrot. Über und über. Er wirft einen Blick in den Spiegel. Dann muss er selber lachen. Doch das vergeht ihm sehr bald. Seine Haut beginnt zu jucken. Karli kennt dieses Phänomen nur zu gut. Er schickt den Fahrer in die nächste Apotheke um eine besondere Salbe, die ihm dann nach einer etwas verlängerten »Mittepause« eine gewisse Linderung verschafft. Unser Fahrer, ein erfahrener Familienvater, hat auch gleich einen speziellen und besonders milden Badeschaum mitgebracht, mit dem normalerweise Babys gebadet werden. Unser Mundl steigt also wieder in die Patentbadewanne und wir drehen die Szene zu Ende. Diesmal wird seine Haut nicht rot, sondern bleibt glatt und frisch wie ein Kinderpopo.

»Ist die Familienserie in FS 1 zu ordinär für das Fernsehen? IMMER HEFTIGERE PROTESTE.« *Kronen Zeitung*

Die zehnte Folge

Der Hausabbruch

In der Hasengasse herrscht Aufruhr. Gerüchte um den Verkauf des Hauses an ein deutsches Unternehmen erregen die Bewohner. Sogar von Abbruch ist die Rede. Wilde Vermutungen und absurde Schuldzuweisungen erhitzen die Gemüter der Mitbewohnerinnen beim Bassenaklatsch. Vor allem die zunehmende Zahl von ausländischen Mitbewohnern sei ein untrügliches Zeichen für das bevorstehende Schicksal. Erst kommen die Tschuschen und dann die Caterpillare, mit Betonung auf der letzten Silbe. Dass Fini auf der Seite der jugoslawischen Mitbewohner steht, ist offensichtlich. Aber es ist ja zu erwarten, dass man zu dem Gesindel hilft, wenn man Blahovec heißt.

Fini berichtet am Abend die Neuigkeit brühwarm den Sackbauers. Mundl kann das nicht glauben: »Es kann doch ka Deutscher unser Haus kaufen, mit san ja net beim Hitler. Aber wann so a Germane da bei der Tür eineschaut, fliegt er glei über die Stiegen owe!«

Hanni verabschiedet sich, sie will noch ausgehen, wohin, weiß sie nicht genau.

»Spinnt die oder hats an neuchen Haberer?«

Toni glaubt das nicht, sonst wäre Hanni ja nicht so grantig.

Hanni besucht Franzis Mutter und überlegt, ob sie nicht doch von daheim ausziehen soll. Immerhin wohnt ja Irma jetzt wieder mit Karli bei ihnen, da ist es doch sehr eng in der Hasengasse. Vielleicht war es doch ein Fehler, nicht mit Franzi in die Wohngemeinschaft zu ziehen. Julia beruhigt Hanni, Männer sollen ruhig merken, dass nicht immer alles so passiert, wie sie es wollen. Außerdem ist Franzi von dort auch schon wieder ausgezogen. Noch ehe die überraschte Hanni antworten kann, kommt Franzi nach Hause. Seine Mutter verzieht sich diskret und Hanni tastet sich langsam vor. Neue Freundin hat er zumindest keine, dafür hat er keine Zeit gehabt, behauptet er jedenfalls. Da gibt sich Hanni einen Ruck: »Geh ich dir noch auf die Nerven?«

»I weiß no net. Müsst ma ausprobieren.«

Und das Ausprobieren wird dauern, schließlich hat man sich ja schon lange nicht gesehen.

Am nächsten Morgen ist Toni beunruhigt und weckt ihren Mundl, Hannis Klappbett ist leer. Doch da huscht Hanni bei der Tür herein und tut, als ob nichts gewesen wäre. Sie war halt beim Franzi und sie haben sich wieder versöhnt. Die ganze Nacht. Mundl wird schlagartig wach und heftig: »Die Mama und i haben wegen dir die ganze Nacht ka Aug zugmacht und du liegst mit dem Nudelaug im Bett! Was bildst dir denn überhaupt ein?«

Hanni meint schnippisch, dass sie alt genug sei und machen könne, was sie will. Solang sie da wohnt kann sie das eben nicht, sonst gibts die berühmte Watschen. Hanni hört sich das nicht länger an und geht wieder. Sie muss ohnehin zur Arbeit.

Im Büro des Hausverwalters Zauner macht Hans Bruno Hauke, der mit dem Kauf Beauftragte des deutschen Unternehmens, dem Verwalter die heftigsten Vorwürfe wegen der schleppenden Geschäftsgebarung. Schließlich habe man die Häuser nicht gekauft, um daraus ein Altersheim zu machen. Zauners Einwände, dass man in Wien eben so eine Geschichte nicht übers Knie brechen kann, überschreiten Haukes Geduld. Er drängt darauf, die Angelegenheit jetzt endgültig unter Dach und Fach zu bringen, das ewige Zerreden und Hinhalten ist unerträglich, schließlich habe man ja bereits die Abbruchbewilligung.

Für die Rolle dieses ungeduldigen Deutschen konnten wir den gebürtigen Berliner Heinz Schubert als Gast gewinnen. Er war damals als »Ekel Alfred Tetzlaff« der Protagonist der WDR-Fernsehserie »Ein Herz und eine Seele«, eine Art deutsches Gegenstück zu unserm Mundl Sackbauer. Und er hat bei uns als Hans Bruno Hauke alle Erwartungen bestens erfüllt, die echte Wiener vom ewigen Feindbild des typischen Piefke haben.

Als windiger Hausverwalter Zauner ist Heinz Petters hier zum ersten Mal aufgetaucht, ein echter Schlawiner wie er im Buch steht. Dieser Zauner wird uns in einigen weiteren Folgen noch begegnen und für entsprechende Verwicklungen sorgen.

Zauner und Hauke besichtigen nun das Haus in der Hasengasse. Hauke ist von der von Zauner behaupteten Abbruchreife des Objekts nicht wirklich überzeugt. Sie treffen mit Fini zusammen, die sich gerne bereit zeigt, vor allem Herrn Hauke alles Wissenswerte über das Haus und seine Bewohner zu erzählen. Sie scheint an Hauke Gefallen zu finden und zeigt das auch ziemlich unverblümt.

Gemeinsam kommen sie zu Toni, die gerade beim Staubsaugen ist, um die Wohnung zu inspizieren. Hauke will sich nur überzeugen, dass er keine Katze im Sack gekauft hat. Verwundert und ärgerlich gibt er Zauner beim Weggehen leise zu verstehen, dass hier doch alles intakt sei, keine Rede von abbruchwürdig oder desolat.

Mundl kommt heim und begegnet Hanni im Vorzimmer, die gerade wieder auf dem Weg zu Franzi ist. Um jede Diskussion mit ihm zu vermeiden schmeißt sie ihm einfach die Tür vor der Nase zu. Mundl will sich bei Toni über diese Frechheit beklagen und sieht sich mit einer Versammlung konfrontiert. Die beiden Hausmeister, Herr Nikolic, ein jugoslawischer Mitbewohner, Karli, Irma und Toni haben es sich in seinem Wohnzimmer bequem gemacht und auf ihn gewartet. Toni erzählt ihm vom unerwarteten Besuch des Herrn Hauke aus Deutschland, den sie unverständlicherweise nicht gleich hinausgeworfen hat. In seiner ersten Erregung will Mundl sofort hingehen und »denen des Wilde aberäumen, dass kaner von die zwa waaß, wer der Piefke is. Des können's doch mit uns net machen!«. Doch er erfährt noch mehr. Vor allem hat man beschlossen, ihn zum Obmann der Mieterversammlung zu machen, ob er will oder nicht: »Weil du hast die größte Goschen von uns alle«, wie ihm Kurti klarmacht. Man dürfe sich die Wohnungen nicht wegnehmen lassen, »Solididarität« ist jetzt angesagt. Auch Karli will ja für sich und Irma die

Reinhard Schwabenitzky an der Kamera

Wohnung von der alten Frau Holzer, sobald die im Altersheim ist. Selbstverständlich nimmt Mundl diese ehrenvolle Aufgabe ein wenig geschmeichelt an.

Mit den Worten »I bin der von der Tür Numero elf, der Obmann von der Mieterversammlung, und jetzt bin i da, damit ma reden!« stellt sich Mundl am nächsten Tag in seiner neuen Funktion dem Verwalter Zauner vor. Der ist davon nicht wirklich beeindruckt, versucht aber, ihm die Hintergründe des Hausverkaufs zu erklären: »Das is mei Gschäft, das müssens verstehn, und verkauft is verkauft.« »Eh klar, hin und weg is a Dreck. Aber ...«

Viel weiter kommt er nicht in seiner Argumentation, da sich in diesem Augenblick der aufgebrachte Hauke trotz massiver Abwehr der Sekretärin Zutritt zu Zauners Büro verschafft. Er hat endlich die Nase voll, hier bläst man ja diesem Gesindel geradezu Zucker in den Hintern. Da ist Hauke allerdings bei Mundl an die falsche Adresse: »Wen haben sie denn da mit Gesindel gemeint? I lass mi doch net von so an zsammgstauchten Piefke Gsindel heißen!«

Zauners vermittelnde Erklärungsversuche bleiben erfolglos. Jetzt ist Mundl so richtig in Fahrt: »Da muss i ruhig sein, sonst prack i eahm ane, dass er si anscheißt!«

Mundl verlässt das Büro mit der giftigen Bemerkung: »Dem derf ma nix tuan, dem Schrumpfgermanen!«

Dazu ist zu sagen, dass Heinz Schubert tatsächlich von geringer Körpergröße war, daher diese politisch sicher unkorrekte, aber dennoch zutreffende Bezeichnung. Zauner versucht abermals Hauke zu beruhigen, jetzt fange ja der Instanzenweg erst an, in Wien wird eben alles dilatorisch erledigt, was so viel bedeutet wie aufschiebend, hinhaltend, schleppend. Jetzt reicht es Hauke endgültig: »All diese Amts- und Hofräte, all das Verschnörkelte in diesem Land, das ist ja der reinste Balkan!«

Womit Hans Bruno Hauke eigentlich nicht ganz unrecht hat.

Daheim berichtet Mundl mit Stolz von seinem ersten Erfolg als Obmann. Er hat denen richtig die Meinung gesagt. Toni hat inzwischen mit dem Mieterschutz telefoniert, dort bekommt man noch Rat und Tat für die bevorstehende Mieterversammlung. Sie hat auch schon einen Termin ausgemacht, morgen sollen sie beide hinkommen.

»Was heißt, beide hinkommen? Bin i der Obmann oder du?«

»Du bist der Obmann und i geh mit!«

So einfach ist das bei den Sackbauers.

Edd Stavjanik, langjähriges Mitglied des Burgtheaters, empfängt Mundl und Toni als geduldiger Berater des Mieterschutzverbandes zu einem ausführlichen Gespräch. Er klärt sie über ihre Rechte und Pflichten auf und beruhigt sie, im Grunde sei die Sachlage eindeutig, sie haben keinerlei Grund zu Befürchtungen. Die Mieterversammlung brauche man nur zur Klarstellung und sie ist eigentlich eine reine Formsache. Da sie bis jetzt noch keine Kündigungsklage erhalten haben, kann überhaupt nichts passieren. Das geht dann hin und her und dauert Jahre, das kann sich keine Firma leisten. Mundl bittet den Herrn Beamten, ihm das alles noch einmal zu erklären, er möchte es sich gerne aufschreiben. Toni meint, man kann den Herrn doch nicht so lang belästigen. Doch der behält seine Fassung und fühlt sich überhaupt nicht belästigt, dazu sei er ja schließlich da. Er bietet Mundl sogar einen Bleistift an und beginnt seine Erläuterungen mit wahrer Engelsgeduld noch einmal von vorne.

Kurti und Fini beaufsichtigen im Stiegenhaus den Abmarsch der Bewohner der Hasengasse, die sich erwartungsvoll und herausgeputzt zur Mieterversammlung begeben. Selbst die schwerhörige Frau Holzer ist dabei, obwohl sie das eigentlich gar nicht mehr betrifft, sie geht ja demnächst ins Altersheim.

Der Versammlungssaal ist mit den Mitbewohnern bis auf den letzten Platz gefüllt. Ein nervöser Mundl und seine Toni in der ersten Reihe, daneben die beiden Hausmeister. Gespannt wartet man auf die Kontrahenten. Da geht eine Tür auf und Zauner betritt mit Hauke den Saal. Sie nehmen am Podium Platz. Kurti kann sich die halblaute Bemerkung »So klan und derf scho fortgehen« nicht verkneifen, was ihm ein »Kusch, Kurti!« von Fini einträgt. Da zischt ihr Kurti böse ins Ohr: »Red net mit mir per Kusch vor die Leut!«

Die feindlichen Fronten mustern sich und nichts geschieht. Ungeduldig fordert Hauke Zauner auf, endlich anzufangen. Zauner ergreift das Wort und stellt den Anwesenden den »lieben Herrn Hauke« vor.

»Ihnern lieben Herrn Hauke können 'S Ihner einmargarieren!«, meint Mundl. Aber man könne doch in Ruhe über alles reden.

»Aber net mit die Piefke, denen muss ma mit'n Arsch ins Gsicht fahren, die stehen ja auf der Leitung!«, wirft Karli unter lautstarker Zustimmung des Publikums ein.

Da wird es Hauke zu bunt. Er stellt klar, dass sein Name Hauke, Ha-A-U-Ka-We, sei und es sich bei den besagten Objekten eindeutig um abbruchreife und wohnunwürdige Häuser handle und er keine Lust habe, mit diesem »Kindergarten« zu verhandeln. Außerdem habe er ja die Abbruchbewilligung,

Der Verwalter Zauner und Herr Hauke, der Schrumpfgermane (Heinz Petters, Heinz Schubert)

nach der er vorgehen werde, so wie es in der Bauordnung vorgesehen ist. Mundl kommt in Fahrt und lässt Hauke gar nicht mehr zu Wort kommen: »Was Sie da gsagt haben, is a aufglegter Schaß! Ich habe mich erkundigt mit meiner Frau. Unser Bauordnung, die was in Wien is, lasst des ja gar net zu! Und außerdem, haben sie überhaupt a Dings … aja … a Kündigungsklage? Haben 'S ane? Die haben 'S ja gar net!«

Hauke geht ebenfalls in Saft: »Ist in diesem Land überhaupt noch etwas ernst zu nehmen? Ihr Haus steht ja nicht unter Denkmalschutz …«

»An Denkmalschutz brauch ma kan, mir schützen uns selber. Bei uns kann net jeder daherkommen, mir san net in Deutschland, mir san net bei die Wilden. Bei uns kann net so a Würschtel, so a Piefkineser daher kommen und die Pappen aufreißen, weil bei uns san die Wiener die Ersten! Bei uns reiß ma die Pappen selber auf, mein lieber Herr Haukawe!«

Dieser flammenden Philippika Mundls kann Hauke nichts mehr hinzusetzen. Entnervt verlässt er die Versammlung, während die Mitbewohner der Hasengasse Mundls Triumph lautstark bekräftigen. Nur Fini geht dem enttäuschten Hans Bruno Hauke nach und lädt ihn zum Trost für den Abend zum Heurigen ein. So deprimiert soll er nicht zurück nach Deutschland fahren.

Am Abend sitzen Fini und Hauke tatsächlich beim Heurigen. Er beklagt sich noch einmal bitterlich bei ihr über den unzuverlässigen Zauner, über all diese Wiener Mätzchen, Walzer, Sachertorte, über dieses Gedudel »Wien, Wien, nur du allein!«. Das nimmt ihm ja daheim niemand ab, dass so etwas überhaupt möglich ist. Fini streichelt verständnisvoll seine Hand und meint charmant lächelnd: »Ja, der Zauner is Gauner, aber des wiss ma eh alle.«

Dann winkt sie die Heurigenmusiker näher, die »Wien, Wien, nur du allein!« anstimmen. Und Fini trällert voller Inbrunst mit.

Daheim hat Toni ein schönes Abendessen zur Feier des Tages gemacht. Die ganze Familie inklusive Hanni ist um den Tisch versammelt und feiert den Sieg. Man räumt das Essgeschirr weg und bereitet sich auf eine Kartenpartie vor. Beim Zusammenklappen des Ausziehtisches zwickt sich Mundl natürlich. Es läutet an der Tür und Hanni rennt sofort hin, Franzi hat sich angesagt. Mundl will gerade wieder ausflippen, tausend Mal hat er schon gesagt, dass er nicht will, dass der Dioptrien-Otto da hereinkommt. Doch schon ist er mit einem großen Blumenstrauß für Toni da und reicht Mundl die Hand mit einem »Servus, Papa«.

»Wieso sagst denn du Papa zu mir? Bin i dein Vatter?«, ist die brüske Antwort Mundls. Franzi will am liebsten gleich wieder gehen, da sich offenbar in der Familie gar nichts geändert hat. Auch Karli und Irma wollen gehen. Doch da wird Toni resolut: »Nix da! Wenn jetzt net endlich a Ruh is, werds mi von einer anderen Seiten kennenlernen. Ihr bleibts alle da und du gehst an Wein holen, Edmund!«

Überrascht von Tonis unvermuteter Entschiedenheit gehorcht Mundl kleinlaut. Er mault zwar etwas von »I bin ja ka Lehrbua«, aber er geht folgsam zum Wirten einen Wein holen. Kaum ist er weg, läutet es abermals. Draußen steht eine verzagte Fini mit einem Mordstrumm blauen Auge. Der Kurti ist bös auf sie, weil ihr der Hans Bruno so leid getan hat. Leider war der Kurti schon daheim, wie sie nach Hause gekommen ist. Sie hätten halt beim Trösten verschlafen. Ob sie ein bissl dableiben darf? Natürlich bietet ihr Toni voll Mitleid Asyl an. Da kommt Mundl mit einem Doppler zurück. In seinem Schlepptau bringt er den Kurti samt Bärli mit. Kurtis Gesicht ist mit einem unübersehbaren Heftpflaster geschmückt. Er würdigt Fini keines Blickes. Nur im Vorbeigehen zischt er ihr verachtungsvoll »Nutte!« zu. Mundl hat den Kurti beim Wirten aufgeklaubt. Er wollte sich gerade ansaufen, und da hat er ihn halt mitgebracht. Man versammelt sich etwas betreten wieder um den Tisch. Nur

Fini und Kurti bleiben in ihrer Zimmerecke. Aus sicherer Entfernung mustern sie sich. Fini kann sich ein leises, aber vorwurfsvolles »Impotenzler« nicht verkneifen. Mundl hat endlich einen Korkenzieher gefunden und beginnt, den Doppler zu entkorken. Es erübrigt sich zu erwähnen, dass ihm der Doppler aus der Hand rutscht und am Fußboden zu Bruch geht. Während der gemeinsamen Aufräumversuche aller Beteiligter läuft der Schlusstitel.

»Karl Merkatz durfte diesmal loslegen wie schon lange nicht mehr, und seine Anhänger werden es genossen haben. Richteten sich diesmal doch die Schimpfkanonaden nicht gegen Frau und Kinder, sondern gegen einen Piefke und einen Hausherrn. Für den Zuschauer gab es also keinen Grund, dem lauten Treiben nicht mit Vergnügen zu folgen.« *Kronen Zeitung*

Johanna Sackbauer

Die »Hanni«

Karlis jüngere Schwester hat einige Gene von ihrem Vater, aber auch von ihrer Mutter geerbt. Vor allem der väterliche Dickschädel hilft ihr, sich gegen die »Übermacht der Mannsbilder« durchzusetzen. Manchmal neigt sie zu etwas radikalen Ansichten, vor allem in den Augen ihres Vaters.

Franzi ist ihre erste große Liebe. Doch diese Liebe wird auf manche harte Probe gestellt. Nicht nur von ihrem Vater Mundl, sondern auch von den beiden selbst. Es dauert eine ganze Weile, bis sie wirklich zueinanderfinden. Eine echte Leidenschaft, die eben manchmal auch Leiden schafft!

Hanni fühlt sich ihrem Franzi intellektuell unterlegen, versucht aber aus eigenem Antrieb, mit ihm gleichzuziehen. Immerhin schafft sie es mit einem Schreibmaschinenkurs, ihm zumindest beim Abtippen seiner Manuskripte hilfreich zur Seite zu stehen.

Die elfte Folge

Stille Nacht

Bei dieser und den nächsten beiden Folgen konnte ich leider meinen Job als Regieassistent nicht erfüllen. Ich hatte im Frühjahr 1977 beim Renovieren meiner neuen Wohnung einen bösen Arbeitsunfall aus Leichtsinn und Blödheit erlitten und bin danach einige Monate ausgefallen. Aber Strafe muss sein, man steigt eben nicht auf eine Siebenerleiter und fällt damit nach hinten um! Ich habe das damals natürlich sehr bedauert, sind doch die Weihnachts- und vor allem die Silvesterfolge wohl die bekanntesten und meistgespielten Folgen der gesamten Serie geworden. Ab dieser Folge hat übrigens wieder unser geliebter »Fibsi« Helmut Fibich mit seiner Kleinelektronik die Kamera geführt. Man hat ihn uns also wieder zurückgegeben und er ist uns bis zur letzten Folge treu geblieben.

Die Weihnachtsfolge beginnt in der Bekleidungsabteilung eines großen Wiener Kaufhauses. Mundl und Toni durchstöbern inmitten zahlreicher kauflustiger Kunden das Weihnachtsangebot. Aus den Lautsprechern Kling-Glöckchen-Klingelingelingt das auch damals schon unvermeidliche, nervtötende aber angeblich kauflusststeigernde Musikgedudel. Mundl findet einen grauen Freizeitanzug interessant, Toni kann sich für ein grünes Kaminkleid aus Samt erwärmen. Es geht darum, sich nur einmal umzuschauen und eventuelle Weihnachtswünsche des Ehepartners zu erfahren. Gestört fühlt sich Mundl dabei nur von einem laut klingelnden Weihnachtsmann, dem er empfiehlt, sich mitsamt seiner Glocke »über die Häuser zu hauen«. Doch der schwer erkältete Glockenschwinger beruhigt ihn gütig: »Bleib freundlich, Haberer – und Friede den Menschen auf Erden!«

In dem Gewühl der vorweihnachtlich Gestimmten tritt auch Herr Kral, unser geschätzter Herrengarderobier, als fachkundiger Verkäufer in der Herrenabteilung auf. Und vor allem taucht, bewaffnet mit einem Feuerlöscher, unser lieber Brandschutzbeauftragter, der Herrn Figl, auf und weist einen Nikotinsüchtigen eindringlich auf das Rauchverbot hin. So nebenbei erzählt Toni, dass Karli gemeint hat, diesmal auch Irmas Eltern am Heiligen Abend einzuladen. Aber Mundl ist nicht sein eigener Feind, einmal im Jahr möchte er in keine depperten Gesichter schauen. Der Schani soll seinetwegen kommen und wenn er im Genuss steht, soll er auch die Vejvoda mitbringen. Da bleibt ein Kunde mit seinen geschulterten Skiern am Vorhang einer Umkleidekabine hängen und gibt den Anblick einer halbnackten ahnungslosen Kundin frei. Mundl kann seinen Blick davon nicht losreißen, bis ihn Toni fragt, ob er sich nicht schämt.

Irmas Eltern bummeln am vorweihnachtlich illuminierten Graben. Auch Herr Werner macht den Vorschlag, diesmal gemeinsam mit den Sackbauers zu feiern. Für seine Frau ist das die blödeste Weihnachtsüberraschung, die einem einfallen kann. Mit diesem ungehobelten Menschen, der andauernd Bier säuft und nicht einmal gesittet essen kann. Eine Zumutung! Nein, das muss sie wirklich nicht haben. Bitte, er kann ja mit seiner Tochter hingehen, sie bleibt jedenfalls zu Hause.

Hanni wartet schon ungeduldig auf Franzi, während Julia ein Briefmarkenalbum als Geschenk für Schani vorbereitet. Den Heiligen Abend wollen sie dann gemeinsam verbringen, Hanni kann ja nach der Bescherung mit Franzi zu ihren Eltern gehen. Da kommt Franzi endlich daher und verkündet, dass sie am 24. seinen Verleger besuchen werden, das machen ja alle anderen Autoren auch und das gehört sich jedenfalls. Für Hanni kommt das überhaupt nicht in Frage, da soll er alleine hingehen, was geht sie sein blöder Verleger an. Julia versucht vergeblich, den Streit zwischen ihrem Sohn und Hanni zu schlichten. Hanni streitet ja nicht mit diesem Egoisten, der sich doch nur darum reißt, mit den ganzen Großgscheiten zusammen zu hocken! Ein Wort gibt das andere und Franzi bezeichnet Hanni als Kulturbanausin. Das reicht ihr, sie schnappt ihre Tasche und zischt ab.

Beim familiären Abendessen daheim geht es wieder um die Einladung von Irmas Eltern, die Mundl nach wie vor strikt ablehnt. Auch Irmas Einwand, dass man doch jetzt zusammengehöre, kann Mundl nicht umstimmen. Da könnte ja jeder kommen und das behaupten. Und außerdem hat Irmas Mutter gesagt, dass sie lieber mit ihrem Simandl das Fest feiern will. Irma will ihre Eltern nicht länger beleidigen lassen und Mundl bremst sich ein. Er fragt Toni scheinheilig, was es denn heuer zum Essen geben wird. Typisch, meint Karli, kaum schießt man die Alten an, redens vom Fressen. Toni meint beschwichtigend, dass man heuer ja einmal auch etwas Kaltes essen könnte, oder Fisch. Mundl macht große Augen: »Warum denn ka Gansl?«

Karli bringt es auf den Punkt: »Weils keiner mag außer dir! Jetzt hamma zwanzig Jahr wegen dir ein Gansl gfressen.«

Da geht Mundl richtig in Saft: »Bitte, kaufst halt a paar Kilo Fisch, dass er si anfressen kann, der Trottel, bis eahm die Graten außewachsen!«

»Wegen mir brauchst gar nix kaufen. I bin schon angfressen, wenn i dir am Heiligen Abend ins Gsicht schau!«

»Du brauchst mir überhaupt net ins Gsicht schaun! Gehst halt in Waldmüllerpark und schaust dir die Spatzen an, du Rauschkind du!«

Trotz Tonis und Irmas Beruhigungsversuchen hören die beiden Streithanseln nicht auf. Da kommt Hanni mit einem sichtlichen Schnoferl dazu. Erst nach Mundls feinfühliger Ermahnung »Mach auf die Pappen, wenn di die Mama was fragt«, erzählt Hanni, dass Franzi am Heiligen Abend den Verleger besuchen will. Außerdem ist ihr Weihnachten zuwider. Aber ihrem Vater durchaus nicht: »Lass doch des Nudelaug zu dem Verleger gehen. Aber wir feiern Weihnachten wie jedes Jahr. Was die andern machen is mir wurscht. Aber mir und der Schani sitzen unterm Christbaum!«

Hanni flüstert zwar zwischen den Zähnen zu Toni, dass der Schani auch nicht kommen wird, aber das kriegt Mundl gar nicht mit. Ihm ist plötzlich etwas eingefallen und er zwinkert Karli zu, sie wollten doch noch fortgehen. Karli kapiert erst mit Verzögerung, doch dann machen sie sich gemeinsam aus dem Staub. Es ist Goldener Samstag, da hatten damals die Geschäfte länger offen.

Mundl und Karli suchen im Kaufhaus Weihnachtsgeschenke für ihre Frauen und die restliche Familie. Mundl sucht für Toni das grüne Ofenkleid, oder eigentlich Kaminkleid, das ihr so gut gefallen hat. Ihre Kleidergröße kennt er natürlich nicht. Er bittet die freundliche Verkäuferin, doch probeweise in das Kleid zu schlüpfen, sie hat ja ungefähr Tonis Größe. Die Verkäuferin, gespielt von Dorothea Parton, tut das gerne. Mundl ist begeistert und Karli hat noch eine Bitte an das Fräulein. Er möchte für Irma ein Nachthemd, vielleicht könnte sie noch einmal so freundlich sein? Natürlich erfüllt sie auch Karlis Bitte. Mundl ist richtig im Kaufrausch und nimmt auch ein Nachthemd für die Hanni und für Karlis Schwiegereltern zwei Strickhauben, damit sie's warm haben, die Eierschädeln. Und damit Karli sieht, dass er nicht arrogant ist, lädt er die Werners doch noch an Weihnachten ein.

Irma überbringt die offizielle Einladung der Sackbauers an ihre Eltern, die gerade Weihnachtskekse backen und Geschenke vorbereiten. Aber Irmas Mutter bleibt dabei, sie lehnt die Einladung ein für allemal ab. Man wird wie jedes Jahr unter sich bleiben und daheim feiern.

Schani fragt Toni, was sie sich zu Weihnachten wünscht. Das wäre eigentlich ein Wellensittich, aber ein Viech in der Wohnung tät ihren Mundl narrisch machen, das kann sie ihm nicht zumuten. Der schlaue Schani, selbst stolzer Sittichbesitzer, ändert seinen Plan. Dann wird er eben dem Mundl einen Sittich schenken. Der freut sich sicher, wenn er einen Vogel hat.

Im Kabinett streiten Karli und Irma wegen der Absage ihrer Eltern. Doch überraschenderweise lenkt Karli bald ein. Schuld sei nur, dass sie noch immer keine Wohnung haben. Aber nächstes Jahr zu Weihnachten können sie alle am Arsch lecken. Da werden sie einfach irgendwo hinfahren, auf eine Hütte oder auf eine Insel, irgendwo, wo es keine Rolle spielt, wer, wann, wo, mit wem unterm Christbaum steht.

Da kommt Mundl mit einem überdimensionalen Christbaum, der fast nicht durch die Wohnungstür passt.

»Jessasmariandjosef! Mundl, bist narrisch? Mir wohnen ja net am Rathausplatz!«

Doch Mundl beruhigt Toni, es muss ja nach was ausschaun, wenn der Irma ihre Eltern kommen. Karli und Irma helfen, den Riesenbaum ins Wohnzimmer zu schleppen. Irma rückt verlegen mit der Absage ihrer Eltern heraus, aber er soll sich bitte nicht darüber aufregen.

»I reg mi eh net auf. Wer net kommt, braucht net fortgehen.«

Doch dann folgt trotz Irmas Erklärungsversuch der unvermeidliche Ausbruch des enttäuschten Mundl: »Am Heiligen Abend is niemand für sich, des is bei mir net drinnen!«

Da sucht Schani rasch das Weite.

»Wieso rennt er denn so gach davon, der Fetzenschädel?«

Tonis knappe Antwort »Weil er zu Weihnachten a net kommt«, lässt Mundl nach Luft schnappen. Sein wütendes Versprechen »Den hau i glei auße, wenn er sich da eine traut!« lässt einen gesegneten Heiligen Abend erwarten.

Am nächsten Tag findet Toni im Kleiderkasten Mundls sorgfältig verstecktes Geschenk, das grüne Kaminkleid. Sie ist sehr gerührt darüber und Hanni meint, sie soll es gleich einmal anprobieren. Dabei stellt sich heraus, dass es zumindest um zwei Nummern zu klein ist. Da ist guter Rat teuer, oder etwa nicht?

Schani bringt einen Christbaum von normaler Größe zu Julia und rät Franzi, den Besuch beim Verleger abzusagen, das wäre doch das Gescheiteste. Auch Julia rät ihm dazu. Da rastet Franzi aus, man soll ihn endlich damit

in Ruhe lassen. Kopfschüttelnd meint Schani, dass heute alle spinnen, an Weihnachten.

Die Familie singt »Stille Nacht« (Rudi Schippel, Julia Gschnitzer, Liliane Nelska, Ingrid Burkhard, Klaus Rott, Kurt Weinzierl, Karl Merkatz, Erika Deutinger, Alexander Waechter)

Mundl beginnt unter fachkundiger Beobachtung von Toni und Hanni, seinen überdimensionalen Christbaum in das Holzkreuz einzupassen. Da läutet es wieder einmal, es ist aber nicht das Christkindl, sondern der Onkel Vitus aus Tirol. Auch er bringt einen Weihnachtsbaum mit, allerdings einen echten aus Tirol. Er will seine Schwester Julia besuchen und sich selbst als Weihnachtsgeschenk bringen. Vielleicht könnte er bei den Sackbauers schlafen. Mundls Begeisterung hält sich in Grenzen, er muss mit seinem Christbaum fertig werden. Vitus kann sich nicht verkneifen, zu fragen, ob er Schwierigkeiten macht. Natürlich fragt Mundl prompt: »Wer?«

Aber Vitus verkneift sich den »Steinscheißer-Karl-Schuss«, er meint einfach den Baum. Der passt zu Mundls Ärger trotz Kürzung immer noch nicht ins Christbaumkreuz. Vitus kann das nicht mehr mitanschauen, er schneidet den Baum einfach noch einmal radikal ab. Mundl protestiert vergeblich, »du kannst mir doch net den Bam abschneiden!«.

Jetzt passt das Kreuz zwar drauf, aber dreht sich natürlich durch. Jetzt muss man ihn halt verspreizen. Tiroler sind eben praktische Menschen, die immer Rat wissen.

Schani bringt den Sittich für Mundl bei Julia vorbei. Er heißt Schurli, redet aber noch nix, dafür ist er noch zu jung, erklärt der fachkundige Schani. Franzi hat sich entschlossen, beim Verleger abzusagen. Dann will er Hanni abholen. Bei der Gelegenheit kann er doch gleich den Schurli für Mundl mitnehmen.

Mundl hat den Christbaum aufgeputzt, aber Vitus hat natürlich schon wieder etwas zu bemängeln, in Tirol sind die Bäume viel schöner und natürlicher als in Wien. Hanni macht sich auf den Weg zu Franzi, sie muss immer noch dem Pfeifenstierer nachrennen. Vitus schnappt seinen echten Tiroler Baum und begleitet Hanni.

Herr und Frau Werner feiern daheim unterm Weihnachtsbaum das traute Fest in gediegener Zweisamkeit. Da geht die Tür auf und Irma kommt mit Karli daher. Das ist sogar Irmas Mutter gerührt. Man tauscht Geschenke und freut sich.

Auch Julia und Schani packen gerade ihre Weihnachtsgeschenke aus. Da kommt Hanni mit Vitus samt Christbaum im Schlepptau. Die Überraschung ist mehr als gelungen und Julia weigert sich standhaft, ihren eigenen Weihnachtsbaum auf den Balkon zu stellen und gegen den echten Tiroler Baum auszutauschen. Hanni erfährt, dass Franzi beim Verleger abgesagt hat und nun zu ihr unterwegs ist, was sie natürlich freut. Sie macht sich sogleich wieder auf den Heimweg.

Franzi ist inzwischen mit dem Sittich Schurli bei den Sackbauers eingetroffen. Er stellt Schurli unter den Christbaum und fährt umgehend wieder nach Hause, um Hanni herzuholen. Toni meint, er soll doch hier auf Hanni warten, sonst verpassen sie sich wieder. Doch Mundl ist anderer Meinung: »Wenn er fahren will, lass eahm fahren! Lauter Trotteln. Zu Weihnachten werdens alle deppert.«

Also bleibt Franzi und man wartet auf Hanni. Mundl wird ungeduldig wie ein kleines Kind: »Wenns net gleich daherkommt, zünd i den Bam an!«

Da hört man plötzlich Stimmen aus dem Vorzimmer. Toni übernimmt das Kommando, schickt Karli und Irma ins Schlafzimmer und ruft Hanni zu, erst hereinzukommen, wenn das Christkind läutet. Mundl und Franzi zünden die Kerzen am Baum an, das Christkind läutet und alle stürmen wie in der guten alten Zeit ins Wohnzimmer. Hanni mit Schani, Julia und Vitus aus der einen Richtung, Karli und Irma aus der anderen. Vitus ist beeindruckt und findet den Christbaum in seiner Lichterpracht echt bärig, aber jetzt hätte er schon mächtigen Hunger und schlägt vor, nun zu essen. Doch der zappelige Mundl wehrt entschieden ab: »In Tirol kannst du vielleicht bestimmen, aber in Wien net. Jetzt schau ma uns die Packeln an!«

Die Bescherung ist ein voller Erfolg, Mundl ist zwar über den Sittich anfangs erstaunt, schließt ihn aber sogleich als neues Familienmitglied Georg Sackbauer, genannt Schurli, ins Herz. Karli freut sich schon auf die Hetz, wenn der Vogel »Leck mich am Arsch« sagen kann. Das bringt ihm Mundls Rüge ein: »Sei net so ordinär, es is Weihnachten!«

Unter den Klängen von »Oh du fröhliche!« geht es ans allgemeine Auspacken. Franzi hat von Hanni eine Komplettaufnahme von Vivaldi bekommen, Toni das Kaminkleid von Mundl, das aber interessanterweise nicht mehr grün ist, sondern braun, dafür aber wie angegossen passt. Mundl ist darüber mehr als verwirrt, während er in seinen grauen Freizeitanzug schlüpft. Die Szene entwickelt sich zu einer Modenschau, alle haben ihre Geschenke sofort anprobiert und freuen sich darüber wie kleine Kinder. Mundl gibt den Startschuss zum Abendessen: »Jetzt hau ma uns a Flascherl in die Venen, sonst fall i no unterm Christbam zsamm!«

Der berühmte Klapptisch wird wieder mit einigen technischen Schwierigkeiten zur Festtafel hergerichtet und Toni serviert zu Mundls Freude doch wieder das bewährte Weihnachtsgansl. Doch bevor sie das Gansl tranchieren fragt Vitus, ob sie in Wien keine Weihnachtslieder singen. Und schon erklingt im neunstimmigen Chor »Stille Nacht«.

Die zwöfte Folge

Jahreswende

Diese Folge wurde nach ihrer Erstausstrahlung am 30. Dezember 1977 bis jetzt insgesamt elf Mal wiederholt, davon sieben Mal an einem 31. Dezember. Sie macht damit zumindest in Österreich dem britischen Silvester-Klassiker »Dinner for One« mit Freddy Frinton bald ernsthafte Konkurrenz. Es gibt wohl kaum jemanden, der sie noch nicht gesehen hat. Außerdem hat Reinhard Schwabenitzky die Weihnachts- und die Silvesterfolge im Jahr 1994 auch ins Kino gebracht.

Diesmal beginnt die Geschichte beim Ehepaar Werner. Herr Werner leidet unter dem Kommando seiner resoluten Frau Martha, die andauernd an ihm etwas zu nörgeln findet. Sie hat sich für das neue Jahr viel vorgenommen, vor allem gesünderes Leben und keine Unmengen Magenbitter mehr. Außerdem schickt sie ihn zum Friseur. Er mault vergeblich dagegen, fügt sich aber dennoch in sein Schicksal.

Auch Toni ist mit ihrem Mundl nicht zufrieden, der nach den Feiertagen etwas belämmert mit einem Bier in der Hand in der Küche knotzt und nicht im Traum daran denkt, ihr zumindest ein bissl im Haushalt zu helfen, außer den Eiskasten festzuhalten, dass der nicht umfällt. Auch mit seinen Haaren schaut er schon aus wie ein Gammler, richtig grauslich. Es ist höchste Zeit, dass er endlich zum Friseur geht, hier steht er ihr ohnehin nur im Weg herum. Bitte, geht er halt zu dem depperten Friseur, Toni wird schon sehen, wie er dann ausschaut. Und er klagt seinem neuen Ansprechpartner Schurli sein Leid: »So gehts dir, blöder Trottel, wenns 'd verheirat bist!«

Mundls Abschiedsworte »Bin scho fort, bin eh scho nimmer da!« sollten viele Jahre später innenpolitische Bedeutung bekommen.

Mundl trifft beim voll besetzten Herrenfrisör auf Herrn Werner. Offenbar gibt es außer den beiden noch viele Ehemänner, die von ihren Gattinnen am letzten Tag des Jahres dorthin geschickt werden: »So san die Weiber, wie die Geier. Wenn man sich im alten Jahr net schnell die Haar scheren lasst, sans des ganze neue Jahr net zum aushalten.«

Herrn Werner erinnert das an seine Militärzeit, Mundl eher nicht: »Wies beim Militär war, waaß i net. Bevor i dort zum Friseur kommen bin, hat der Adolf scho die Patschen gstreckt.« Der Friseur bietet den beiden ein Stamperl Schnaps an für die Wartezeit, aber Mundl lehnt dankend ab: »Mir trinken aus der Flaschen, brauchens ka Stamperl waschen.«

Beim gemeinsamen Trinken aus der Flasche kommen sich die beiden näher und Mundl bietet das Du-Wort an. Edmund und Franz verbrüdern sich und Mundl lädt seinen neuen Haberer samt Gemahlin kurzerhand für heute Abend ein: »Und jetzt hau man auf des Haarschneiden den Huat, weil da herin kommen mir eh heuer nimmer dran!«

Und außerdem ist die Schnapsflasche ohnehin schon so gut wie leer.

Auf dem Weg ins Scherzartikelgeschäft haben Mundl und Franz offenbar noch die eine oder andere Zwischenstation gemacht. Ihr Illuminationszustand lässt jedenfalls darauf schließen. Mundl kauft Unmengen von Feuerwerksraketen und Scherzartikel für die Nacht der Nächte ein, auch wenn Franz meint, dass seine Frau deswegen wahrscheinlich wahnsinnig wird. Mundl beruhigt ihn freundschaftlich: »Geh scheiß di net an wegen deiner Alten, die is ja a Mensch, und wenn nicht, wird sies no werden.«

Irma informiert ihre Mutter vom gemeinsamen Besuch eines Maskenballs in Künstlerkreisen, auf den sie heute Abend gemeinsam mit Hanni und Franzi gehen werden. Frau Werner warnt ihre Tochter vor dieser »linken Gesellschaft«, da wird nur gesoffen und Rauschgift konsumiert, das hört man ja immer wieder. Wie aufs Stichwort poltern Mundl und Franz mit ihren Munitionspaketen lautstark bei der Tür herein und unterbrechen schlagartig ihre nicht vorurteilsfreie Beurteilung der Wiener Künstlerszene. Da haut es ihr tatsächlich die Kipfler auße, wie Mundl es so treffend formuliert. Trotzdem sieht sie ihrem Franz mit unbestechlichem Blick dessen Trunkenheit an, was Mundl erstaunt zur Kenntnis nimmt: »Sie haben einen sehr scharfen Blick, alle Achtung. Aber heut auf'd Nacht wird kein Fernsehen gschaut, heut gibts die Sackbauers in Natur. Heut wird gfeiert, dass die Funken spritzen!«

Daheim steckt Karli bereits in seinem Menschenaffenkostüm, das ihm eigentlich ganz gut steht. Auch Hanni schminkt sich bereits für den abendlichen Maskenball. Da taumelt Mundl mit seinen Paketen herein und glaubt beim Anblick Karlis, in Schönbrunn zu sein. Toni schätzt Mundls Zustand richtigerweise nicht als eingspritzt, sondern als bsoffen ein. Doch dann verliert sie kurzzeitig ihre sonst so unerschütterliche Fassung, als sie erfährt, dass Mundl »die alten Werners für auf'd Nacht eingeladen hat. Die ghören ja a

Die Sackbauers und die Werners unterm Christbaum

irgendwie zur Familie«. Toni gerät in hausfrauliche Panik: »I hab ja net amal was Gscheites z'Haus zum Aufwarten!« Mundl beruhigt: »Vielleicht bringens eh was mit. Sonst machst halt die Tiefkühlhendln. Des essens eh gern, gell, Scheißerl?«

Damit wendet er sich an Irma, die gerade in einem sehr knappen Bunny-Kostüm aus dem Kabinett kommt. Mundl blödelt gut gelaunt weiter und erschreckt Hanni mit einer ekeligen Gummispinne. Toni ist völlig entnervt und schickt ihr »unnötigs, angsoffenes Mannsbild« schlafen, damit sie ungestört den Abend vorbereiten kann. Mundl verschwindet mit seiner Munition und einem fröhlichen »Auf gehts, Schurli, gute Nacht!« im Schlafzimmer, in dem es plötzlich fürchterlich kracht. Mit einem brennenden Feuerwerkskörper in den Händen und unter »Heiß, heiß!«-Geschrei kommt er wieder heraus und löscht die Rakete im Waschbecken.

Auch Franzi hat sich daheim bei seiner Mutter bereits in einen schauerlichen Vampir verwandelt. Hanni, Karli und Irma warten bereits in voller Montur, bis er seine langen Eckzähne befestigt hat. Da kommt Schani dazu und begrüßt Franzis Mutter. Er nennt sie hier interessanterweise Reni, obwohl ihr Bruder Vitus sie immer mit Julia angesprochen hat. Entweder hat Frau Vejvoda tatsächlich zwei Vornamen, oder es ist hier ein klassischer Regiefehler passiert. Genau kann ich das leider nicht sagen, ich war ja auch bei dieser Folge nicht direkt beteiligt. Jedenfalls weigert sich Schani standhaft, mit Reni vulgo Julia am Abend zu Mundl zu kommen. Er hat es satt, das ewige Kindermadl vom Mundl zu spielen. Er möchte diesmal wirklich nur mit Reni vulgo Julia ganz alleine und in Ruhe auf das neue Jahr anstoßen.

Mundl hat seinen Rausch ausgeschlafen und sich in seinen grauen Freizeitanzug geworfen. Er will sich ein schönes Bier vergönnen, doch Toni in ihrem neuen Kaminkleid verbietet ihm das kurzerhand. Aber wenn er doch einen Durscht hat? Dann soll er ein Wasser trinken. Das kommt nicht in die Frage, er will doch nicht inwendig verrosten. Es läutet und das festlich gekleidete Ehepaar Werner steht vor der Tür. Die Unterhaltung beginnt recht stockend, man tauscht wie üblich nichtssagende Höflichkeiten aus. Besonders Frau Werner bleibt sichtlich reserviert. Mundls gut gemeinter Vorschlag eines kleinen Bauernschnapsers findet bei Toni keinen Anklang. Sie meint, es wäre besser, jetzt gleich mit dem Essen zu beginnen, Mundl soll ihr dabei helfen. Er tut es und verbrennt sich natürlich dabei die Finger.

Kurti hat auch in der Silvesternacht gemeinsam mit Bärli Dienst als Wachorgan. Er ist heute sehr angerührt und wird von Erich Frank als Kontrolleur sanft zur Rede gestellt. Er soll sich doch nicht immer wieder im Dienst betrinken und sich ein Beispiel an seinem Hund nehmen. Kurti rechtfertigt seinen Zustand, der Bärli ist ja ein Vieh, der kränkt sich ja nicht so wie er. Außerdem hat ja dem seine Alte ihm keine Hörndln aufgesetzt, so wie die seine ihm. Schweren Schrittes begibt sich Kurti nebst Bärli auf den nächtlichen Rundgang.

Die letzte Nacht im Jahr ist bereits weit fortgeschritten, von der Straße hört man zunehmend lautes Krachen von Böllern und Raketen. Mundl und Franz haben offensichtlich schon ordentlich getankt und bringen ihre eigene Raketensammlung am offenen Fenster in Stellung. Franz gerät angesichts des Explosionslärms in Kriegsreminiszenzen. Mit der umfangreichen Munition hätte man seinerzeit den Krieg gewinnen können. Die beiden Frauen sind sehr besorgt, Feuerwerke zu zünden sei doch eigentlich verboten. Doch Mundl tut das lässig ab: »Verboten oder net verboten, man derf si nur net derwischen lassen! Es muss wieder einmal richtig gfeiert werden!«

Die Quarzuhr von Franz zeigt dreiviertel zwölf, jetzt gibt es kein Zurück mehr. Er fühlt sich in die Ardennen-Offensive zurückversetzt und übernimmt das Kommando: »Sackbauer, hierher!«

Mundl ist bereit, an der Antennen-Offensive teilzunehmen: »Jetzt lass mas krachen, dass sich die alte Quapil anbrunzt vor Angst! Auf die wird gschissen, jetzt wird gschossen!«

Vergeblich versucht Frau Werner, ihrem Franz das Weitermachen zu verbieten. Doch der wächst wahrscheinlich das erste Mal in seiner Ehe über sich hinaus: »Maul halten, hier hast du Pause! Ich habe das Kommando! Feuer!«

Und Kanonier Mundl gehorcht dem Befehl und zündet die ersten Raketen, die prachtvoll und lautstark in den Nachthimmel starten. Verzückt vom Gelingen beschimpft Franz die imaginären »Scheiß-Amis, diese feigen Hunde« und befiehlt weitere Raketensalven. Mundl zündet und zündet, die Raketen fliegen und fliegen, doch plötzlich verirrt sich eine und schlägt in einem Fenster des gegenüberliegenden Hauses ein: »Oje, die is daneben gangen! War die überhaupt von uns?«, hört man Mundl noch kleinlaut sagen. Da öffnet sich das getroffene Fenster und ein aufgebrachter Carlo Böhm schimpft wie ein Rohrspatz über die Gasse: »Gsindel dreckiges, Verbrecher!« sind dabei noch harmlose Bezeichnungen. Mundl zischt: »Drahs Liacht ab!«, und es wird finster in der Sackbauerwohnung. Und wie zur Bestätigung setzt Mundl noch nach: »Mir waren des gar net, mir san gar net daham!«

Darauf der höhnische Gegenruf: »I habs ja gwusst, dass es daham seids, Gsindel, Bagasch! Jetzt ruf i die Polizei!«

Mundl kann sich nicht zurückhalten. Er verlässt die sichere Deckung und schreit hinüber: »Tausend Schaß drauf, hörst! Is ja Wurscht!«

Dabei fällt ihm eine leere Doppelliterflasche aus dem Fenster und zerschellt lautstark auf dem Gehsteig. Mundl wendet sich an die beiden entsetzten Frauen mit einem scheinheiligen: »Prosit Neujahr!«

Doch das kommt bei Toni nicht wirklich gut an: »Halt die Pappen, Edmund! Du hast heut scho gnua Schaden angricht!«

Da kommen plötzlich Hanni und Irmi überraschend nach Haus. Beide sind entrüstet und brauchen keine Männer mehr, die sie schändlich betrogen haben.

Diese Szene wurde teilweise im Studio und teilweise am Originalschauplatz gedreht. Mundl und Franz haben tatsächlich aus einem echten Fenster geschaut, genauso wie Carlo Böhm. Das wunderbare Feuerwerk im Nachthimmel ist mit Sicherheit aus Archivaufnahmen eingeschnitten worden. Beachtenswert ist für mich dabei vor allem der wirklich sehr gelungene Spezialeffekt, als Mundls Rakete das gegnerische Fenster trifft. Respekt!

Kurti hat mit seinem Kontrolleur schon einige Vierterln intus. Er ergeht

Mundl und der Kieberer (Herbert Fux)

sich in wehmütiger Sorge um seinen Freund Mundl, der ja jetzt »ganz allan wie a Stan auf der Perfektastraßen« zu Hause ins neue Jahr rutschen muss. Er hadert auch mit seinem tragischen Schicksal als gehörnter Ehemann, dessen »Schlampen von Frau« jetzt in irgendwo, weit weg wahrscheinlich, feiert. Ganz genau kann man seinen weinseligen Ausführungen nicht folgen. Aber der Kontrolleur erweist sich als weichherzig und schickt Kurti mit dem Taxi nach Haus, er selbst wird für ihn die übrigen Rundgänge übernehmen. Kurti ist gerührt und überlässt ihm aus Dankbarkeit den restlichen Wein, ehe er sich mit seinem Bärli auf den Heimweg macht.

»Siehgst es, Edmund, jetzt hamma den Scherben auf!«, Toni schämt sich zu Tode. Bei den Sackbauers sind tatsächlich zwei Polizisten aufgetaucht, um hier eine Amtshandlung vorzunehmen und wegen boshafter Sachbeschädigung zu ermitteln. Herbert Fux und Stephan Paryla-Raky haben diese beiden leidgeprüften Uniformierten wie aus dem Bilderbuch gespielt. Unvergleichlich Herbert Fux als der ältere Erfahrene und Stephan als der Jüngere mit Neigung zu fallweisen Heiterkeitsausbrüchen, was natürlich einer so ernsten Angelegenheit wie einer Amtshandlung absolut abträglich ist. Fux nimmt die Personalien des kleinlauten Mundl auf, der die Sache als Hetz abtun will. Da mischt sich Martha Werner ein und verrät ihren Franz, der sich als wahrer Held und eigentlicher Drahtzieher bis dahin feige hinter der Anrichte versteckt hat. Er rechtfertigt sich zaghaft und meint, dass man sie nicht ernst nehmen dürfe, das ist nur seine Frau. Nichtsdestotrotz besteht der Herr Inspektor auch auf die Aufnahme ihrer Personalien, man könnte sie ja als Zeugin benötigen. Da taucht plötzlich der illuminierte Kurti mit seinem Bärli auf und stört die mühsame Amtshandlung erheblich. Kurti wundert sich, dass heute überall, wo er hinkommt, zwei Kollegen mit geschultem Auge sitzen. Der Herr Inspektor verbietet sich diese kollegiale Anmassung eines Schlüsselwachters, der sich gefälligst nicht in die Amtshandlung einzumischen habe. Kurti beruhigt die Amtsperson und meint auf seine gemütliche Art, er soll sich nicht anscheißen. Als er von Mundl den Tatbestand erfährt, meint er verständnislos: »Und wegen so an Schaß ruckt die Polizei aus? Dann mach i einen Vorschlag zur Güte: mir trinken jetzt zwa Glaseln miteinander und ihr hauts euch über die Häuser!«

Ehe sich die Polizisten zu diesem verlockenden Angebot äußern können, werden sie über Funk zu einem nächsten wichtigen Einsatz gerufen. Somit erübrigt sich jede weitere Amtshandlung bei den Sackbauers und die beiden leidgeprüften Ordnungshüter eilen zu ihrem nächsten Einsatzort. Mundl findet als erster die Sprache wieder und fragt seinen Kommandeur respektlos mit stierem Blick: »Wie spät hast es auf deine Quarzuhr, du Trottel?«

Der versteht die Welt nicht mehr, sein Artillerieangriff hat um eine Stunde zu früh stattgefunden. In die allgemeine Ratlosigkeit platzen der Menschenaffe Karli und der Vampir Franzi, beide zusehends ziemlich ramponiert und auf der Suche nach ihren Frauen, die ihnen abhanden gekommen sind. In ihrem Schlepptau folgen Ute und Rita, zwei »ältere Bekannte vom Franzi«. Mundl ist entrüstet über diese »zwa Halbaffen, die da mit die Flitschna einfach daherkommen, die werden ihn jetzt kennen lernen«.

Doch Kurti ist von den beiden nicht unattraktiven Mädels sichtlich angetan. Er setzt sich sofort zu ihnen. Ehe Franzi eine mühsame Erklärung der Hintergründe ihres Zusammentreffens abgeben kann, rauscht Hanni im Nachthemd wie ein Racheengel herein und kurz danach auch Irma. Hanni beschimpft die späten Gäste auf das Gröbste als blöde Emanzen, die ihre Männer ausspannen wollen. Doch Ute und Rita, sehr überzeugend von Claudia Brunner und Angelika Welzl dargestellt, sind auch nicht aufs Maul gefallen. Sie halten eine zündende Rede über das Wesen der Emanzipation der Frauen, die sich ihrer Meinung nach endlich gegen männliche Diktatur und Unterdrückung zur Wehr setzen sollten. Dieses Thema ist aber angesichts der Umstände hier völlig fehl am Platz. Das macht auch Toni eindeutig klar und weist die zwei

Gurkerln entsprechend zurecht. Sie sei nur eine einfache Frau, aber sie fühlt sich in keiner Weise unterdrückt und ist auf derartige obergscheite Ratschläge überhaupt nicht neugierig. Und Hanni setzt mit echt Sackbauerischer Vehemenz noch eins drauf: »Und wenns uns jetzt net gleich in Ruh lassts, dann hau i euch eigenhändig über die Stiegen owe!«

Bevor es tatsächlich zu Handgreiflichkeiten kommt ziehen es die Mädels vor, rasch den Rückzug anzutreten. Kurti begleitet sie als alter Kavalier hinaus. Mundl ist von Hannis tatkräftigem Einsatz sichtlich beeindruckt: »Mei Tochter geht eine wie der Kung Fu!«

Da läutet die Pummerin das neue Jahr ein und Mundl entkorkt rasch den obligaten Sekt. Das Anstoßen zum »Prosit Neujahr!« wird vom lauten Knall einer Rakete unterbrochen, die diesmal in Mundls Fenster einschlägt, begleitet vom höhnischen Kommentar von gegenüber: »Jetzt hats bei euch a kracht!«

Mundl will natürlich sofort »dem ane umeschiaßen«, aber zum Glück ertönt in dem Moment die heimliche Hymne Österreichs, der Donauwalzer, und besänftigt die Anwesenden, die nun endlich miteinander anstoßen wollen. Da kommt Kurti mit einer eingebundenen Hand zurück und erzählt aufgeregt, dass ihm »die eine a Watschen geben hat und die andere hat mi in die Hand bissen. Dabei hab is ja nur zu mir einladen wollen in mei Wohnung auf a Glaserl«.

Diese Geschichte mit der eingebundenen Hand war das Ergebnis einer spontanen Improvisation. Unser Kurti hat sich ja in der Szene davor zu den Mädels gesetzt und dann auf den gläsernen Couchtisch. Dabei ist er dank seines doch sehr überdurchschnittlichen Körpergewichts eingebrochen und hat sich die Hand am Glas zerschnitten. Das hat unser Götz aber tapfer vor laufender Kamera so kaschiert, dass man es fast nicht bemerkt hat. Er wollte um keinen Preis die Szene unterbrechen, ein wahrer Profi! Auch die anderen Schauspieler haben einfach weitergespielt. Kompliment! Später, als er die Mädels hinausbegleitet, hat er dann seine inzwischen versorgte und eingebundene Hand geschickt hinter seinem Rücken versteckt. Und am Ende haben sie einfach aus der Not eine Tugend gemacht und die eingebundene Hand sogar noch in die Geschichte eingebaut. Das ist eben wahrer Improvisationsgeist.

»Silvester bei den Mundls wird bereits heute in FS 2 gefeiert: Das sollten Sie sich nicht entgehen lassen. Schon der Weihnachtsabend der Familie Sackbauer amüsierte halb Österreich köstlich.« *Kronen Zeitung*

Die dreizehnte Folge

Großvater

Irma erfährt beim Frauenarzt, dass sie schwanger ist, die Geburt ist in sieben Monaten zu erwarten. Sie nimmt diese Prognose mit gemischten Gefühlen zur Kenntnis. Sie haben zwar eine Wohnung in Aussicht, aber sicher ist das eben noch nicht. Der Arzt informiert sie über die erforderlichen Schritte und verabschiedet sich dann von ihr mit einem nachdenklichen Blick, sie scheint ihm irgendwie bekannt vorzukommen. Ob sie nicht eine Schwester hat, die Martha heißt?

Diesem sonderbaren Szenenschluss liegt eine Anspielung zugrunde, die wahrscheinlich nur einige wenige besonders eingefleischte Insider verstehen werden. Liliana Nelska, unsere Irma, hat 1974 in dem Fernsehspiel »Schwester Martha verzichtet auf ihr Glück« die Hauptrolle gespielt. Ihr Partner, ebenfalls ein Arzt, war damals Hans von Borsody, der nachdenkliche Gynäkologe dieser Folge. Der Regisseur dieses Fernsehspiels war niemand anderer als Reinhard Schwabenitzky und gelaufen ist die »Schwester Martha« damals im Rahmen der »Impulse«, genauso wie die ersten beiden Folgen des »Echten Wieners«. Reinhard hat sich hier also ein leicht verschleiertes und subtiles Denkmal gesetzt. Der Grund dafür ist auch ersichtlich: Diese dreizehnte Folge war die letzte, bei der Reinhard Schwabenitzky Regie geführt hat. Doch dazu später.

Voll Freude weiht Irma Hanni in ihr süßes Geheimnis ein. Sie hat ein bisschen Angst, wie Karli darauf reagieren wird. Doch Hanni beruhigt sie, ihr Bruder wird sicher stolz sein. Wahrscheinlich ist das Kindermachen eh das Einzige, was die Männer zusammenbringen. Irma ist erstaunt über diese neuen Töne aus Hannis Mund. Hanni gibt zu, sich in letzter Zeit mit der Frauenemanzipation näher zu beschäftigen. Ausgelöst haben das wahrscheinlich die zwei blöden Urscheln zu Silvester, aber irgendwie ist an der ganzen Sache trotzdem was dran. Sie hat sich sogar ein Buch gekauft, das sie sehr beeindruckend findet. Dessen ungeachtet freut sie sich natürlich für Irma und will wissen, ob es sonst schon jemand weiß. Naja, die Mama.

Im Wohnzimmer läuft ein Bericht über Säuglinge im Fernsehen. Toni ist entzückt und will ihren Mundl motivieren, ebenfalls hinzuschauen: »So a lieber Gschrapp! Schau, wie er sich bewegt.«

Mundl ist daran nicht allzu sehr interessiert: »In der Luft umeinanderfliegen kann er a net. Gschrappen san Weibersache!«

Doch Toni gibt nicht auf: »Was glaubst, wer von unsere Kinder zuerst a Kind kriegt?«

»Na eh klar, der Karli. Glaubst vielleicht, dass der Dioptrienotto was zsammbringt? Der soll froh sein, wenn ers aufschreiben kann. Aber wenn der Karli was zsamdraht, dann hau i eahm glei über die Stiegen abe, den Trottel! Der Rotzbua is ja noch nicht erzogen, wie soll denn der klane Kinder erziehen? Stell dir vor, wie die plärren die ganze Nacht da drüben im Kabinett! Des halt ja ka Sau aus! Wasst no, wie der Karli plärrt hat? Die ganze Nacht hab i ka Auge zugmacht!«

Das kostet Toni nur einen kleinen Lacher: »Ja, weilst nie daham warst.«

»Was heißt, nie daham? War i eh, i war eh immer … naja, gut, war i halt net daham! Is ja Wurscht! Bitte, san eh herzig, die klan Fratzen. Aber auf ans, zwa werdens alle solche Bissgurn wie die alte Quapil!«

Toni gibt vorerst auf, mit ihrem Mundl weiter über dieses Thema zu reden. Morgen ist ja auch noch ein Tag.

Franzi daheim mit Hanni, seiner Mutter und Schani. Er hadert mit seinem Schicksal als Schriftsteller, der einfach zu wenig verdient. Ja, wenn er einen Bestseller hätte, wäre das etwas anderes. Aber den kann er erst schreiben, wenn er und Hanni eine eigene Wohnung hätten. Vielleicht sollte er sich doch um eine Gemeindewohnung bemühen. Doch die bekommt man ja nur, wenn man Kinder hat. Und das würde bedeuten, dass er und Hanni heiraten müssten, ein lediges Kind kommt für Franzis Mutter nicht in Frage, sie ist schließlich Tirolerin. Schani unterbreitet den Vorschlag, dass Reni, wie er weiterhin konsequent Franzis Mutter nennt, ja eventuell zu ihm in die Einsiedlergasse ziehen könnte, dann wäre ja diese Wohnung für Franzi und Hanni frei. Er und Reni wären sich darüber schon einig geworden. Doch Franzi lehnt dieses großzügige Angebot ab, er will nur dann eine eigene Wohnung, wenn er sie sich selbst leisten kann.

Irma hat bis zum nächsten Morgen gewartet, ihrem Karli endlich von ihrer Schwangerschaft zu erzählen. Doch ihre Angst war unbegründet, Karli ist ganz aus dem Häuschen vor Freude. Er schnappt Irma an der Hand und stürmt mit ihr ins Wohnzimmer, wo sich Mundl gerade rasiert.

»I kriag a Kind, der Karli wird Vater! Und die Irmi a!«, verkündet er lautstark.

Mundl ist baff: »Na Mahlzeit! Wenn des a so a Trottel wird wie du, kannst dir gleich die Kugel geben.«

Daraufhin will er sich gleich ein Bier in die Venen hauen, doch Toni lässt das auf nüchternen Magen nicht zu. Sie freut sich natürlich sehr, jetzt kann sie es ja sagen, und gibt ihrem Karli ein dickes Bussi. Mundl freut sich natürlich auch, obwohl er es als letzter erfahren hat: »Da werd'n die Weiber glei zu Narren, wie wann des a Weltwunder war, wenns a Kind kriegen.« Karli kann sich immer noch nicht beruhigen und gibt sich seinem Vaterstolz ungehemmt hin: »Jetzt schauts wie die Auto. Jaja, der Karli is Bomber!«

»Habts scho an Namen, Edmund vielleicht?«, zeigt Mundl erwachendes Interesse.

Toni wehrt entschieden ab: »Mundl is doch ka Namen, außerdem wer sagt euch, dass a Bua wird?«

Doch Karli ist felsenfest davon überzeugt: »Eh klar, dass a Bua wird, glaubst der Karli pfuscht!«

Mundl überlegt weiter, Georg vielleicht?

»Mei Kind is ka Wellensittich, Schurli heißt die Schwanztrompeten«, womit Kurti Mundls Vorschläge fürs Erste ablehnt. Irma kann sich für ihren Sohn auch Alexander vorstellen, das ist doch ein schöner Name, oder?

Auch Irmas Eltern sind wegen des zu erwartenden Enkelkindes aufgeregt. Martha verlangt diesmal sogar auch einen Magenbitter. Sie hat nur Bedenken, dass das Kind in Favoriten aufwachsen muss, die vielen Fremdarbeiter in diesem Bezirk und überhaupt. Und Franz Werner macht sich Sorgen, in welche Welt das Kind wohl da hineinwachsen wird, die Zeiten sind alles andere als beruhigend. Doch freuen tut er sich schon, und auch seine Martha freut sich.

Die neue Situation beschäftigt die ganze Familie. Mundl ist sehr aufmerksam und überlässt Irma sogar seinen Platz am Tisch, sie ist schließlich schwanger. Nur Hanni beteiligt sich nicht am gemeinsamen Familienrat, was ihrem Vater und ihrem Bruder natürlich nicht verborgen bleibt. Sie kriegt ja schließlich kein Kind, setzt sie sich mit unverhohlener Streitlust zur Wehr. Und überhaupt, »wenn man von klein auf mit zwei solche Männer aufwachst, muss man sich ja wehren, sonst wird man wie eine Sklavin behandelt«. Toni bremst ihre Tochter ein, sie soll nicht übertreiben. Da kann sich Mundl nicht mehr zurückhalten: »Geh lass doch die Trutschen, die is ja deppert, die waaß ja net was redt. 28 Jahr san die Mama und i verheirat, warst du jemals meine Sklavin?«

Auf diese Frage will Toni jetzt lieber keine Antwort geben. Mundl setzt Hanni weiter zu und meint, sie ist ja noch grün hinter den Ohren und soll gefälligst net so obergscheit daherreden. Daraufhin steht Hanni auf und geht zu ihrem »Dioptrienotto«. Mundl ist davon überzeugt, dass nur »dieser kurzsichtige Intelektielle« an ihrem Klopfer schuld ist, aber es muss ja solche Hirnhappler auch geben. Er kehrt an den Tisch zurück und will von Karli und Irma wissen, ob sie schon einen Wagen haben, einen Kinderwagen: »I hab mir denkt, i bin ja der Großvater, da hab i mir schon an angschaut.«

Aber Karli meint, er könnte von einem Kollegen einen gebrauchten Kinderwagen günstig bekommen.

»Hast des ghört Toni? Mei Enkerl is eahm Wurscht, den will er einehaun in an Gebrauchtwagen! Da haben doch schon zwanzig Kinder einegschissen!«

Doch der Apfel fällt nicht weit vom Stamm, Sackbauer bleibt Sackbauer: »In was für an Wagen mei Kind einescheißt, bestimm immer noch i, i bin der Vater!«, und dabei klopft der Karli genauso mit dem Zeigefinger auf die Tischplatte wie sein Vater. Nachdem also diese Fronten geklärt sind, meint Karli begütigend zu seinen Eltern: »Du und die Mama, ihr seids doch no ganz tak, ihr seids nur alt.«

Karli verwendet hier ein Verb, dass mir selbst – einem echten Wiener – nicht geläufig war. »Tak« bedeutet nach Peter Wehle »gut, tüchtig« und kommt aus dem Tschechischen. Man lernt eben nie aus.

Mundl beruhigt sich und verspricht, mit dem Hausverwalter wegen der Wohnung zu reden. Dabei versinkt er mit seinem neuen Fernsehsessel unter dem Tisch, er hat vor lauter Eifer vergessen, dass man sich auf einem Klappsessel nicht zu weit vorne draufsetzen darf.

Hanni macht Franzi klar, dass sie heute keine Lust auf Zärtlichkeiten hat. Franzis Frage, warum ist dann überhaupt gekommen ist, bringt sie gänzlich auf die Palme. Sie faucht ihn wütend an: »Eigentlich gehts dir wahrscheinlich eh nur mehr um meinen Körper, oder um irgendeinen anderen!«

»Und was tun wir dagegen?«

»Was heißt *wir*? Was tust *du* dagegen?«, offenbar ist Hanni vom damals grassierenden Feminismus-Bazillus bereits schwer infiziert. Das kann ja noch heiter werden.

Karli und Irma besuchen Irmas Eltern, die auch sehr stolz auf ihre Tochter und den Familienzuwachs sind. Man ist sich ja zu Silvester auch mit Karlis Eltern bereits nähergekommen und versteht sich doch eigentlich ganz gut, meint der Vater. Die Mutter will an diese peinliche Geschichte lieber nicht erinnert werden, die vergesse man besser. Irmas Vater macht sich zwar ernsthafte Sorgen um die Gesundheit seines Enkels, er träumt sogar schon von ihm, aber trotzdem muss wegen der Wohnung etwas geschehen. Irmas Mutter verspricht, dem jungen Elternpaar unter die Arme zu greifen.

Mundl will vom Hausverwalter wissen, wann die alte Schastrommel, die Frau Holzer endlich ins Altersheim geht, damit ihre Wohnung für Karli und Irma frei wird. Schließlich ist er als werdender Großvater dazu verpflichtet, weil der Karli, der Trottel, dazu nicht fähig ist. Herr Zauner, der Verwalter, kann das so auf die Schnelle nicht beantworten, das ist eine heikle Sache mit so alten Menschen und vor allem kann man sowas nicht übers Knie brechen. Das weiß Mundl eh, er ist ja nicht auf der Nudelsuppe daher geschwommen, aber trotzdem muss was geschehen.

Gemeinsam mit Herrn Zauner besucht Mundl die Frau Holzer in ihrer altmodisch eingerichteten Zimmer-Küche-Wohnung. Frau Holzer ist sehr schwerhörig und

Mundl, Irma, Karli und die derische Frau Holzer (Elisabeth Neumann-Viertel)

altersbedingt schon etwas starrsinnig, was die Unterhaltung äußerst mühsam macht. Elisabeth Neumann-Viertel, die Witwe des berühmten Regisseurs Berthold Viertel, hat diese Figur sehr berührend und liebenswürdig im Alter von 78 Jahren dargestellt. Für mich auch ein besonderer Glücksfall einer genialen Besetzung.

Mundl meint es zwar gut, doch sein psychologisches Einfühlungsvermögen lässt erwartungsgemäß zu wünschen übrig: »Sie können ja eh schon nimmer zsammräumen, bei Ihnen schauts ja aus wie beim Idi Amin, da kommen 'S ja um in den Dreck.«

Frau Holzer hat zwar daran gedacht, in ein Altersheim zu gehen, aber jetzt hat sie es sich doch anders überlegt. Das hat der Verwalter befürchtet. Man kann eben nicht alles übers Knie brechen, was er schon immer gesagt hat, meint er zu Mundl. Der ist von dem Ganzen schon etwas genervt und versucht noch einmal, der Schwerhörigen besonders laut und deutlich zu erklären, warum sein Sohn die Wohnung braucht. Frau Holzer schüttelt nur den Kopf und hält sich die Ohren zu. Da fragt er sie aufgebracht: »Warum halten 'S Ihnen immer die Ohren zu, wenn i mit Ihnen red?«

Die logische Antwort der alten Dame »Weil 'S so schreien!« bringt Mundl an den Rand der Verzweiflung. Frau Holzer stellt klar, dass sie siebzig Jahre in dem Haus hier lebt, und wenn sie jetzt von dieser Wohnung fortgehen muss, dann bringt sie sich um. Mundl und der Verwalter wollen das natürlich nicht und verabschieden sich leicht betreten von ihr. Da blitzt ein listiges Lächeln in ihr auf: »Und i derf dableiben?«

Karli und Irma schmieden beim Schaufensterbummel Einkaufspläne, sie braucht schließlich das eine oder andere Umstandskleid, na und der kleine Xandi erst. Irma will nicht, dass ihr Kind mit einem verkürzten Vornamen angesprochen wird. Dieses ewige »Karli, Mundi, Franzi« geht ihr auf die Nerven, Alexander Sackbauer, so soll er heißen. Karli nimmt ihr das nicht übel, er ist überhaupt jetzt sehr besorgt um seine Irmi.

Mundl muss sich bei den Hausmeistern vom erfolglosen Besuch bei Frau Holzer mit einem Stamperl stärken. Das Erlebnis mit der alten Frau ist ihm doch nahegegangen, das muss er runterspülen. Kurti hat seine untreue Fini wieder aufgenommen, großzügig wie er ist. Sie »spurt« jetzt und darf sich um das leibliche Wohl ihres Gebieters kümmern. Jede Widerrede unterbindet Kurti mit einem knappen »Kusch, Fini!«, und sie dankt es ihm mit einem ergebenen »Ja, Kurti«.

Mundl ist froh, »dass mir net so ins Hirn gschissen haben wie dir, die Menschheit braucht ja Kinder, sonst stirbt ja die Welt aus«. Kurti verfällt daraufhin in alkoholbeeinträchtigte philosophische Weltschmerzvisionen. Er sieht die Zukunft gefährdet wegen Umweltverschmutzung, Terroristen und Atombombenkraftwerken, über die er ziemlich unzusammenhängend monologisiert. Das alles ist Mundl scheißegal, er spricht weiter der Schnapsflasche zu und überlegt, ob es nicht besser wäre, dass sein Enkelkind nicht in der Hasengasse aufwächst. Hier gibt es ja außer den versoffenen Hausmeistern keine wirklichen Vorbilder. Fini stimmt ihm zu und kann es sich nicht verkneifen, ihn und sein Bierdepot zur Sprache zu bringen. Das wäre ja auch kein geeignetes Vorbild für den Kleinen. Aber Mundl nimmt sich fest vor, mit dem Biertrinken aufzuhören: »Mein Enkel soll einmal zu seine Enkerln sagen können: ›Mein Großvater war nicht so ein Arschloch.‹ Aber was red i zu euch zwa Trankler, das ist ja einen Vergeudung.«

Und wieder hat Fini eine schnippische Antwort parat: »Mir san scho zwa verkommene Subjekte, gell Kurti?«

Doch Kurti zeigt ihr neuerlich, wer hier der Herr im Haus ist: »Du hau di am Herd, du geiles Individium, hörst!«

Doch da reicht es der bisher so zahmen Fini: »Spiel di net auf vor alle Leut, du Impotenzler!«, faucht sie ihn an und zieht ihn wieder an seinem Vollbart. Mundl nimmt einen letzten Schluck und verabschiedet sich. Er bekräftigt seinen Vorsatz und wird wahrscheinlich überhaupt nicht mehr trinken, und jetzt geht er zu seiner Familie, weil er hat ja Kinder und weiß, was sich gehört.

Irma ist die Geschichte mit der alten Frau Holzer auch nahegegangen. Sie möchte nicht daran schuld sein, wenn jemand anderer unglücklich wird. Karli beruhigt sie, vielleicht kriegt er durch seinen Betriebsrat eine Gemeindewohnung. Für irgendwas müssen die ja auch gut sein, die Betriebsräte.

Am nächsten Morgen kommt es wieder zu einer heftigen Auseinandersetzung zwischen der streitbaren Neofeministin Hanni und ihren Eltern. Toni denkt an früher, da haben sie nichts gehabt und trotzdem kein solches Theater gemacht, sondern zwei Kinder großgezogen. Hanni will jedenfalls kein Selbstbefriedigungsapparat für die Männer mehr sein. Da droht ihr Mundl die obligate Watschen an. So alt kann sie gar nicht werden, dass er sich das Recht dazu verbieten lässt. Außerdem will er nicht, dass in seiner Wohnung so ordinär geredet wird, wenn das kleine Kind da ist.

Die beiden künftigen Omis Toni und Martha Werner kaufen fachkundig gemeinsam Babywäsche ein. Sie entscheiden sich vorsichtshalber für neutrale Farben, man weiß ja noch nicht, ob es ein Bub oder ein Mäderl wird.

Daheim schlägt Karli seinen Vater wieder einmal beim Schnapsen, während sich Irma und Toni über die neue Babywäsche freuen und Hanni in ihrer Ecke schmollt. In diese Idylle platzt unvermutet Franzi in einem dunklen Anzug und mit einem großen Blumenstrauß. Er ist gekommen, um bei Toni offiziell um die Hand von Hanni anzuhalten. Mundl fragt verblüfft, ob Franzi da nicht zuerst ihn fragen muss. Franzi stellt nun seine Frage an Mundl, doch der will zuerst wissen, ob er schon die Hanni gefragt hat. Ehe Franzi das tun kann, gibt ihm Hanni einen Korb. Was er da macht, ist völlig falsch. Sie freut sich zwar darüber, aber so geht das nicht. Sowas muss sich von selbst ergeben, man kann es nicht erzwingen. Mundl verliert fast die Fassung: »Früher hab i immer nur glaubt, der Karli hat an Klopfer.«

Auch die restliche Familie ist ratlos wegen Hannis unverständlichem Verhalten. Mundl tröstet den enttäuschten Franzi, der am liebsten gleich wieder gehen will: »Bleib da, willst a Bier? Lass doch die blöde Gurken. Findst dir ka andere?«

Und schon wieder läutet es an der Wohnungstür. Diesmal ist es die schwerhörige Frau Holzer mit einem riesigen alten Teddybären im Arm, der einmal ihrem im Krieg gefallenen Sohn Hansi gehört hat. Sie will den Teddy der jungen Mutter schenken und drückt ihn Hanni in die Hand. Irma klärt den Irrtum auf, sie ist die Mutter und nicht die Hanni. Dann soll halt sie den Teddy nehmen, aber wo ist denn der Kleine? Auch dieses Missverständnis klärt sich unter einem gewissen Lautstärkepegel auf. So nebenbei erwähnt Frau Holzer beim Weggehen, dass sie jetzt doch ins Heim gehen wird. Dort hat sie es gut und zum Muttertag kommt der Heinz Conrads. Die Sackbauers sind natürlich von dieser überraschenden Wendung mehr als perplex. Man bittet sie an den Tisch und Mundl fragt leutselig, ob sie ein Bier will. Ja, ein Achterl nimmt sie gerne. Doch die allgemeine Freude nimmt ein jähes Ende, als Irma dieses Angebot einfach nicht annehmen will. Es ist schließlich das Kind von Karli und ihr, und sie wollen selbst darüber bestimmen, wie es weitergehen soll. Die anderen sollen sich da nicht einmischen. Da dreht Mundl richtig durch und schreit Irma und Karli an, dass die Wände zittern. Er lässt sich auch nicht mehr beruhigen: »I schrei, wann i will, und i schrei wie mei Vatter …«

Da holt Toni das Bild vom Großvater aus dem Schlafzimmer und hält es ihm vor die Nase: »Da hast eahm, dein Großvater …«

Frau Holzer sieht sich das Bild genauer an: »Jö, der alte Herr Sackbauer!«

Und dann mustert sie den aufgebrachten Mundl und stellt entwaffnend lächelnd fest: »Aber a bissl ähnlich sind 'S ihm schon!«

So endet also diese dreizehnte Folge. Reinhard Schwabenitzky hat aufgrund des großen Erfolgs des »Echten Wieners« damals bereits mehrere Angebote gehabt und ist dann bald darauf nach München übersiedelt. Ich selbst habe mit ihm noch zweimal als Aufnahmeleiter zusammengearbeitet. Einmal im gleichen Jahr 1978 bei der Wiener Schönbrunn-Film für den historischen Fernsehfilm »1848 – Feuer frei« von Thomas Pluch mit Kurt Weinzierl in der Hauptrolle als Kanonier Pollet, der sich 1848 geweigert hatte, auf die Aufständischen zu schießen. In weiteren Hauptrollen waren auch Karl Merkatz und Oscar-Preisträger Christoph Waltz in einer seiner ersten Fernsehrollen zu sehen. Zuletzt hat mich dann mit Reinhard im Winter 1980/1981 als Aufnahmeleiter nach Tirol für die NDR-Produktion »Die fünfte Jahreszeit« von Felix Mitterer geholt. Das war unmittelbar nach Abschluss der Dreharbeiten zum ersten »Bockerer-Film«, bei dem ich als Regieassistent von Franz Antel gearbeitet habe.

Johann Sackbauer

Der »Schani-Onkel«

Schani hat als älterer Bruder vom Mundl keine eigene Familie, er ist ewiger Junggeselle und von Beruf Buchhalter. Er kommt häufig zu Besuch und gilt in der Familie als Sachverständiger in sämtlichen Fragen des Geldwesens und der Bürokratie, ob er will oder nicht. In Mundls Augen ist er zwar ein Besserwisser mit intellektuellen Anwandlungen, doch sein weiser Rat wird befolgt, zumindest fallweise.

Der Schani-Onkel hat auch ein Hobby, wie es sich für einen Alleinstehenden gehört, er sammelt Briefmarken. Eine Betätigung, die nur mit Akribie ausgeübt werden kann und für die Mundl logischerweise keinerlei Ambitionen zeigt. Für den sind Briefmarken ein Glumpert, mit dem eh keiner was anfangen kann. Doch das Interesse an Briefmarken kann bei der Anbahnung zwischenmenschlicher Beziehungen sehr nützlich sein, wie sich sehr bald herausstellen wird. Außerdem besitzt Schani einen Wellensittich mit dem schönen Namen Cäsar, den er sogar auf seinen Reisen mitnimmt.

Schani ist der gute Onkel, der es immer wieder schafft, Frieden zu stiften und die heftigsten Zerwürfnisse halbwegs zu schlichten. Manchmal jedoch gerät er mit Mundl derart aneinander, dass er die Lust verliert, sein »Kindermadl« zu spielen.

Schani ist zwar etwas älter als Mundl, dennoch verspürt er hin und wieder Lust, sein Leben als Junggeselle ein wenig abwechslungsreicher zu gestalten. Das kann Mundl allerdings nicht gutheißen, so ein »alter Depp« hat darauf seiner Meinung nach kein Recht, noch dazu wenn das Objekt von Schanis Begierde eine Tirolerin ist. Wo käme man denn da hin?

Die vierzehnte Folge

Der Enkel

Nach dem Abgang von Reinhard Schwabenitzky hat sich natürlich die Frage gestellt, wer ihm als Regisseur nachfolgen sollte. Die Wahl ist ziemlich rasch auf Rudolf Jusits gefallen, einem sehr erfolgreichen Theaterregisseur und Schauspieler, der damals am Volkstheater tätig war. Wir kannten uns schon mehrere Jahre aus seiner Anfangszeit im »Theater der Courage« und waren auch privat gut befreundet. Das einzige Problem war, dass er noch so gut wie keine Film- und Fernseherfahrung gehabt hat. Deswegen hat man mich seitens des ORF gefragt, ob ich nicht wieder die Regieassistenz übernehmen wollte, die nötige einschlägige Erfahrung würde ich ja mitbringen. Ich hatte inzwischen in der Zeit nach meinem Unfall überwiegend als Aufnahmeleiter mein Geld verdient. Das hat sich im Herbst 1977 so ergeben und war für mich eine neue und wichtige berufliche Erfahrung. Doch diese Möglichkeit, nach fast einem Jahr wieder zur Sackbauerfamilie zurückzukehren, war schon sehr verlockend. Außerdem habe ich mich ja mit Rudi Jusits wirklich gut verstanden. Und so haben wir gemeinsam im Februar 1978 begonnen, vorerst zwei neue Folgen vorzubereiten.

Es war allen Beteiligten klar, dass sich ein Regiewechsel natürlich auch auf die Erzählweise der Geschichte auswirkt. Jeder Regisseur hat ja seine eigene Handschrift und das ist auch gut so. In unserem Fall mussten wir aber auf die inzwischen ungeheure Popularität der Serie und die Sehgewohnheiten unseres Publikums Rücksicht nehmen. Das war im Wesentlichen auch meine Aufgabe dabei. Ich habe versucht, dies so gut als möglich mit der Auffassung von Rudi Jusits in Einklang zu bringen. Natürlich ist das nur bis zu einem gewissen Grad möglich gewesen, wie sich sehr bald herausgestellt hat. Rudi hat die Geschichte eben etwas anders gesehen als Reinhard, der ja ein besonders begabter Komödienregisseur ist.

Unsere neue Geschichte beginnt mit einer Kirchenuhr, die Punkt 15 Uhr schlägt. Genau gesagt handelt es sich dabei um die Gersthofer Pfarrkirche St. Leopold im 18. Bezirk am Bischof Faber Platz. Das war früher einmal meine zuständige Pfarre und so konnte ich den Pfarrer Norbert Rodt gewinnen, uns dort drehen zu lassen. Franz und Martha Werner kommen pünktlich vor der Kirche an und eilen in das Gotteshaus. Dort wartet Hermann Kutscher als einsamer Pfarrer auf die Gäste der Taufzeremonie. Doch die beiden Werners sind im Moment die einzigen außer ihm in der leeren Kirche.

Bei den festlich gekleideten Sackbauers geht es rund. Mundl regt sich, schon in Anzug, Mantel und Hut, furchtbar über den Namen seines Enkels auf, der heute getauft werden soll und lauthals kräht.

»Mir muss ja der Namen ja net gfallen, i bin ja nur der Großvater!«

Karli stellt lautstark klar, dass er der Vater sei und dass daher der Kleine sein Kind ist und nicht das von Mundl.

»Des waaß i eh, i bin ja ka Trottel! In unserer Familie haben alle nur normale Namen ghabt, Edmund, Karli und so weiter. Aber ›Rénne‹ (bei Mundl stets mit der Betonung auf der ersten Silbe) ist ka Nam net! In ganz Favoriten gibts kan anzigen Buam, der René heißt!«

Alle stehen schon unter großem Zeitdruck und wollen endlich gehen, doch Mundl zieht seinen Mantel wieder aus und denkt nicht daran, mitzukommen, auch wenn Toni droht, jetzt einmal wirklich bös zu werden. Da platzt dem genervten Karli der Kragen und er stellt noch einmal fest: »Der Vater von dem Kind bin i, da brauchst gar net so deppert schauen. Und dein gschissenen Einedrahrermercedes kannst dir in die Haar schmiern! Dann fahr ma eben selber!«

Gesagt, getan, im Nu ist die Familie mitsamt dem immer noch greinenden Täufling weg und Mundl bleibt allein zu Haus.

»Jetzt gengan die wirklich ohne mi den Buam taufen. Was meinst du, Schurli? Bin i der Großvater oder bin i's net? Gfallt dir vielleicht René?«

Und er wiederholt den verhassten Namen noch einmal bis es ihn schüttelt: »René! Brrrrr!«

Die restliche Familie kommt mit einiger Verspätung bei der Kirche an. Der eilig zurückgeholte Pfarrer stellt an der Kirchentür die obligate Frage, welchen Namen die jungen Eltern ihrem Kind gegeben haben. Karlis prompte Antwort »Sackbauer! Ah so, René!« kann den Gottesmann nicht erschüttern. Und was erbitten Sie von der Kirche Gottes für René? Na was schon, die Taufe natürlich.

Mundl schmollt immer noch daheim und will sich mit einem Bier trösten, da bemerkt er, dass man in der Aufregung das Flascherl vom René in der Küche vergessen hat. Wie von Furien gehetzt schnappt es das Flascherl und stürmt aus der Wohnung, aus Angst, sein Enkel könnte eventuell bei der Taufe verhungern.

Inzwischen nimmt in der Kirche bereits das vorgeschriebene Ritual der Taufe seinen unaufhaltsamen Lauf. Da fängt der kleine Sackbauer doch wieder leise zu greinen an. Ob er das aus Protest gegen seinen Namen macht, bleibt offen.

Mundl stürmt aus dem Haus, vor dem sein eigens gemieteter schwarzer »Einedrahrer-Mercedes« parkt. Nach einigen Problemen beim Einsteigen, weil sich »so a Trottel ausgerechnet da« – nämlich viel zu nahe – eingeparkt hat, startet er den Wagen, nicht ohne dabei seine schwarze Anzugshose mit der Babymilch aus dem Flascherl gehörig anzupatzen.

Hochwürden tauft nun den Kleinen im Namen des Vaters und des Sohnes. Beim Heiligen Geist fängt der Frischgetaufte lauthals zu protestieren an. Doch das ist Hochwürden offenbar gewohnt, er fährt ungerührt in seiner sakramentalen Tätigkeit fort.

Mundl steckt zu allem Überfluss hinter einen unvermeidlichen Müllwagen, alles Hupen nützt da nichts, weder seines noch das des Trottels hinter ihm.

Die Familien Sackbauer und Werner empfangen soeben den die Zeremonie abschließenden Segen, als Mundl laut polternd und außer Atem hereinstürmt. Er winkt aufgeregt mit dem Flascherl, das sie daheim vergessen haben, und zwängt sich in die Kirchenbank. Erwartungsvoll gibt er dem Herrn Pfarrer die Erlaubnis, zu beginnen.

»Also, dann fang ma an!«

Die peinliche Stille wird nur von Renés heftigem Protestgebrüll gestört. Doch auch in dieser Situation ist Hochwürden nicht aus der Ruhe zu bringen. Er klärt Mundl auf, dass bereits alles vorbei sei, der Kleine wurde auf die beiden Namen René, von Renatus, der Wiedergeborene und Edmund getauft. Da geht ein Strahlen über Mundls Gesicht. Jetzt heißt er also doch Edmund, wenn auch nur mit zweitem Namen. Und der kleine Sackbauer hört bei der Erwähnung seines Zweitnamens Edmund wie durch ein Wunder zu plärren auf. Wenn das kein gutes Omen ist!

Die gesamte Sippe trifft sich nach der Taufe in der neuen Gemeindebauwohnung von Karli und Irma. Die haben wir in einer der größten städtischen Wohnhausanlagen Wiens, in der Per-Albin-Hansson-Siedlung am Südhang des Laaer Berges und am Rand von Favoriten angesiedelt. Für diesen neuen Drehort haben wir natürlich auch eine neue Studiodekoration gebraucht.

Familie Sackbauer junior: Irma, Karli und René

Platzprobleme haben wir glücklicherweise keine mehr gehabt, durften wir doch in die Halle 2 am Rosenhügel übersiedeln, die ja wesentlich größer ist als unsere alte 5er-Halle. Und wenn schon eine neue Wohnung, dann natürlich auch neue Möbel. Und die stammten vom damals modernsten Möbelhaus Österreichs, von Ikea, das 1977 seine erste Filiale in der SCS in Vösendorf eröffnet hat.

Karli ist als frischgebackener Vater nun auch stolzer Besitzer einer heiß begehrten Gemeindewohnung: »Hat mei Betriebsrat wieder hundertprozentig garbeit, was? Ka Wunder, stehen ja die Wahlen vor der Tür. Alle Achtung beiseite!«

Also ist dieses Wunder offenbar nur mit »anschieben« von oben gelungen. Kein Wunder, war doch Karlis Arbeitgeber der »Konsum«, auch »der rote Riese« genannt, damals eine der fundamentalsten Stützen des Sozialdemokratischen Österreich. Das waren halt noch Zeiten!

Auch der kleine René scheint sich in seiner neuen Umgebung wohl zu fühlen, wie seine Omi Martha erfreut feststellt und ihn herzen will. Doch der besorgte Opa Franz mahnt sie, ihn nicht immer anzugreifen. Ihre knappe Antwort »Warum? Ich bin ja net giftig!« bedarf keiner weiteren Erläuterung. Karli strotzt nur so vor Selbstbewusstsein, nachdem alle das neue Domizil gebührend bewundert haben und sich zur Kaffeejause um den Tisch versammeln. »Wennst a Kind hast, musst a a menschenwürdige Wohnung haben und net so a Loch wie in der Hasengassen!«

Mundl hat diese Spitze trotz Feierstimmung nicht überhört: »Hast des ghört, Toni? Der sagt, unser Wohnung is a Loch!«

Doch Toni ist auf Mundl heute wirklich nicht gut zu sprechen. Er soll sie einfach in Ruah lassen. Mundl wechselt vorsichtshalber das Thema und wendet sich an sein Enkerl: »Na, und der Klane hat kan Hunger? Vielleicht will er a an Kaffee?«

»Ja, aber er trinkt nur a Melange mit viel Muttermilch.«

Alle außer Toni lachen etwas gezwungen über diesen unglaublich originellen Witz von Karli. Mundl meint gutmütig zu René: »Du hast an depperten Vatter, hörst.«

Karli ermuntert ihn, den Kleinen doch ruhig einmal in die Arme zu nehmen. Mundl meint zwar, dass er ihm »vielleicht weh tut mit seine Pratzen«, aber dann nimmt er ihn tatsächlich sehr zärtlich und liebevoll aus dem Kinderbettchen. Er strahlt förmlich vor Rührung und großväterlichem Stolz und stellt nach näherer Betrachtung der Gesichtszüge seines Enkelsohnes unmissverständlich fest: »Wenn er wirklich wem ähnlich schaut, dann schaut er mir ähnlich! Nur der Schnurrbart fehlt ihm no! Was hat er denn auf amal, der schaut ja so steif?«

Erschrocken staunt der neugebackene Großvater in die Runde, doch Karli beruhigt ihn: »Nix hat er, angschissen wird er sich haben!«

In der Firma müht sich Mundl auf der Stehleiter mit der Montage einer elektrischen Leitung ab, als plötzlich Franzi daherkommt und mit ihm reden will. Er ist heute den letzten Tag in der Firma und möchte sich von Mundl verabschieden. Mundl versteht nicht recht: »Hast Zores, oder spinnst?«

Franzi hat gekündigt, weil ihm alles zu viel wird, außerdem hat er ein Stipendium bekommen und schreibt an einem neuen Roman und fürs Fernsehen soll er auch etwas abliefern. Das leuchtet Mundl schon ein, aber die Hanni, lasst er die auch sausen? Sie hat ja seinen Heiratsantrag abgelehnt, was soll er da machen. Auch Mundl ist ratlos: »A andere tät si alle zehn Finger abschlecken, wenns so an kriegt wia di. I waaß ja net, was will, des depperte Madl.«

Zuletzt bittet Franzi noch den sehr betroffenen Mundl, eine Vivaldiplatte an Hanni zurückzugeben, die er sich von ihr ausgeborgt hat.

Toni strickt bei Irma und René Babypatscherln und widmet sich mit warmer

Herzlichkeit dem kleinen Sackbauer. Sie ist offenbar in letzter Zeit sehr häufig bei den jungen Eltern. Wie Karli feststellt, wohnt sie ja schon beinahe bei ihnen. Toni wehrt ab, wenn sie ihnen auf die Nerven geht, sollen sie ihr das ruhig sagen. Karli beruhigt sie, im Gegenteil, sie freuen sich ja darüber. Dann begrüßt er seinen Sohn auf seine speziell charmante Art: »Na, hast brav in die Windeln gschissen, damit's 'd a guate Farb kriegst?«

Doch Irma bemerkt die Veränderung in Tonis Verhalten. Vorsichtig tastet sie sich heran, was denn der Papa dazu sagt. Doch Toni winkt ab: »Der Papa merkt des gar net, wenn i net z'Haus bin.«

Doch da hat sich Toni ausnahmsweise einmal geirrt. Mundl kommt nach der Arbeit nach Hause und findet nur einen Zettel von Toni und seinen Schurli vor: »Na, Schurli. Servas, Trottel. Bist wenigstens du daham. Na, redst a nix mehr mit mir? Eh wurscht, hau ma uns halt was in die Wampen.«

Er liest von Tonis Zettel ab und öffnet den Eiskasten, wo angeblich sein Essen zum Aufwärmen wartet: »A hinige Hendlhaxen! Brat ma uns halt den Gummiadler.«

Er stellt sein Abendessen auf den Herd, schnappt sich sein obligates Bier und widmet sich wieder seinem schweigsamen Gesprächspartner: »Na Schurli, willst a a Papperl? Kriegst a Würschterl von mir. Mir machen uns scho alles selber, mir brauchen kane Weiber mehr, gell? Prost! Schad, dass es Sittich ka Bier saufts. Was stinkst denn heut a so?«

Doch Schurli ist unschuldig am Gestank, die hinige Hendlhaxen am Herd ist nur mehr ein armselig verkohltes ungenießbares Etwas: »Na Mahlzeit!«

Hanni renoviert gemeinsam mit ihrer Freundin Ilse die Wohnung der alten Frau Holzer, die tatsächlich ins Altersheim gezogen ist. Die beiden emsigen Mädels bemalen im Eifer des Gefechts unabsichtlich mit einem schwungvoll kühnen Pinselstrich Mundls Gesicht, als der gerade bei der Tür hereinkommt. Selten hat Mundl blöder geschaut als in dieser klassischen Clown-Nummer. Einfach hinreißend komisch, diese Mischung aus Überraschung und rührender Hilflosigkeit im Gesicht von Karl Merkatz. Da konnten sogar unsere Hanni Erika Deutinger und Almut Zilcher als Ilse minutenlang ihr Lachen nicht verbeißen. Man merkt ihnen deutlich an, wie sie sich immer wieder zusammenreißen und es aber dann doch nicht schaffen. Dabei wollte ihr Mundl nur die Vivaldiplatte von Franzi zurückbringen. Der lasst schön grüßen und hat ja heute gekündigt, weil er nur mehr schreiben will. Und außerdem hat er auch ein »Stripendium« gekriegt. Naja, er wird schon wissen, was er macht, und schnapsen wird er schon noch lernen. Hanni ist von der Neuigkeit etwas überrascht, das hat sie tatsächlich nicht gewusst. Doch Mundl druckst noch herum und fragt, ob er ihnen nicht bei der Arbeit helfen soll. Dabei rutscht er auf dem von Malfarbe getränkten Boden aus und es haut ihn so richtig auf seinen Allerwertesten. Auch diese schon tausendmal gesehene Slapstickeinlage gelingt unserem Karli Merkatz so verblüffend echt, dass man wirklich meint, es ist ihm zufällig passiert. Wieder ein Beweis für das großartige komische Talent unseres Hauptdarstellers. Und wieder können sich Hanni und Ilse vor Lachen kaum halten, als sie dem bedauernswerten Mundl auf die Beine helfen. Jetzt ist er ja wirklich ein begossener Pudel, wie er da kläglich und total mit Farbe angeschmiert vor den beiden Mädels steht und fast schüchtern fragt, ob sie vielleicht etwas zum Essen für ihn hätten, sein Kochversuch ist leider in die Hosen gegangen. Hanni wird hellhörig, ob was zwischen ihm und der Mama ist? Aber woher denn, »zwischen meiner Frau und mir fallt nie ein lautes Wort«. Doch Hanni bohrt weiter, da stimmt etwas nicht.

Hanni bietet an, mit ihm raufzugehen und ihm etwas zu kochen. Doch das lehnt Mundl kategorisch ab. A Semmerl tät ihm schon genügen. Obst oder a Joghurt vielleicht?

»A Jo... a na! Eigentlich hab i eh kan Hunger mehr.«

Mundls nächste Station sind die Hausmeister, die er gerade beim üppigen Abendessen heimsucht. Mit knurrendem Magen wäscht er sich im Lavoir die Farbe aus dem Gesicht: »Fressen tats ihr net schlampert.«

Der fröhlich weiterschmausende und nur mehr von einem dezenten Schnurrbart gezierte Kurti gibt eine seiner originellsten Lebensweisheiten von sich: »Der Mensch lebt nicht vom Brot allein Munderl, und a laarer Sack steht net!«

»A voller aber a net!«, relativiert Fini augenblicklich diese selbstbewusste erotische Anspielung ihres »Kurtimandi«.

Mundl klagt ihnen sein Leid mit Toni, was für die alleswissende Fini allerdings keine Neuheit mehr ist. Kurti schmeißt sich in seine Uniform: »Vergatterung, Knackwurscht, die Pflicht ruft!«

Bärli steht brav »habt Acht« und Kurti gibt Mundl vor seinem Abmarsch noch einen letzten weisen Rat mit auf den Weg: »Die Frau hat z'Haus zu sein, in der Kuchel! Schau dir die Fini an! Der Mann bist du, Mundi. Wachorgan Kurt Blahovec nebst Hund zum Dienstantritt bereit!«

Mundl schlägt die Einladung der vereinsamten Fini auf einen gepflegten

Schnapser aus, er hat für heute genug. Selbst die verführerisch in Finis Hand geschwungene Flasche Tequila kann ihn nicht zu Bleiben verlocken.

Toni kommt heim und wundert sich, dass sich Mundl bereits hingelegt hat. Besorgt fragt sie ihn, ob er krank ist.

»No net, aber bald!«

Dann bemerkt sie den Saustall, den er mit der »hinigen Hendlhaxen« veranstaltet hat und stellt ihn zur Rede, ob er vielleicht gar auf den kleinen René neidisch ist.

»I bin do net eifersüchtig, i net! Des hab i do net notwendig! Aber du hast allerweil nur den Gschrappen im Schädel.«

Da kommt Fini mit einer Spendenliste und ihrem schon deutlich reduzierten Tequila daher und fragt Toni, ob sie ihrem Gebieter schon »was zum Habern gmacht hat«. Aber eigentlich will sie für den Tierschutzverein sammeln: »Mir geben nix, mir gibt a kaner was!«

Toni meint, es wäre besser, wenn er wieder schlafen ginge.

»I leg mi nieder, wann i will! I bin ja net der René!«, dann wird er ausfällig und kaut sein ganzes Leid des vernachlässigten Mannes wieder durch. Toni kann das schon nicht mehr hören, noch dazu in Anwesenheit von Fini: »Bitte, scheiß auf die Fini! Scheiß auf alle! Von mir aus kann ganz Wien zuhören! Ha, ha, ha! I bin angfressen, i hau mi in die Hapfen!«

Der stolze Opa mit seinem »Rénne«

Mit dieser lautstarken Tirade verschwindet er endgültig im Schlafzimmer. Fini tröstet Toni, die nur mehr verständnislos den Kopf schüttelt: »Der hat di Midlifekrisis. Des haben jetzt alle Männer. Tekwilla olé!«

Toni hilft Hanni beim Saubermachen der Wohnung nach der Renovierung und Mundl baut mit Karli ein Original-Billy-Regal von Ikea zusammen. Dabei kommen die Probleme zwischen Mundl und Toni zur

Sprache. Wir haben uns dafür entschieden, diese beiden Szenen parallel geschnitten ablaufen zu lassen. Das hat den Vorteil, den reinen Arbeitsvorgang der äußeren Handlung chronologisch fortschreiten zu lassen und gleichzeitig die innere Handlung, also die Auseinandersetzung mit dem Problem, das Mundl und Toni haben, vom jeweiligen Standpunkt einander gegenüberzustellen. Bei dieser Sequenz wird der Unterschied zwischen weiblicher und männlicher Sicht der Dinge sehr deutlich. Während sich Mundl Karli gegenüber eher wehleidig selbst bemitleidet, zweifelt Toni am Verständnis Mundls für ihr Empfinden einer allmählichen Vereinsamung, nachdem ja nun die Kinder aus dem Haus sind. Früher hat sie ja gar keine Zeit gehabt, darüber nachzudenken, aber jetzt? Und Mundl versteht nicht, warum auf einmal alles anders ist, wo sie doch jetzt eh alles haben.

Abends hat Toni für Mundl extra gekocht, doch der hat heute keinen Hunger. Er will sich lieber ein Bier injizieren, vielleicht bekommt er dann Appetit. Aber Toni ist leider nicht dazugekommen, Bier zu kaufen, morgen wird sie das erledigen.

»Eh klar, dass kans mehr da is. Is ja Wurscht, wer nix frisst, braucht a nix saufen. Wenn der René a Bier wolltert, schieberst eahms am liabsten glei hint eine!«

»Herrgott no amal! Amal hast dei deppertes Bier net, und scho machst a Theater!«

»Mei Bier is net deppert!«

Hier also sagt Mundl das erste und einzige Mal diesen legendären Satz der Bierverteidigung. »Na, aber grauslich!«, findet es Toni und bittet ihn, sich wieder zu ihr zu setzen und einmal vernünftig miteinander zu reden. Doch Mundl bleibt bockig und stur.

»Bist ja nie daham, bist ja immer bei der Jugend!«, wirft er ihr vor.

Toni versucht es noch einmal mit aller Vernunft: »Hast du scho einmal nachdenkt, wie wir leben? Und über jeden Scheißdreck regst di auf!«

»A so is des? I bin schuld? Mein ganzes Leben racker i mi a für euch, aber des is ja nix! I bin der Schlechte, eh klar! Für di hab i Trottel mir an Kredit gnommen. Und der Großvater is a a Trottel! Aber dass i a a Mensch bin, des interessiert ja euch net!«

Da gibt Toni auf, er versteht wirklich gar nichts. Sie rennt verzweifelt ins Schlafzimmer und weint. Mundl kommt ihr nach und meint, vielleicht liegt es daran, dass sie schon lange nicht miteinander geschlafen haben. Toni schüttelt nur mehr resigniert und zutiefst enttäuscht den Kopf: »Alles, was du anfangst, machst falsch. Weilst ka Gfühl hast für nix! Weilst a Egoist bist! Aber is halt net mehr drin in dir, in die ganzen Sackbauer.«

Das sitzt tief. Mundl schnappt wortlos sein Bettzeug und das Bild vom Großvater und übersiedelt ins Kabinett. Dorthin holt er sich auch seinen Schurli: »Ja Schurli, jetzt hammas! Jetzt is der Ofen aus! Bist ja nur a depperts Viech, aber vielleicht hast mehr Gfühl als wie die anderen.«

Dann springt er noch einmal auf und zerschmettert das Bild vom Großvater auf tausend Scherben: »Na, sag was, Trottelviech!«

Nach einer langen Pause antwortet Schurli: »Trottelviech!«

»Die Familie Sackbauer hat eine deutliche Wandlung durchgemacht. Ursprünglich war es eine Orgie unmotivierter Wutausbrüche, Vater Mundl hatte sich über alles und jedes entrüsten müssen, weil der Autor das Publikum mit garstigen Wörtern erschrecken wollte. Heute wird zwar sein Ruf, die derbste unter allen TV-Figuren zu sein, aufrechterhalten, aber die Flüche sind sorgfältiger portioniert. Er brüllt nicht mehr grundlos, sondern erst dann, wenn ein feinerer Mensch die Stirn runzeln würde.« *Kronen Zeitung*

Die fünfzehnte Folge

Der Unfall

Toni ist seit vielen Jahren allein im Kino: »Eroica« mit Ewald Balser als Beethoven. Ihr Mundl war ja nie mit ihr irgendwo hingegangen. Er sitzt daheim vor dem Fernseher und hat den gleichen Film gesehen. Er schaut nachdenklich aus dem Fenster und sieht Toni heimkommen. Rasch beseitigt er seine Spuren im Wohnzimmer und verschanzt sich wieder im Kabinett und schaltet sein Radio ein, das lautstark vor sich hindudelt. Die sehr nachdenkliche Toni registriert das nur mit einem Schulterzucken, als sie in die Wohnung kommt. Da läutet es und ausnahmsweise fragt niemand: »Wer is denn des?«

Toni und Mundl treffen im Vorzimmer aufeinander und schweigen sich an. Draußen steht Kurti Blahovec, gschniegelt, gschneuzt und kampelt wie es im Büchel steht. Er hält Mundl und Toni voller Stolz einen Zeitungsartikel vor die Nase und platzt fast vor Begeisterung über seine Heldentat: Er hat in der vergangenen Nacht zwei gefährliche Einbrecher dingfest gemacht.

»Na, was sagts ihr zum Kurti Blahovec?«

Doch ein »euch« gibt es bei den Sackbauers nicht mehr. Mit wem will er reden? Mit mir oder mit der Toni?

Kurti kann es nicht fassen: »Streiten gut und schön, aber einmal muss doch a End sein und ein Frieden! Einmal im Leben bin i a Held und steh mit vollen Namen in der Zeitung mitn Büldl, und dann kann i's niemanden derzähln!«

Aber all das interessiert Mundl überhaupt nicht, er verkriecht sich wieder in sein Kabinett. Kurti bleibt bei Toni, die ist ihm »eh viel lieber als wie der sture Trottel da drinnen«.

Sonntagmorgen bei den Sackbauers junior. Karli wickelt seinen Stammhalter streng nach Anleitung aus dem Wickelratgeber für junge Väter. Doch sein Sprössling protestiert lautstark und weckt Irma, die ihre beiden Männer eine ganze Weile still beobachtet. Dann befreit sie den Kleinen von seiner Masche, schließlich ist er ja kein Osterei.

Es ist bewundernswert, wie zärtlich und selbstverständlich vor allem Liliana Nelska und Klaus Rott, aber auch alle anderen Schauspieler mit unserem René, alias Lukas Bawart umgegangen sind. Aber unser jüngster Darsteller hat ja auch von ganz klein auf unglaublich professionell mitgespielt, von einigen wenigen Blicken zu seiner Mutter abgesehen, die immer neben der Kamera gestanden hat. Und manchmal hat der kleine Lukas ihr eben gewunken oder sie zweifelnd oder hilfesuchend angeschaut. Es war eine echte Freude mit diesem begabten Baby.

Karli und Irma sind gespannt, ob heute Nachmittag wirklich die ganze Familie zur Jause erscheint. Eingeladen haben sie ja alle. Selbst Franzi hat zugesagt.

Vor allem ist Karli gespannt, ob der bockige Mundl-Opa kommen wird. Irma vertraut ihrem Vater, der wird ihn schon dazu überreden.

Franz Werner redet Mundl zu wie einem störrischen Esel. Doch Mundl ergeht sich weiterhin in Trübsal blasen und Weltschmerz. Die beiden Opas trinken dabei aus Mundls Stemmerpokalen, weil »Glaseln hab i kane und von draußen nimm i nix«. Selbst der gute Rat von Mann zu Mann, doch Verständnis für die Frau zu haben, stößt bei Mundl auf strikte Ablehnung: »Bei mir hat si nix geändert und wird si nix ändern, weil i bin auf die Toni genauso scharf wie seinerzeit. Hab i des Stemmen aufgeben, wer i a des andere aufgeben können. Is ja Wurscht! Wer i halt nur mehr barabern, bis i die Patschen aufstell. Interessiert si eh kaner für mi, bin eh jedem Wurscht! Vorbei is vorbei. Wann i hin bin, dann is vorbei!« Stur bleibt stur, da helfen keine noch so gut gemeinten Aufmunterungen. Das muss Franz Werner zur Kenntnis nehmen.

Doch nicht nur Mundl fehlt bei der Familienjause, auch Hanni ist nicht gekommen. Die allgemeine Stimmung ist daher eher gedrückt. Franzi erfährt von Toni, dass sie jetzt in der Wohnung von Frau Holzer wohnt. Karli versucht, den sichtlich geknickten Franzi zu trösten, seine Schwester hat halt auch einen Klescher. Scheinbar liegt das irgendwie in der Familie.

Mundl sitzt einsam und verlassen auf einer Parkbank. Offenbar will er ein bisschen Luft schnappen. Oder wollte er doch zu Karli und Irmi und hat es sich im letzten Augenblick überlegt? Ihm gegenüber schmust ein junges Liebespaar. Das waren Josefine Merkatz, die jüngere Tochter von Karl, die damals als Scriptgirl dabei war und später auch Schauspielerin geworden ist. Und ihr fescher Liebhaber, der sie zärtlich umarmt und küsst war niemand anderer als ich selbst. Diesen kleinen Spaß unter den wachsamen Augen des Herrn Papa haben wir uns damals eben geleistet.

Toni kommt von der Familienjause nach Hause und Mundl putzt am Wohnzimmertisch Schurlis Käfig. Toni bestellt ihm schöne Grüße von allen.

»Danke!«

»I koch jetzt was.«

»Wennst willst, aber i hab kan Hunger. Und Appetit hab i a kan. Gell, Schurli? Wenn uns die andern Leut net mögen, samma scho anghabert.«

Damit schnappt Mundl den Käfig und will wieder in sein Kabinett. Doch Toni schmeißt voll Zorn einen Teller auf den Boden, dass er in tausend Scherben bricht: »Geh nur in dein deppertes Kabinett! I brauch di net zum Leben!«

»Hast ghört, Schurli? Aber so sans, die Weiber. Des Kostgeld, des derf i eahner geben, weil sonst brauchens uns ja net!«

Das will sich Toni aber wirklich nicht sagen lassen, jetzt reicht es ihr endgültig: »Jetzt hab i aber gnua! I such mir morgen a Arbeit! I bin auf dein Kostgeld net angwiesen, i hab a zwa Händ!«

Mundl arbeitet verbissen auf der Stehleiter in der Klimazentrale seiner Firma. Das Kabel will einfach nicht dorthin, wo es soll. Mundl rutscht ab, die Leiter fällt und er hält sich gerade noch am Zwischenträger unter der Decke mit den Händen fest. Fluchend stellt er die Leiter wieder auf und will es noch einmal versuchen. Da wird er angepiepst, der »Herr Inschineur« verlangt dringend nach ihm.

»Trottel, blöder, kannst warten!«, und wieder steigt er mit Wut im Bauch auf die Leiter. Da kommt der Ingenieur, gespielt von Peter Neusser, den langen dunklen Gang entlang in die Klimazentrale und ruft nach Mundl. Außer einem bedrohlichen tiefen Brummen der Klimaaggregate ist nichts zu hören. Er geht weiter und findet Mundl bewusstlos neben der umgestürzten Leiter am Boden liegen.

Wir haben diese Sequenz in der echten Klimazentrale am Rosenhügel gedreht, die sich für diese unheimliche Szene geradezu angeboten hat. »Fibsi« Fibich hat dabei auch wieder einmal eine Meisterleistung an Kameraarbeit und sparsamster, dramatischer Lichtführung geleistet. Mich persönlich macht diese Szene sehr betroffen. Sie erinnert mich intensiv an meinen eigenen Unfall, den ich ein Jahr zuvor gehabt hatte und bei dem ich wahrscheinlich genauso dagelegen bin wie unser Mundl. Nur war ich damals wirklich zwei Stunden bewusstlos.

Der sichtlich betroffene Ingenieur trifft in der Hasengasse auf die stets neugierige Fini, die gerade das Stiegenhaus reinigt. Er läutet Sturm an der Sackbauerischen Wohnungstür, doch niemand öffnet. Ob sie nicht weiß, wo die Frau Sackbauer ist? Ihr Mann hat einen Arbeitsunfall gehabt. Fini fällt vor Schreck der Besen aus der Hand:. »Jessas, was is mitn Mundl? Is er tot?«

Nein, tot ist er nicht, aber im Unfallkrankenhaus.

Toni ist wieder bei Irma und René. Sie versucht am Telefon vergeblich, Arbeit zu finden. Dazu ist sie nach dem gestrigen Streit mit Mundl fest entschlossen. Doch es ist immer dasselbe: Höchstalter 35 Jahre. Plötzlich klingelt das Telefon und Irma hebt ab. Sie erfährt von Mundls Unfall und bringt es Toni möglichst schonend bei. Dann ruft sie ihr ein Taxi.

Toni kommt gerade zurecht, als Mundl aus dem Operationssaal geschoben wird. Armselig liegt er da mit geschlossenen Augen und einem turbanähnlichen Kopfverband. Toni wendet sich an den begleitenden Arzt, gespielt von Otto Clemens. Der kann sie allerdings beruhigen. Der Herr Sackbauer ist in den Stromkreis geraten und von der Leiter gestürzt. Aber außer einer Fraktur des rechten Unterarms und einer Gehirnerschütterung sei glücklicherweise nichts Ernstes geschehen. Ach ja, am Kopf hat man eine Platzwunde nähen müssen, daher der Verband. In ein paar Wochen wird der Herr Gemahl wieder ganz hergestellt sein. Und besuchen kann sie ihn schon morgen.

Ingrid Burkhard hat besonders in dieser Sequenz beispielhaft gezeigt, mit welch sparsamen Mitteln diese großartige Schauspielerin imstande ist, ihre Besorgnis und ihre Emotion so eindrucksvoll darzustellen. Ein ganz großes Kompliment an sie!

Im eilig einberufenen Familienrat stellt Karli kopfschüttelnd fest: »Wie kann a Elektriker in Stromkreis kommen? Dass a erwachsener Mensch so deppert sein kann, des versteh i net. Aber samma froh, dass net mehr passiert is.«

Ja, das kann man wirklich sein, meint auch der besorgte Schani, das hätte viel schlimmer ausgehen können. Franzi bietet Toni spontan an, sie jederzeit ins Spital zu führen, Zeit hat er ja jetzt genug. Karli und Irma mit ihrem René verabschieden sich und nehmen den Schani-Onkel mit. Toni begleitet sie zur Tür. Hanni bedankt sich bei Franzi für seine Hilfsbereitschaft. Wie geht es ihm denn so? Danke, man lebt. Da kommt Toni zurück. Erst jetzt wird ihr bewusst, was da geschehen ist und sie beginnt, leise zu weinen. Hanni bleibt heute Nacht bei ihr.

Am nächsten Tag besucht Toni ihren Mundl im Sechsbettzimmer. Es geht ihm »eh leiwand, nur a bissl matt bin i halt noch«. Er tut ihr schon leid, wie er da so hilflos mit seinem Turban liegt und die Augen nur mühsam offen halten kann. Sie verspricht, dass die anderen dann morgen kommen werden, zu viele auf einmal würden ihn zu sehr anstrengen. Da regt sich sein alter Widerspruchsgeist: »Wieso net alle auf einmal?«

»Du bist am Kopf gfallen, Edmund, du sollst ruhig liegen!«

»Hast ma was mitbracht? A Bier?«

»A paar Blumen und an Saft und a Obst. Du brauchst jetzt viele Vitamine, Edmund.« Während Toni vorsorglich noch die restlichen Mitbringsel, Patschen, Schlafrock und einen neuen Pyjama auspackt und verstaut, schlummert Mundl wieder mit seligem Gesicht ein.

Franzi hat Toni nach Hause gebracht und trifft Hanni im Stiegenhaus. Er will gerne mit ihr reden. Sie erwarte zwar Besuch, aber er kann gerne einen Sprung zu ihr kommen. Doch Franzi dreht sich auf der Stelle um und will wieder gehen. Aber sie könne ja die Ilse wieder wegschicken. Wegen ihm braucht sie niemand wegschicken, das ewige hin und her hat er jetzt satt! Er fragt sich, wie er überhaupt auf die Idee gekommen ist, sich mit sowas wie ihr abzugeben. Da hat Franzi den Bogen wohl überspannt. Zutiefst verletzt lässt sie ihn wie einen begossenen Pudel stehen.

Ilse meint, es wäre wohl das Beste, wenn sie sich eine Zeitlang überhaupt nicht sehen. Hanni ist ihm im Grunde nicht bös, sie ist nur sehr traurig, im Grunde mag sie ihn ja wirklich. Da muss sie wohl durch, auch wenn es ihr schwerfällt.

Bei der morgendlichen Visite erkundigt sich der Herr Professor persönlich über das Wohlergehen Mundls.

»Danke Herr Professor, es geht eh. Und wie gehts Ihner?«

Mundl ist also offensichtlich auf dem Weg der Genesung. Nur mit seiner Verdauung ist der Herr Professor nicht zufrieden, die ist wirklich nicht berühmt. Die hantige Oberschwester Martha meint geflissentlich, dass man ihm eh schon ein Purgativ gegeben hat, aber es nützt ja nichts! Naja, dann muss man eben einen Einlauf geben, meint der Herr Professor und entschwebt zum nächsten Patienten. Mundl winkt die Oberschwester heran und flüstert ihr etwas ins Ohr. »Ah die Schüssel wollens! Brav, Herr Sackbauer!«, verkündet sie lauthals und hat sie auch im Handumdrehen parat. »Tu ma schön das Popschi heben, no heb!«

Mundl tut es verschämt und schreit gleich auf: »Kalt! Kalt!«

»Na vorwärmen kann is net! Na, was is? Na gemma, gemma, gemma!«

Doch auf Kommando und unter dem gestrengen Blick der Oberschwester geht das leider nicht. »Na, dann müss ma an Einlauf machen!«, sagts und will es auch gleich tun. Da blickt sie ein erleichterter Mundl mit verklärtem Blick an und schüttelt nur leicht seinen turbanverzierten Kopf. Den Herrn

Kurti und Fini besuchen Mundl im Spital

Professor hat ein echter Professor gespielt, nämlich der ehemalige Intendant der Wiener Festwochen Professor Ulrich Baumgartner. Und die resche Oberschwester war Emmy Werner, die später Direktorin des Wiener Volkstheaters. Also eine echte Luxusbesetzung für diese kleinen, aber feinen Episodenrollen.

Auch Franz und Martha Werner sorgen sich um das leibliche Wohl des Patienten. Sie bringen einen Schaukelstuhl für Mundl, damit er es nach seiner Heimkehr richtig bequem hat. Franz Werner hat den Schaukelstuhl in die Wohnung geschleppt hat und ist jetzt erschöpft und durstig, man ist ja schließlich nicht mehr der Jüngste. Doch Martha lehnt Tonis Angebot eines Schluckerls strikt ab. Ihr Mann braucht jetzt nichts zu trinken, echauffiert wie er ist. Da kommt Hanni und man bricht gemeinsam zum Krankenbesuch auf.

Und wieder ist Besuchszeit im Krankenhaus. Diesmal sind Schani und Franzis Mutter bei Mundl, der bereits seinen schmucken Turban los ist und nur mehr ein riesiges Heftpflaster auf der Stirn hat. Franzi lässt schön grüßen, er ist heute in Graz bei einer Lesung aus seinem neuen Roman.

»Ah bei die Kropferten is er. Können die net selber lesen?«, Mundl hat offenbar seinen Humor wiedergefunden, ein gutes Zeichen. Außerdem hat er es ja schon immer gewusst, »der Franzi is a Jass! Und des mit der Hanni, des

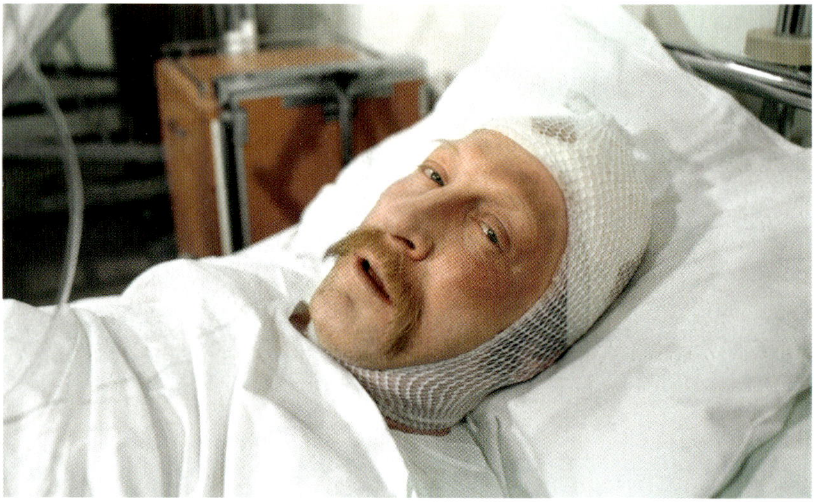

Mundl ist auf den Kopf gefallen

werd i scho menetschen, weil i bin ja der Vater! Weil sonst …«

Doch Schani meint nur lapidar und weise: »Zur Liebe kannst niemanden zwingen!«

Da geht die Tür auf und wie ein Blitz aus heiterem Himmel meldet sich lautstark und ungestüm: »Wachorgan Kurt Blahovec nebst Gattin und Marschverpflegung zu Besuch angetreten.«

Ungeniert brechen die beiden mit Blumenstrauß und einer Sektflasche über Mundl herein und begrüssen ihn überschwänglich: »Na, du Tachinierer, wie gehts dir denn? Bist eh guat beinand und ausgfressen bist a ganz schön!«

»Hörst, ihr habts a Mitgefühl wie die Fleischhackerhund! Bei euch is aner erst krank, wann er aufbahrt is!«

Fini fordert ihren Kurti im Taumel der Wiedersehensfreude auf: »Lass knallen, Kurti!«

Doch Mundl wehrt ab: »Nix lass knallen, i trink nix!«

»Wieso, bist krank?«

»Kan Tropfen! Zumindest da herinnen. I bin ja net mei eigener Tod!«

Schani findet das sehr vernünftig und verabschiedet sich mit seiner Reni. Kaum sind die beiden gegangen, wendet sich Mundl leise an Kurti und Fini: »I derf ja net, wenn die Schwester Martha einekummt! I hab ja a Konozium!«

Gemeint hat er damit eine Gehirnerschütterung, die ja medizinisch als

»Commotio cerebri« bezeichnet wird. Und wenn man die erlitten hat, darf man tatsächlich zumindest über längere Zeit keinen Alkohol trinken. Das kann ich aus eigener Erfahrung nur bestätigen.

Nun ist es so weit, Mundl wird endlich aus dem Spital entlassen. Franzi und Toni holen ihn ab. Mundl hat hier offenbar auch schon Freundschaften geschlossen. Jemand ruft ihm aus einem Fenster zu »Servas Mundl!« und er winkt zurück »Servas, Gipsschädel!«. Es kann sich dabei allerdings auch um eine spontane Reaktion von Karl Merkatz gehandelt haben, der ja inzwischen derart beliebt und bekannt war in Wien, dass ihn die Menschen einfach auf der Straße als Mundl angesprochen haben. Wir haben diese Szene im Meidlinger Unfallkrankenhaus gedreht und vielleicht hat ihn ja ein echter Patient aus einem oberen Stockwerk erkannt und gegrüßt. Gepasst hat es jedenfalls.

Endlich daheim! Mundl bei seiner ersten Abendtoilette, die er ja einhändig bewerkstelligen muss, sein rechter Unterarm ist ja noch immer eingegipst. Dieses Solo hat Karl Merkatz wieder mit bewundernswerter Tollpatschigkeit und dezenter Komik hingelegt. Er ist eben ein echter Komödiant. Von Toni ist weit und breit nichts zu sehen.

»Na, Schurli, schlafst scho? Hab i di aufgweckt? Na macht nix, schlaf weiter.«

Da kommt Toni in einem schicken, chinesisch angehauchten Morgenmantel aus dem Schlafzimmer. Mundl kramt etwas verlegen sein Gewand zusammen. Er trägt zum ersten Mal seinen neuen Pyjama: »Also, geh i, geh i schlafen.«

Toni beobachtet ihn amüsiert, wie er sich Richtung Kabinett verdrückt: »Gute Nacht!«

Da zuckt er zusammen: »Ah, da sticht was! Is des a Floh, oder was?«

Toni kommt näher und findet im unteren Rückenteil der Pyjamajacke den Übeltäter: »A Nadel war des.«

Mundl öffnet die Tür zu seinem Kabinett und staunt, sein Bettzeug ist verschwunden. Und Toni wartet verführerisch an der Schlafzimmertür. Sie lädt ihn mit einem kleinen Kopfnicken ein, hereinzukommen. Mundl schluckt, schnappt sein Kofferradio und verschwindet hinter der Schlafzimmertür, die sich dezent schließt. Darüber laufen die Schlusstitel. Es läutet an der Wohnungstür, doch niemand fragt, wer da ist. Man hört Kurti undeutlich fragen, ob sie immer noch böse sind. Keine Antwort. Nur die Musik aus Mundls Radio. Da geht Kurti wieder.

Die sechzehnte Folge

Urlaubsfreuden

Mundl hat sich von seinem Unfall prächtig erholt. Jetzt wollen er und Toni endlich einen gemeinsamen Urlaub verbringen. Dazu beraten sie sich mit Schani und studieren einen ganzen Haufen Prospekte. Aber sie kommen auf keinen grünen Zweig. Einmal findet Mundl »Na, da fahr ma net hin! I bin doch net mei eigener Feind! Des is ja a Altersheim. I bin doch ka Krüppel oder was!« oder es ist ihm zu teuer »I bin doch ka Krösus net! Glaubst, i hab an Industriellen entführt?«.

In seiner Unentschlossenheit verhängt er sich beim Aufstehen im neuen Schaukelstuhl und kommt nur schwer wieder heraus: »Der alte Werner soll sich da einesetzen mit seiner Alten, so a depperter Sessel!«

Er will sich daraufhin mit einem Bier stärken.

»Mundi, du weißt, was der Doktor gsagt hat! Geh, nimm dir den Fruchtsaft, sei lieb!«, weist ihn Toni sanft, aber nachdrücklich den richtigen Weg. Brummelnd fügt sich Mundl in sein Schicksal: »Wenns der Doktor gsagt hat, trink i halt den Fruchtsaft. Schani, trinkst a an?«

Misstrauisch beäugt Mundl das Orangengetränk: »Eigentlich hab i eh kan Durscht!«

Doch Toni bleibt unerbittlich: »Jetzt trinkst das schön, Schatzi, des tut dir gut! Prost!«

Noch immer ist keine Entscheidung in Sachen Urlaubsziel gefallen. Da ergreift Toni die Initiative: »Jetzt mach ma was ganz anderes. Wie geht des? Am, dam, des, diese male press …«

Und das Orakel entscheidet sich für Podersdorf am See und beendet die Qual der Wahl. Schani ist sofort begeistert, das »Meer der Wiener« ist genau das richtige Urlaubsziel für Mundl und Toni! Mundl weiß nicht recht, wo ist das überhaupt?

»Ah so, am Neusiedlersee, die Krotenlacken!«

Toni verliest sämtliche touristische Vorzüge aus dem Prospekt, sogar das Wasser ist heilkräftig!

»Na da werden die Piefke umeinandersabeln und die Burgenländer werden da sein. Sei froh, Schurli, dass'd net mitfahrn musst!«

Doch da durchzuckt es Mundl sorgenvoll: »Was mach ma denn mitn Schurli? Den könn ma doch net allan lassen?«

Das kostet Schani nur ein mitleidiges Lachen: »Weißt noch, wie du mir damals gsagt hast, wie wir gemeinsam nach Italien haben fahren wollen, i soll meinen Sittich in Koloniakübel schmeißen und mir beim Heimkommen an neuen kaufen?«

»Aber dei Baberl is ja a Viech, is ja a Trottel! Aber mein Schurli is ein intellektielles Tier! Aber wo tamman denn wirklich hin?«

Kein Problem, Toni wird die Fini fragen. Da zwitschert Schurli fröhlich dazwischen.

»Hast eahm ghört? Der will doch net zu die Hausmaster, zu die Bsuff! Da kriegt er ja a Leberzirrhose!«

Im Stiegenhaus herrscht große Aufregung. Ein wahrer Auszug aus Ägypten findet statt. Mundl, Toni und Franzi schleppen eine unübersehbare Menge Reisegepäck die Stiegen hinunter. Mittendrin ein sehr nervöser Mundl im Reisefieber, zünftig in Lederhose, Trachtenjanker und Steirerhut, auf dem Rücken einen vollgepackten Rucksack und in den Händen Schurli in seinem Käfig. Er instruiert Kurti ausführlich über das Fressverhalten seines Lieblings und übergibt ihm jede Menge Spezialfutter für jede Tageszeit. Franzi drängt auf Abfahrt, ewig hat er auch nicht Zeit. Doch Mundl besteht auf seiner fürsorglichen Fütterungsbelehrung und trennt sich endlich schweren Herzens von seinem Schurli. Er kann nicht verstehen, warum alle so hysterisch sind, wenn sie auf Urlaub fahren. Kurti tun die Burgenländer jetzt schon leid.

Das »Meer der Wiener« empfängt die Neuankömmlinge nicht gerade mit dem freundlichsten Wetter. Finstere Wolken ziehen über den menschenleeren Badestrand vor dem Seehotel, doch es regnet zumindest nicht.

»Da samma mit die Christbama! Mir haben nämlich quasi bei Ihner a Zimmer bestellt auf Sackbauer!«

Mundl, Toni und Franzi sind mit ihrem umfangreichen Gepäck in der Rezeption angekommen. Der Hoteldirektor übergibt Mundl den Schlüssel: »Bitte sehr, Zimmer 4! Ist eins von unsere besten Zimmern mit Seeblick. Edmund, Gepäck auffetragen!«

Da bückt sich Mundl und nimmt sein Gepäck hoch.

»Net Sie, der Edmund, unser Hausdiener! Der is aus Illmitz!«

Und bedächtigen Schrittes kommt Edmund aus Illmitz herbei. Mundl staunt nicht schlecht über seinen Namensvetter und reicht ihm zur Begrüßung erfreut die Hand: »I scheiß mi an! Sie hassen a Edmund so wie i? Aber i bin aus Wien.«

Franzi verabschiedet sich, er muss wieder nach Wien zurück.

»Pfüat di Franzi, dankschön für Außeführn, i werd mi schon revanchieren. Und tua schön fleißig dichten.«

Dann wendet sich Mundl an den bereits leicht genervten Hoteldirektor: »Wissen 'S, der is nämlich quasi a Berufsdichter, der is fast scho berühmt. Jetzt hat er grad an Roman gschrieben, wollen 'S ihn lesen, i hab eahm eh mit? Und fürs Fernsehn soll er a was schreiben. Er is nämlich quasi mei zukünftiger Schwiegersohn. Er hat ja an klan Klescher, mit die Dioptrien …«

Da unterbricht Toni den Redeschwall ihres Mundl, er kann doch den Herrn Direktor nicht so lang aufhalten. Er soll jetzt endlich kommen, der Herr Edmund wartet auch schon mit dem Gepäck.

Diesen Hoteldirektor hat der Regisseur Rudi Jusits als gebürtiger Burgenländer mit nerviger Geduld selber gespielt. Er war ja auch ein begnadeter Schauspieler. Und der Edmund aus Illmitz war niemand anderer als der junge, schlanke Lukas Resetarits in einer seiner allerersten Fernsehrollen. Auch er ist ja ein eingeborener Burgenländer, allerdings aus Stinatz und nicht aus Illmitz.

Und dieser Edmund aus Illmitz erklärt nun dem staunenden Ehepaar Sackbauer im Zimmer 4 die Vorzüge der pannonischen Tiefebene und was Podersdorf und im Speziellen das Seehotel alles an Attraktionen so zu bieten hat: »Jetzt haben mir sogar Gäste aus Kanada da und einen echten Scheich aus Kuwait mit fünf Weiber und zwoa Leibwächter!«

Und dies alles im typisch burgenländisch gefärbten Hochdeutsch, eine wahre Kabarettnummer der Sonderklasse.

Auf Tonis Wunsch bucht er schon für den nächsten Tag eine romantische Kutschenfahrt durch die Puszta mit anschließender Einkehr in einem Original pannonischen Weinkeller. Mundl belohnt ihn großzügig mit einem Schmattes für ein Bier, allerdings erst nach eindringlicher Aufforderung Tonis. Die Höhe des Trinkgeldes ist deutlich am Gesicht des Herrn Edmund aus Illmitz abzulesen. Dann schauen sich Mundl und Toni von ihrem Balkon aus den Seeblick genauer an. »A Haufen Wasser!« aber immerhin von Null bis durchschnittlich ein Meter fünfzig tief.

Toni, Mundl und Franzi checken im Hotel ein

Kurz darauf probiert Mundl diese immense Wassertiefe auch gleich aus und planscht vergnügt in der Menge unter der inzwischen strahlenden pannonischen Sonne.

Als nächster Programmpunkt folgt ein Besuch beim Friseur, nach dem Mundl allerdings wie ein echter Gscherter ausschaut. Dann versuchen die beiden Urlauber ein Fahrradtandem, mit dem sie aber fast einen kleinen Buben überfahren, der seinem Ball nachgelaufen ist.

Aber Mundl hat rechtzeitig gebremst, und so ist nicht passiert. Man kommt mit den Großeltern des Kleinen ins Gespräch und stellt erfreut fest, dass es sich auch um Wiener handelt, sogar aus Simmering.

»Und mir san aus Favoriten!«

Da frohlockt die Oma des Kleinen: »Gottseidank endlich Menschen! Hier san ja nur Leut!« Herr und Frau Pribil sind mit ihrem Enkerl hier auf Urlaub, weil dem seine Eltern ja unbedingt nach Kenia auf eine Safari gefahren sind. Die etwas resche Frau Pribil, gespielt von Erna Schickel und ihr Mann, gespielt von Josef Hendrichs, laden die Sackbauers ein, doch am Abend an ihrem Tisch Platz zu nehmen, wenn man schon im selben Hotel wohnt. Da muss man doch das eine oder andere Glaserl miteinander heben. Doch Mundls Beteuerung »Mir trinken beinah nix« löst in Frau Pribil berechtigte Zweifel aus: »Und Sie wollen aus Favoriten sein?«

Doch vorher unternehmen Mundl und Toni erst die gebuchte romantische Kutschenfahrt durch die pannonische Tiefebene. Mundl besteht drauf, die Kutsche selbst zu lenken. Das geht anfangs gut, doch dann geht den feurigen Pusztapferden scheinbar das Temperament durch und die Kutsche, angefeuert von rassigen Csárdásklängen, wird immer schneller. Toni hält sich nur mit Mühe am Bock fest, über die Puszta wirbeln Staubfontänen und das Tempo steigert sich zum Furioso. Doch dann endet das Ganze mit einem Achsbruch im Straßengraben. Zu allem Überfluss machen sich die feurigen Pferde auch noch selbstständig.

»Weil du unbedingt hast fahren müssen! Und du hast gsagt, du kannst es!«

Dazu ist zu bemerken, dass Karl Merkatz tatsächlich ein sehr guter Kutscher ist. Er fährt daheim in Irrsdorf gerne mit seinem Linzerwagerl, allerding von Haflingern gezogen, die nicht so temperamentvoll sind, wie ihre pannonischen Geschwister. Ingrid Burkhard hat nach dieser Szene gestanden, dass sie die Angst während der Fahrt nicht gespielt, sondern gehabt hat. Und zwar richtig.

Am Abend prahlt Mund am Tisch der Pribils mit seinen Fahrkünsten, er »is gfahrn, wie a Fiaker«. Das würde sicher ihrem Enkerl, dem kleinen Schurli, auch gefallen. Oma Pribil stellt lapidar fest: »Was dem Schurli gfallt, bestimm immer noch ich.«

Eine gewisse Art von Seelenverwandtschaft mit Mundl lässt sich nicht verleugnen. Nur beim Lieblingsgetränk gibt es einen gravierenden Unterschied. Frau Pribil braucht ihre drei, vier Vierteln Wein und Mundl braucht eben sein Bier für die Kondition.

Am nächsten Morgen brechen Mundl und Toni zu einer Ruderpartie auf. Doch Frau Pribil lehnt dankend ab, sie sei ja kein Matrose, warum solle sie jetzt Schinakel fahren, noch dazu bei der Hitze. Sie gehen lieber mit ihrem Schurli an den Strand Sand spielen.

Mundl und Toni landen mit ihrem Schinakel prompt im dichten Schilfgürtel des Neusiedlersees: »Da kommen mir unser Lebtag nimmer auße, Edmund!«

Doch der legt sich ins Zeug und rammt dabei ein Segelboot: »Was für ein Trottel steht denn da mit sein Schinakel im Schilf?«

Bei der unvermeidlichen Kollision taucht völlig überrumpelt der spärlich bekleidete Hausverwalter Zauner aus der Kajüte der Segelyacht auf, gefolgt von einer ebenso überraschten attraktiven Blondine, die sich notdürftig in eine Decke hüllt. Mundl und Toni sind baff über dieses unvermutete Zusammentreffen: »Jö schau, Toni, unser Verwalter, der Zauner! Na so a Zufall! Was machen denn Sie da im Schilf?«

»Na segeln, was sonst?«

Der ertappte Zauner behauptet, die Verwaltung sei nur ein Hobby, in Wirklichkeit ist er Filmproduzent und Fräulein Mädi ist die Hauptdarstellerin seines nächsten abendfüllenden Spielfilms. Und Fräulein Mädi, hinreißend blondinenhaft-naiv von Isabel Weicken dargestellt, plappert munter drauf los. Zauner lädt Mundl und Toni zu einem Drink in seinen Bungalow ein.

»Sie sind mir ein Filou, hörn 'S. Was sagt denn Ihner Frau dazu?«, stellt Mundl mit listigem Zwinkern den verlegenen Herrn Zauner zur Rede. Der meint, es wäre besser, wenn niemand von dieser Geschichte etwas erfährt.

»Eh klar, schweigen ist Silber, reden ist Gold.«

Mundl hat dafür vollstes Verständnis. Außerdem gefällt ihm das Fräulein Mädi und er nimmt sie gönnerhaft zur Seite: »I bin nämlich a vom Film und mei Schwiegersohn, der Franzi, der is a Dichter und schreibt grad a Großfernsehspiel fürs Fernsehen. Wenn i mit ihm red, schreibt er Ihnen a Rollen eine!«

Mädi ist entzückt und Toni ist skeptisch.

Mundl hat sichtlich Gefallen an seiner neuen Rolle als Förderer junger Talente. Er macht sich sehr beschwingt mit Toni auf den Heimweg. Ob er da nicht den Mund ein bissl zu voll genommen hat?

»Aber woher denn! Und morgen gemma Segeln! Das kann doch einen Seemann nicht erschüttern, keine Angst, keine Angst ...«

Den schwankenden Seemannsgang beherrscht Mundl bereits jetzt recht gut.

Schneidig und gut gelaunt kurven Mundl und Toni mit einem schnittigen kleinen Segelboot durch die Fluten des Neusiedlersees. Dabei singen sie zweistimmig den »Narrischen Kastanienbaum«. Käptn Mundl gelingen immer kühnere Wenden, alles läuft wie am Schnürchen. Doch dann passiert das Unausweichliche: bei einem besonders waghalsigen Manöver kentert das Boot und Mundl und Toni landen in den Fluten. Wasser hat bekanntlich keine Balken, doch das »Meer der Wiener« ist ja zum Glück nicht wirklich tief. Und so waten die beiden schimpfend im hüfttiefen Wasser zurück ans Ufer. Toni schmeißt ihrem Käpt'n wütend ihre Badeschuhe nach, und er wird: »Dem Trottel, der uns des hinige Scheiß-Schinakel vermietet hat, des Wilde oweräumen.«

Bei der anschließenden Schnapspartie mit den Pribils am Badestrand spülen sie den Schreck hinunter und verbrüdern sich. Sie tauschen die Adressen und verabreden ein Treffen in Wien. Und dann hauen sie sich in die nassen Fluten.

Am letzten Urlaubsabend besuchen Mundl und Toni den obligaten original-pannonischen Weinkeller mit der obligaten Zigeunermusik. Fräulein Mädi bedankt sich noch einmal bei Mundl für seine großzügige Hilfe wegen der versprochenen Rolle und schmatzt ihm einen dicken Kuss auf die Wange. Jetzt fühlt sich Mundl doppelt verpflichtet, endlich mit Franzi darüber reden. Er kommt zum Tisch, wo Toni, Franzi und überraschenderweise auch Hanni warten: »Geh kannst ihr net a Rollen schreiben? I hab mir denkt, so a Dichter muss des doch können.«

Doch Franzi kann das beim besten Willen nicht, für Rollen gibt es schließlich ein Besetzungsbüro, da hat er keinen Einfluss. Die Zigeunerkapelle intoniert einen langsamen Walzer und Toni fordert Mundl auf, der sich anfangs ein wenig ziert. Hanni und Franzi bleiben allein am Tisch zurück. Sie haben sich lange nicht gesehen. Hanni findet, dass der neue Schnurrbart Franzi eigentlich nicht passt. Der muss ja erst werden, er ist ja erst zwei Wochen alt. Sie hat wirklich nicht gewusst, dass er heute schon herkommt, um ihre Eltern abzuholen. Und Franzi ist froh, dass er sie wieder einmal sieht, er wollte sie eh schon anrufen.

Mundl beobachtet das händchenhaltende Paar von der Tanzfläche aus sehr genau: »Na, war des net a Hirnidee von mir, dass i di Hanni a heute herbestellt hab?«

Toni freut sich genauso über das junge Paar und spart auch nicht mit Lob für ihren Mundl: »Du bist und bleibst halt unser größter, Edmund, eh klar!«

Das unterstreicht sie auch mit einem herzlichen Busserl. Dabei kommen die beiden etwas aus dem Gleichgewicht und fallen fast auf ein Gästepaar am Nebentisch.

»Na hallo! Könnts net aufpassen!«

Diese gewichtigen Worte spricht niemand anderer als unser Autor Ernst Hinterberger, der es sich damals nicht nehmen ließ, den Dreh gemeinsam mit seiner Frau zu besuchen.

Mundl, Toni, Hanni und Franzi spazieren am nächtlichen Seeufer leicht beschwingt und gut gelaunt nach Hause. Am liebsten ginge Mundl heut überhaupt nicht schlafen. Hanni schon. »Dann gehts halt. Mir zwa san kane Dichter, mir gengan no net in die Hapfen. Gell, Tonerl?«

Das lassen sich Hanni und Franzi nicht zweimal sagen. Mundl und Toni setzen sich in ein Boot am Ufer und genießen die romantische Stimmung. Toni friert ein Bisschen, da legt ihr Mundl galant seine Jacke um die Schultern.

Am Frühstückstisch finden Mundl und Toni einen Brief von Hanni.

»Wir wissen jetzt, dass wir zusammengehören und sind auf ein paar Tage weggefahren. Nehmt bitte den Bus nach Wien. Nicht böse sein, Hanni und Franzi«, liest Mundl erstaunt.

»Was büldt si des Nudelaug eigentlich ein? Der Dioptrien-Heini?«

Doch dann müssen sie beide herzlich lachen: »Fahr ma halt mitn Bus, is ja Wurscht!«

Mundl und Toni erreichen gerade noch rechtzeitig den Bus. Er hat ja unbedingt noch im letzten Moment eine riesige Puppe für den René kaufen müssen. Toni steigt inzwischen ein und Mundl verstaut umständlich das umfangreiche Gepäck im Laderaum. Die Puppe setzt er auf die Bank in der Bushaltestelle. Endlich steigt er auch ein. Da bemerkt er das vergessene Geschenk, springt sofort wieder aus dem Bus und klemmt sich die Puppe unter den Arm. Und natürlich ist der Bus inzwischen ohne ihn abgefahren, da nützt sein ganzes Schreien nichts. Wenn der Blaguss fährt, dann fährt er.

Auch bei dieser Folge habe ich nicht als Regieassistent gearbeitet, ich war ja nach Drehschluss der ersten beiden Folgen mit Rudi Jusits fast durchgehend als Aufnahmeleiter bei der Schönbrunn-Film tätig. Allerdings habe ich die »Echten Wiener« an einem Wochenende in Podersdorf besucht und bin daher Zeuge so mancher abenteuerlichen Dreharbeiten geworden.

»Ernst Hinterbergers Proletensaga hat es natürlich nicht leicht. Der Autor, der die Verhaltensweisen und Sprüche von Wiener Arbeitern wohl kennt, hat in dieser Serie Primitivität, Aggressionen und ihre Ausdrucksformen in einer sehr konzentrierten und kompakten Form plakativ gemacht. Und das wird wahrscheinlich auch ein Grund sein, warum zahlreiche Fernsehzuschauer sich an dem ständigen Geschimpfe stoßen. Weil eben all die längst in den Sprachgebrauch aufgegangenen Flüche innerhalb von 45 Minuten auf sie losgelassen werden.« *Kronen Zeitung*

Irma Sackbauer

Die »Irmi«, geborene Werner

Irma ist die Frau von Karli, sie kommt aus einer mittelständischen Familie, ihre Eltern besitzen ein Strickmodengeschäft. Nach relativ kurzer Verlobungszeit heiratet sie ihren Karli gegen den Widerstand ihrer Eltern. Vor allem Irmas Mutter stößt sich an der proletarischen Herkunft ihres Schwiegersohnes. Doch gegen die wahre Liebe ist offenbar kein Kraut gewachsen. Irma hat an ihrem Karli scheinbar einen Narren gefressen, offenbar hat sie ihn wirklich gern.

Zur Belohnung bekommt sie auch sehr bald einen Stammhalter, den kleinen René und kurz danach einen weiteren Beweis von Karlis Liebe, das Töchterchen Petra. Ob sich Irma dieses Dasein als Mutter zweier Kinder tatsächlich gewünscht hat?

Sie hat es mit ihrem Karli nicht immer leicht, schließlich handelt es sich bei ihm um einen echten Sackbauer.

Die siebzehnte Folge

Lauter Zores

Zores bedeutet bekanntlich Ärger oder Sorgen. Und Ärger hat es bei Drehbeginn dieser Folge genug gegeben, genauer gesagt, bereits am zweiten Drehtag. Vor allem zwischen Karl Merkatz und Rudi Jusits. Ich war damals aus Termingründen nicht als Regieassistent involviert und habe mich von den doch sehr anstrengenden Dreharbeiten von »1848 – Feuer frei!« erholt. Aber an diesem denkwürdigen Tag war ich jedenfalls daheim.

Da schrillt das Telefon und ein aufgebrachter Rudi Jusits ruft mich an: »Ich hab heute alles hingschmissen, wir haben an furchtbaren Streit ghabt mitn Karl. So kann i net arbeiten! Aber i hab ausgmacht, du musst weitermachen, du bist der Einzige, der das übernehmen kann!«

Ich bin natürlich aus allen Wolken gefallen und habe versucht, den aufgeregten Rudi irgendwie zu beruhigen. Ich habe ihn eingeladen, doch zu mir zu kommen und die Sache persönlich zu besprechen. Kaum hatte ich aufgelegt, ruft mich Blacky Schwarz vom ORF an und erzählt mir die gleiche Geschichte: Jeder Vermittlungsversuch ist sinnlos, Karl und Rudi können nicht mehr miteinander, ihre Auffassungsunterschiede sind zu groß. Ich habe auch Blacky gebeten, herzukommen. Als nächster war Karli Merkatz dran und dann noch Hans Preiner, der Redakteur und »Fibsi« Fibich, der Kameramann. Schließlich sind sie alle bei mir im Wohnzimmer gesessen und haben auf mich eingeredet. Wir haben uns geeinigt, dass ich am nächsten Morgen ins Studio am Rosenhügel kommen und die Regie übernehmen würde. Knapp vor Mitternacht habe ich sie dann höflich, aber bestimmt hinauskomplimentiert. Ich hatte von den Drehbüchern noch überhaupt keine Ahnung und irgendwann musste ich sie ja lesen. Zumindest das Drehbuch der aktuellen Folge, das Buch der zweiten geplanten Folge habe ich in dieser Nacht nur überflogen.

Und so bin ich am Mittwoch, dem 15. November 1978 um 9 Uhr früh als neuer Regisseur von unserer Großfamilie herzlich begrüßt worden. Es war ein Sprung ins kalte Wasser, aber wer nicht wagt, der nicht gewinnt. Eine Runde Sekt ist plötzlich aufgetaucht, von wem, weiß ich nicht mehr, und dann haben wir einfach begonnen.

Die bereits gedrehten Szenen der ersten beiden Drehtage habe ich mir angeschaut und beschlossen, sie vom Buch her zu überarbeiten und sie dann noch einmal zu drehen. Sie waren ja der Anlass für die Auseinandersetzung zwischen Karl und Rudi gewesen und haben nicht in mein Konzept gepasst. Ernst Hinterberger war mit den Änderungen einverstanden und hat sehr rasch die Neufassung geliefert.

Wir haben an meinem ersten Drehtag die disponierten Szenen am Rosenhügel einfach gedreht und das hat ohne größere Schwierigkeiten bestens funktioniert. Und ich war an diesem Abend zwar sehr müde, aber auch sehr glücklich. Endlich hatte ich mein lang ersehntes Ziel erreicht, endlich war ich nach zehn Jahren praktischer Vorarbeit Regisseur geworden. Und das bei einer derartigen Kultserie, die der »Mundl« damals bereits war! Ich war wirklich sehr glücklich.

Doch nun zur Handlung: Mundl ist in seiner Elektrikerwerkstatt mit einer intensiven »Nervenarbeit« beschäftigt, er lötet nach Schaltplan an einem komplizierten Apparat und ist hoch konzentriert, dass es nur so dampft. Da klopft es an der Tür und eine Kollegin von der betriebseigenen Reinigungsabteilung begrüßt ihn mit einem fröhlichen »Servas, Mundlbua!«. In ihrem Schlepptau hat sie zwei weitere Kollegen der Firmenbelegschaft. Sie wollen ihn nur etwas fragen.

Sie wollen wissen, ob Mundl nicht ihr neuer Betriebsrat werden möchte. Nein, will er nicht, da gibt er sich lieber die Kugel.

»Geh Mundlburli, du kannst uns doch net hängen lassen!«

»Wer is denn bei dir a Mundlburli? I hab noch nie jemand hängen lassen, aber Betriebsrat kann i net werden. I kenn mi ja gar net aus mit die Gesetze und so.«

Aber das kann man doch lernen. Und außerdem brauchen sie endlich einen gescheiten Betriebsrat. Einen, der endlich die Goschen aufreißt, eine so wie ihn eben. Das leuchtet Mundl ein: »Eh klar, dass ma an gscheiten Betriebsrat brauchen!«, meint er geschmeichelt und nickt bereits innerlich zustimmend.

Im Stiegenhaus sind Kurti und Fini eifrig am vorweihnachtlichen Hausputz. Kurti ist diesmal glattrasiert und schäkert mit seiner Fini wie ein Frischverliebter. Und auch Fini bleibt ihrem Kurtimandi nichts schuldig. Da kommt Mundl mit einem Christbaum unterm Arm von der Arbeit nach Hause. Finiweibi fragt ihn hinterlistig, ob er schon weiß, dass sie einen neuen Mieter im Haus haben. Nein, weiß er nicht, wen denn?

»Nix Genaues weiß man nicht!«

»Ihr seids depperte Hausmaster, außerdem interessiert mi des eh net.«

»Ah so? Und wenns bei deiner eigenen Tochter is, a net?«

Mit waidwundem Blick und unter schallendem Hohngelächter von Kurtimandi und Finiweibi stürmt Mundl zu seiner Wohnung.

Dort wird er von Toni, Hanni und Franzi bereits im Vorzimmer unerwartet freundlich empfangen, sie haben eine Überraschung für ihn und wollen sie ihm möglichst schonend beibringen: Franzi ist bei Hanni eingezogen. Um einem möglichen Donnerwetter Mundls vorzubeugen streicht Toni heraus, wie praktisch das jetzt ist, wenn alle in einem Haus wohnen – wie eine richtige Familie. Doch Mundl ist heute scheinbar nicht zu überraschen. Er weiß alles und ist am Laufenden. Und er wundert sich, warum sie nicht schon längst auf diese Idee gekommen sind. Er hat auch gar nichts dagegen, im Gegenteil, er freut sich sogar darüber: »Aber wennst mir a klans Nudelaug zsamdrahst wird gheirat, eh klar!«

Doch da kann ihn sein Fast-Schwiegersohn beruhigen, Hanni und er wollen ohnehin keine Kinder. In Zeiten wie diesen und bei der unsicheren Zukunft wäre das ja verantwortungslos. »Was heißt ›verantwortungslos‹? Modern is des! Usus! Usus is des, verstehst? Draufhaun ja, aber an Gschrappen, na! Wenn die Mama und i seinerzeit a so modern denkt hätten, dann täts ihr heute noch in Abrahams Wurschtkessel umeinander schwimmen. Und was heißt ›unsichere Zukunft‹? Alles weiß i in Zukunft! Weil ich werde nämlich Betriebsrat werden! Naja, und wenns mitn Dichten nix wird, dann drah i di scho wieder eine in die Bude!«

Jetzt sind die anderen überrascht von der Karriere des Familienoberhaupts.

Franzi bringt seine Mutter zum Zug am Westbahnhof. Sie fährt über die Weihnachtsfeiertage zu ihrem Bruder Vitus nach Tirol. Auch sie freut sich über Franzis Entschluss, zu Hanni zu ziehen. Da kommt Schani dazu und Franzi verzieht sich diskret. Schani wünscht seiner Reni gesegnete Weihnachten und hat auch ein Geschenk mitgebracht. Doch auch sie hat ein Päckchen für ihn, das er aber erst am Heiligen Abend aufmachen darf. Franzi beobachtet die beiden amüsiert vom Bahnsteig aus und vom Himmel fällt der erste Schnee.

In Mundls Elektrikerwerkstatt warten die leider namenlose Kollegin von der Reinigungstruppe, von Margit Gara mit losem Mundwerk und roten Haaren ausgestattet, und mit ihr der Türkische Hilfsarbeiter Yilmaz. Nicola

Filippelli ist allerdings kein Türke, sondern waschechter Italiener und Calabrese. Aber bei uns hat er eben den Türken gespielt. Yilmaz zündet sich trotz deutlich gekennzeichnetem Rauchverbot eine Zigarette an: »Kannst net lesen hörst? Da steht Rauchverbot!«

»Ach, Scheiße!«

»Typisch! Net Deutsch können, aber Scheiße sagen, des kann er!«

Das Problem mit der deutschen Sprache hat es also schon damals gegeben. Endlich kommt Mundl von seiner ersten betriebsrätlichen Intervention zurück. Die beiden wollen wissen, was er ausgerichtet hat: »Na was war, Mundlburli?«

»Was war, was war? Wie i des denen erklärt hab, habens blöd gschaut!«

Noch ehe der Mundlburli nähere Details erörtern kann, läutet das Telefon. Karli ist dran, doch Mundl hat jetzt keine Zeit, er hat eine wichtige Besprechung. Plötzlich wird er zappelig: »Was? Was hat er? Wo is er? I komm glei!«

Er schlüpft in seinen Mantel: »Der René! I muss zu eahm!«

Die Kollegin schüttelt nur mehr den Kopf: »Na hawedehre, des is a Hektiker! Und so was woll'n wir als Betriebsrat!«

Im Krankenhaus stellt Mundl den besorgten Karli zur Rede: »Des hab i mir ja gleich denkt, es kann ja net anders sein, wenn zwa solche Trotteln wie ihr a Kind habts!«

Das will Martha Werner nicht auf sich sitzen lassen: »Unsere Tochter ist kein Trottel!«

»Die is genauso a Trottel wie der Karli!«

Es stellt sich heraus, dass der kleine René das Quietscherl von einem Kinderspielzeug verschluckt hat: »I möchte wissen, was für a Trottel hat meinem René so a Quietschglumpert gschenkt?«

Da mischt sich der Werner-Opa ein: »Siehst es Martha, i hab dir's gleich gsagt …«

»Des hab i mir glei denkt! Des is eine Hirnidee, des is typisch! Meine Puppen aus Podersdorf kann er net schlucken!«

Toni will ihren aufgebrachten Mundl beruhigen, da kommt Irma mit dem brüllenden René am Arm aus der Ambulanz. Gott sei Dank ist nichts Schlimmes passiert, der Kleine hat auch schon ein Abführmittel bekommen. Alle sind erleichtert und umringen den kleinen Schreihals, dem dicke Tränen über die Bäckchen laufen. Auch Mundl hat sich wieder beruhigt: »Tust schön gacki gacki machen, dann kommts eh wieder auße!«

Karli, Mundl, Martha und Franz Werner warten im Spital auf den kleinen René, der ein Quietscherl verschluckt hat

Zur sonntäglichen Katenpartie bei den Sackbauers ist diesmal Frau Pribil allein erschienen, ihr Hansl hat ein bissl Fieber. Voller Stolz führt Mundl seine neueste Errungenschaft vor. Seit Kurzem ist er Besitzer eines eigenen Telefons. Als Betriebsrat braucht man das einfach, da muss man immer erreichbar sein. Er demonstriert es auch gleich: »Hallo … es wird … mit dem Summerton … sechzehn Uhr … null Minuten … null Sekunden … biep! Es wird … mit dem Summerton … sechzehn Uhr … null Minuten … und zehn Sekunden … biep! ... auf Wiederhören!«, sagt er beim Auflegen und freut sich wie ein kleines Kind.

Irgendwie ist Mundls Freude über sein neues Kastl ja einzusehen, war es ja damals tatsächlich nicht so selbstverständlich wie heute, ein Telefon zu haben. Ich erinnere mich noch sehr genau, dass ich in einer meiner früheren Wohnungen trotz aller Bemühungen monatelang einfach keinen Anschluss erhalten konnte. Das damalige Wiener Telefonnetz war eben derart veraltet und überlastet. Nicht einmal einen etwas billigeren sogenannten »Viertelanschluss« konnte ich ergattern. Das hat bedeutet, dass man sich mit drei anderen Teilnehmern eine sogenannte »ganze Nummer« teilen musste. Und wenn man das Pech hatte, mit ausdauernden Telefonierern zusammengeschaltet zu sein, musste man eben warten, bis der oder meistens eher die Mitbesitzerin des Viertelanschlusses ihr Gespräch beendet hatten. Und das war dann oft auch nervtötend.

Zur Kartenpartie gesellen sich auch die beiden Hausmeister nebst Bärli. Die Sprache kommt natürlich auch auf das Missgeschick des kleinen René, der ja »des Quietscherl gschluckt hat, aber er hats eh scho wieder außegschissen«. Beim Stichwort »Enkerl« greift Frau Pribil sofort zu einem meterlangen Ausklappalbum mit Fotos ihres Schurli, das sie zufälligerweise gerade dabei hat und sofort in die Runde reicht. Kurti lehnt dankend ab und reicht die Fotos gleich weiter an Toni. Auch Schani begutachtet die Bilder und findet sie sehr gut gelungen, schließlich fotografiert er ja auch und kennt sich aus. Frau Pribil nimmt das mit wachsendem Interesse zur Kenntnis und Mundl schlägt begeistert vor, doch am kommenden Samstag einen Diavortrag zu halten. Da können sie alle die Urlaubsfotos vom Neusiedlersee anschauen, Frau Pribil hat damals nämlich ununterbrochen fotografiert. Er werde dazu auch die alten Werners einladen und Schani solle seinen Bildwerfer mitbringen. Nur Kurti sagt vorsorglich ab: »Da wer ma ka Zeit haben, wir haben ja nämlich schon was vor, gell Fini?«

»Was hamma vor? Ah ja, genau, da hamma was vor, Kurtimandi!«

Eine durchaus nachvollziehbare Reaktion für jeden, der schon einmal mit dem stundenlangen Betrachten von Urlaubsdias im Bekanntenkreis zwangsbeglückt wurde.

Mundl lernt bei seiner ersten Betriebsratssitzung seine neuen Amtskollegen kennen, allen voran den selbstbewussten und gewandten Betriebsratsobmann Nekasina, dargestellt von Curth Anatol Tichy, der übrigens damals auch den übereifrigen Assistenten von Major Kottan namens Alfred Schrammel gespielt hat. Mundl wird in die Gepflogenheiten des Betriebsrates eingeweiht, wobei hauptsächlich Wert auf die amikale Tour gelegt wird, also auf die freundschaftliche, wie man dem neuen Kollegen Sackbauer erklärt. Auf der Tagesordnung steht heute zu Mundls Bedauern nicht viel, der neue Vorstand wir protokolliert, Kollege Sackbauer ist als neu gewählter Vertreter des Arbeiterbetriebsrates für die Belange Kontrolle und Kultur zuständig. Die Sitzung wird üblicherweise mit einem Martini besiegelt. Mundl ist von dieser Art Getränk nicht eben begeistert, es schüttelt ihn und er fragt leicht verzagt, ob sie nicht ein Bier hätten. Leider, Bier ist keines da, aber nächstes Mal bestimmt. Auf die Bitte, seine Telefonnummer bekanntzugeben kommt Mundl leicht ins Schwitzen.

Leider hat er sie sich noch nicht gemerkt, er hat ja das Telefon erst seit ein paar Tagen: »Haben 'S a Telefonbuch? Da könnt ma eineschaun.«

Aber da steht es doch erst nächstes Jahr drin.

Abschließend wird als Punkt eins der nächsten Tagesordnung das Thema »Arbeiter im Angestelltenverhältnis« festgelegt. Damit ist der Kollege Sackbauer sehr einverstanden: »Genau, weil mir Arbeiter san nämlich der Meinung, dass mir net weniger san als es, also die Angestellten!«

Daheim sind alle Vorbereitungen für den Diaabend getroffen, Franz und Martha Werner haben Platz genommen, Schani probiert den Diaprojektor aus und ein Leintuch fungiert als Projektionsleinwand. Nur die Pribils verspäten sich. Mundl klärt die Werners inzwischen über ihre Urlaubsbekanntschaften auf: »Die Pribil war nämlich bei irgend an Minister im Büro, da hats die Briefmarken auffeghaut.«

Doch Schani korrigiert seinen Bruder, Frau Pribil war immerhin die Leiterin der Posteinlaufstelle im Ministerium. Und jetzt ist sie in Pension.

»Typisch, diese Beamten, und wir Selbstständige müssen arbeiten, bis wir umfallen!«, wirft Franz Werner ein.

»Na na, net bis zum Umfallen, des dauert scho no a Weil, bis ihr die Patschen aufstellts!«, wiegelt Mundl die Einwände der Werners ab. Franz bedankt sich herzlich für dieses charmante Kompliment Mundls.

Da läutet das Telefon und Schani will abheben, doch Mundl springt sofort auf: »Net, net! I heb scho ab, is ja mei Telefon! ... Sackbauer ... ja, servas, wo seids denn? ... Die Pribil is ... warum weinst denn? ... Die weint ja ... Was is mitn Hansl?«

Herr Pribil ist auf der Straße zusammengefallen und jetzt ist er im Franz Josephs Spital, wahrscheinlich Herzinfarkt.

»Ja ja, sowas kann schnell gehen«, meint Schani betroffen, aber Mundl ist zuversichtlich.

Und Schani sollte Recht behalten. Am tief verschneiten Hietzinger Friedhof strebt die frierende Trauergemeinde dem Ausgang zu.

»Gach hat ers gmacht, der alte Pribil. Auf einmal hauts einen hin und fertig. Weißt, Toni, der Mensch is a Haufen Dreck!«, sinniert der nachdenkliche Mundl. Kurti hält das nicht aus, er muss mit seiner Fini so schnell wie möglich was trinken gehen. Und Schani kümmert sich als Einziger um die einsam zurückgebliebene Witwe Pribil.

Schani besucht Franzi, der sich gerade als Hausmann betätigt und das

Geschirr abwäscht. Er hilft ihm beim Abtrocknen und erzählt von diesem Trauerfall und dass ihm die Frau Pribil auch sehr leid getan hat. Nicht einmal ihre Tochter und ihr Schwiegersohn haben sich am Friedhof um sie gekümmert. Das Ganze hat ihn sehr nachdenklich gestimmt. Wenn man über fünfzig ist, macht man sich halt so seine Gedanken, besonders jetzt, in der Weihnachtszeit. Franzi bietet ihm ein Schnapserl als Seelentröstung an, doch da kommt Hanni nach Haus und Franzi stürzt sich sofort wieder in seine Hausmannpflichten. Ob der Schani nicht vielleicht zum Abendessen bleiben möchte? Er kann jetzt auch kochen, eine Packerlsuppe, oder eine Eierspeise vielleicht?

Schani nimmt seine Verpflichtungen als Witwentröster sehr ernst. Er spaziert mit Frau Pribil durch den winterlichen Schlosspark von Schönbrunn. Das Leben geht ja wirklich weiter. Das sollte die tieftrauernde Witwe bedenken, selbst wenn das eigene Enkelkind fragt: »Omi, stirbst du auch bald?«

Schani schleppt seine fast professionelle Fotoausrüstung mit sich und ist vom Anblick des Schloss Schönbrunn in der Wintersonne derart begeistert, dass er sofort sein Stativ aufbaut. So eine Gelegenheit kann er sich als passionierter Hobbyfotograf nicht entgehen lassen. Auch Frau Pribil hat ihre Kamera dabei. Ob er nicht damit die Aufnahme machen möchte? Doch Schani lehnt dankend ab, da bleibt er lieber bei seiner eigenen Ausrüstung, die kennt er besser. Dieses Fotoequipment war übrigens mein eigenes, das ich damals einfach zum Dreh mitgebracht hatte. Rudi Schippel, unser Schani-Onkel, hat damit wirklich sehr glaubwürdig hantiert. Und die trauernde Witwe hat ihn dabei sehr interessiert beobachtet.

Offenbar lassen Schani seine Gedanken über die Vergänglichkeit keine Ruhe. Deshalb denkt er, selbstlos wie er ist, an die Zukunft seines Großneffen René und lässt sich in der Bank über diverse Anlagemöglichkeiten seiner Ersparnisse beraten. Eine mündelsichere Anleihe bringt bei einem Kapital von 80 000 bei einer Laufzeit von zehn Jahren rund 200 000 Schilling. Immerhin eine nicht zu verachtende Summe.

Der 24. Dezember bringt bei den jungen Sackbauers vor allem für die junge Mutter Irma genügend Stress. Natürlich wird man heuer den Heiligen Abend mit der ganzen Familie feiern. Aus dem Radio klingt fröhliches »Halleluja-Gedudel« und unterstreicht die festliche Erwartung. Karli will scherzhalber vom »Traumbaum«, natürlich ein Geschenk seiner Schwiegermutter, einfach die Spitze abschneiden, damit er ins Wohnzimmer passt. Und das noch dazu auf dem Tischtuch, wie die genervte Irma entsetzt bemerkt. Ihre Mutter beruhigt sie mit selbstgemachten Vanillekipferln, die sie seit dem frühen Morgen gebacken hat. Und wenn sie bitte so freundlich wäre, ihr beim Einpacken der Weihnachtsgeschenke zu helfen, allein wird sie das nicht schaffen. Da kommt der Mundl-Opa mit dem kleinen René am Arm ins Wohnzimmer. Karli bemerkt das rechtzeitig: »Net da eine! Der Bua, der Bam!«

Und er drückt seinem Vater eine Decke in die Hand, die er als Sichtschutz zwischen dem Kleinen und dem Christbaum halten soll.

Irma steckt den eben aufgewachten plärrenden René in seinen Winteroverall und Karli hilft Mundl in seinen Mantel. Die beiden Opas sollen mit René noch spazieren gehen, während das Christkind alles vorbereitet. Nach mehrfacher nachdrücklicher Ermahnung, auf das Kind ja gut aufzupassen, geht Mundl endlich mit seinem gut verpackten Enkerl. Jetzt braucht die Werner-Omi einen Kognak und der Karli ein Bier.

Die beiden Opas führen den kleinen René, ihren ganzen Stolz, im Kinderwagen durch den winterlichen Kurpark Oberlaa, dem ehemaligen WIG-Gelände von 1974. Sie entgehen dabei nur knapp einer Kollision mit einigen jugendlichen Skateboardfahrern. Diese »amerikanischen Rollschuach«, wie sie Mundl bezeichnet, hat es erstaunlicherweise schon damals gegeben, allerdings noch in einer sehr frühen Form. Und sie haben auch schon damals für so manchen Ärger vor allem bei älteren Menschen gesorgt. Der Mundl und der Werner-Opa machen sich Gedanken über die Zukunft ihres Enkels. Und da gibt es erhebliche Auffassungsunterschiede: »Auf ja und nein wird der René ein Jahr alt, und dann noch eins und noch eins und bald is er alt gnua und kanns Gschäft übernehmen.«

»Du glaubst, dass der René so deppert is und eucher Quetschen übernimmt? Des glaubst du?«

»Handwerk hat ja immerhin goldenen Boden, da hat er was Sicheres.«

»Goldenen Boden, du hast ja an Pascher! Wie i mein René kenn, übernimmt der nie die Gschäft, der is ja ka Trottel!«

»Willst du vielleicht sagen, dass i a Trottel bin?«

»Aber geh, so hab i des net gmeint, net so direkt. Aber a indirekter Trottel bist schon. Sitzt in deiner Bude und tust Pudelhauben stricken. Horch zu René. Hast des ghört? Siehst, der lacht di ja aus!«

»Als selbstständiger Gewerbetreibender zählt man zur Stütze der österreichischen Wirtschaft!«

Da stellt sich Mundl aber seinem Widersacher vehement in den Weg: »Nur über meine Leiche übernimmt er dein Gschäft, verstehst?«

Und nun erörtert der Mundl-Opa dem Werner-Opa seine Visionen von Renés Zukunft, die er schon genau mit der Toni besprochen und überlegt hat. Nach dem Kindergarten geht er in die Volksschule, dann ins Gymnasium »und dann wird er Sonderschüler, dann lass man studieren, dann geht er auf die Universität und dort wird er Rechtsanwalt. Und was glaubst, was er dann wird, nach dreißig, wann er dreißig Jahr alt is?«.

»Ein akademischer Fachtrottel!«

»Is ja net wahr! Minister wird er! Der jüngste Minister von Österreich! Wie der Androsch!«

Entrüstet hebt Franz Werner die Arme und lässt dabei den Kinderwagen aus: »Das Kind geht mir nicht in die Politik!«

Doch das Kind macht sich auf dem abschüssigen Weg selbstständig und fährt mit seinem Kinderwagen munter talwärts. Die entsetzten Opas laufen wild gestikulierend hinterher, was bei Glatteis nicht ganz so einfach ist. »Der René! Dort fahrt er! Halts eahm auf!«, hallt es zweistimmig und verzweifelt durch den späten Winternachmittag. Mundl kollidiert prompt noch einmal mit einem Skateboarder und reißt einen klassischen Bauchfleck. Doch zum Glück gibt es einen Gegenhang, auf dem der künftige Minister in seinem Windelmercedes wohlbehalten von selbst zum Stehen gekommen ist. Den erschrockenen Opas fällt ein Stein vom Herzen und sie beschwören, diesen unfreiwilligen Ausreißversuch ihres Enkels für ewige Zeiten vor der restlichen Familie zu verschweigen: »Des bleibt unter uns drei Männer, gell, René?«

Aber eigentlich wäre es ganz gut, »wenn ma den Schrocken mit an Glaserl beim Wirten owespülen, oder?«.

So turbulent endet also die erste Folge unter meiner Regie. Im Nachhinein betrachtet haben wir hier eine ziemlich inhalts- und abwechslungsreiche Geschichte zustande gebracht, zu deren Gelingen mich das gesamte Team vor und hinter der Kamera vorbildlich unterstützt hat. Und dafür will ich mich hier noch einmal ganz herzlich bedanken.

Die achtzehnte Folge

Veränderungen

Ein neuer Tag beginnt, Mundl ist schon frühmorgens wach, noch bevor der Wecker läutet. Das alltägliche Morgenritual, Schurlis Käfig abdecken, Radio einschalten, anziehen, rasieren. Und doch zipfelt Mundl heute besonders hektisch umeinander, wie Toni feststellt.

»I zipfel überhaupt net umeinander, mir haben heut Betriebsratsversammlung. Denen werd i's heut schon zeigen. Die Arschlöcher werden schon schauen, dass i net umsonst Betriebsrat worden bin!«

Er soll nur nichts übertreiben, sonst erreicht er gar nichts.

»I übertreib scho nix. Das Wichtigste is, dass wir alle ins Verhältnis kommen, verstehst? I les dir des vor: in das Angestelltenverhältnis!«

Und Mundl liest ihr aus seinen Notizzetteln vor, wen das aller betrifft und was er überhaupt vor hat. Geduldig hört Toni zu und meint nur vorsorglich, es nicht mit Gewalt zu versuchen.

»I mach überhaupt nie was mit Gewalt, aber ändern muss sich was!«

Dabei verbrennt er sich in der Hitze des Gefechts am heißen Frühstückskaffee wieder einmal den Mund: »Und bei uns wird sich a was ändern, mir kaufen uns a Auto.«

Toni ist entsetzt, das können sie sich doch nicht leisten.

»Eh ka neuchs, a gebrauchtes! Die hauns dir ja nach! Mach ma a Teilzahlung, kleine Raten …«

Doch von Raten will Toni überhaupt nichts hören. Sie hat den Schlamassel mit dem Kredit für die Wohnungsrenovierung nicht vergessen.

»Na gut, dann kauf ma ka Auto. Fahr ma mit der U-Bahn, Stefansplatz–Karlsplatz und wieder zruck, hin und her! Warum sollen wir uns des net leisten können? A jeder Trottel kann sich heut a Auto leisten und i a!«

Seufzend hilft ihm Toni in den Mantel, er soll sich beeilen, sonst kommt er noch zu spät. Im letzten Moment fällt ihr noch etwas ein. Sie hat ein Geschenk für ihn, eine Armbanduhr.

»Was brauch i a Uhr?«

»Jeder Betriebsrat braucht eine Uhr.«

»Die hat ja kane Zeiger!«

Natürlich, es ist ja auch eine Digitaluhr.

»A Digi... Digi... die geht ja gar net!«

Und ticken kann eine batteriebetriebene Digitaluhr auch nicht: »Was brauch i a Uhr, i brauch a Auto.«

»Toi toi toi, Mundi!«

»Spuck mi net an!«, und weg ist er.

In seiner Elektrikerwerkstatt wird Mundl schon wieder von seiner Kollegin bei der heiklen Arbeit an einem komplizierten Schaltkasten gestört. Sie wollte ihn nur fragen, ob es stimmt, dass der Betrieb verkauft wird. Blödsinn, das müsste er doch wissen, er ist schließlich der Betriebsrat. Wer sagt denn das?

»Na der Otto, der Schofför vom Alten. An Weltbetriebsrat hamma uns da zugelegt, ein echtes Jass! I brich nieder. A jeder weiß, nur du net!«

Mit dieser schnippischen Bemerkung lässt sie den Herrn Betriebsrat Mundl endlich allein bei seiner Nervenarbeit. Der schaut auf seine neue Armbanduhr und besinnt sich seiner Pflicht: »Des können di doch mit mir net machen, da geh i ume!«

Doch der Betriebsratsobmann Nekasina ist ein gewiegter Abwiegler, der dem aufgebrachten Mundl sehr rasch den Wind aus den Segeln nimmt. Seine Argumente beziehen sich auf vage Gerüchte, Halb- oder Viertelwahrheiten, gewisse vorläufige Gespräche, die nicht eben rosige wirtschaftliche Lage des Betriebs und die mangelnde Konkurrenzfähigkeit. Aber deswegen sollte der liebe Herr Kollege noch nicht in Panikstimmung verfallen. Er verfällt in überhaupt keine Stimmung: »... aber wenn die Bude verkauft werden soll, muss ich auch darüber besprochen werden. Weil sonst hamma alle miteinander den Scherben auf, dann gehts uns nämlich genauso wie denen tausend Hackler in dera Fotobude, die's hamgschickt haben!«

»Aber lieber Kollege, Sie als Betriebsrat sind doch unkündbar! Haben Sie das nicht gewusst?« Nein, das hat der Kollege Sackbauer Mundl, bis jetzt zumindest, nicht gewusst. Und mit »die tausend Hackler«, die also schon damals so bezeichnet wurden und nicht erst jetzt seit der berühmten »Regelung«, hat er die Firma Eumig gemeint, die 1978 tatsächlich tausend Mitarbeiter fast über Nacht entlassen hat. Da läutet das Telefon und Nekasina übergibt an Mundl, der sehr überrascht das Gespräch annimmt.

»I scheiß mi an! Des Nudelaug, der Dichter, der Vejvoda, der was eh da in

Hanni, Mundl, Toni und Franzi feiern den Preis vom Nudelaug

der Bude garbeit hat, hat an Preis gmacht. Fünfazwanzgtausend D-Mark! Jetzt brauch i a Bier!«

Sofort ordert der Herr Betriebsratsobmann jovial zwei Bier und ist insgeheim froh, dass er so das heikle Gespräch auf seine berühmte »amikale Tour« beenden kann.

Daheim hat Toni schon eine Flasche Sekt bereitgestellt, um den Geehrten gebührend zu feiern. Mundl lässt es sich nicht nehmen, den Brief des Kultursenators der Freien und Hansestadt Hamburg laut vorzulesen.

»Na hawedehre, jetzt müss ma zu unsern Franzi ›Sie‹ sagen, weil jetzt is er a Berühmtheit. Schnapsen lernt er ja nie, weil da braucht ma a Hirn, aber dichten, des kann er. Und in a paar Jahr wird er Professor, des wird ja bei uns jeder Trottel. Das Nudelauge, es lebe hoch! Hoch! Hoch!«

Franzi und Hanni freuen sich natürlich sehr über diese Auszeichnung, 25 000 D-Mark waren ja auch eine beachtliche Summe. Und wenn Franzis Buch ein Bestseller wird, so wie vom Simmel, dann machen sie eine Weltreise.

»Warum soll sich des Büchel net verkaufen wie a warme Semmel?«

Doch Franzi hat natürlich den Bestsellerautor Johannes Mario Simmel gemeint, der seine Bücher millionenfach verkauft: »Wann hast dir denn du das letzte Mal ein Buch gekauft?«

»I? Mir haben ja den Fernseher und Zeitunglesen tu i a. I hab ja gar ka Zeit, i bin ja Betriebsrat! Mir haben nämlich a an Bestseller, die Mama und i: Mir kaufen uns a Auto!«

Franzi bietet ihm seines an, das würde er eh demnächst hergeben, doch Mundl lehnt dankend ab: »Wenn i mir an Wagen kauf, des muss a richtiges Auto sein, net so a buglerte Leibschüssel auf Radeln.«

Ja dann soll er sich halt einen Lamborghini zulegen, meint Hanni.

»Eh klar, a Lamborghini wär net schlecht. Was lachts denn so deppert?«

Naja, ein Lamborghini kostet immerhin einen halbe Millio.

»An klan Mini hab i gmeint, net an Lamborghini. Es lachts ja über an jeden Schaß!«

Schani besucht Frau Pribil in ihrer gediegenen Wohnung. Er ist ein Kavalier der alten Schule und überreicht ihr galant einen prächtigen Blumenstock. Er weiß eben, was sich gehört. Frau Pribil nimmt das mit Genugtuung zur Kenntnis. Sie ist froh über den Besuch, so ganz allein fühlt sie sich doch recht einsam. Sie bittet Schani, Platz zu nehmen und der setzt sich prompt auf den Sessel, auf dem ihr Hansl immer gesessen ist. Dann entschuldigt sie sich, sie muss in der Küche nach dem Rechten sehen. Schani fühlt sich auf seinem Platz nicht wohl. Er kann seinen Blick nicht vom Foto des Verblichenen abwenden, der ihm gegenüber in Sichtweite steht und ihn zu fixieren scheint. Da wechselt er rasch seinen Sitzplatz. Mit dieser kleinen Szene hat Rudi Schippel, unser Schani-Onkel, ein darstellerisches Kabinettstückchen geliefert. Diese Mischung aus scheuer Unbeholfenheit und schlechtem Gewissen berührt mich jedes Mal aufs Neue. Frau Pribil kommt mit zwei Gläschen Likör zurück und setzt sich ungeniert auf den Platz von ihrem Hansl. Sie kommt ziemlich unverblümt zur Sache und will von Schani wissen, ob er einen Führerschein hat. Leider nicht, er hat ja nicht einmal ein Auto. Na dann muss halt sie fahren, wenn sie zukünftig einen kleinen Ausflug unternehmen.

»Hier in Simmering kennen mich doch alle Leut, und Sie wissen eh, wie die Leut gleich reden. Die glauben, an einer alleinstehenden Frau kann man sich die Schuh abputzen. Aber dass Sie mich richtig verstehen, ich bin keine lustige Witwe, dazu bin ich wirklich ein bissl zu alt! Aber das hindert uns doch nicht, dass man sich hin und wieder einmal trifft und a bissl ausredet. Wir sind doch keine kleinen Kinder mehr!«

Immerhin, schöne Aussichten, die sich unserem Schani da eröffnen. Aber diese umwerfende Direktheit der lustigen Witwe Pribil hat er wohl nicht erwartet, sonst hätte es ihm nicht die Sprache verschlagen.

Da ist Mundl schon aus einem anderen Holz geschnitzt. Er nimmt sich bei der Vorverhandlung zum Verkauf der Firma kein Blatt vor den Mund. An dieser Sitzung auf oberster Ebene nimmt auch Herr Hegeli teil, der Vertreter des Schweizer Interessenten. Diesen smarten Yuppie hat Robert Hunger-Bühler eindrucksvoll in stetem Wechsel zwischen Schwyzerdütsch und Hochdeutsch gespielt. Doch nicht nur sprachliche Missverständnisse zwischen ihm und Mundl bestimmen die Szene. Alles deutet darauf hin, dass der Betrieb ohnehin schon so gut wie verkauft ist. Das versuchen sowohl der Chef, dargestellt von Fritz von Friedl, als auch der Betriebsratsobmann Nekasina dem störrischen Mundl mit stichhaltigen Argumenten zu erklären. Doch Mundl fühlt sich zu Recht übergangen. Jetzt, wo man nichts mehr machen kann, wird er vor vollendete Tatsachen gestellt. Auch er hätte rechtzeitig erfahren müssen, dass seine Firma an irgendwelche Ausländer verkauft wird.

»Wir Schwyzer sind nicht irgendwelche Uslander!«, weist ihn Herr Hegeli mit verletztem eidgenössisch-patriotischen Stolz zurecht. Früher hätte die Firma ja auch nicht ihm gehört. In der freien Marktwirtschaft denkt man eben expansiv und außerdem sind im Zuge der Reorganisation sämtliche Rationalisierungsmaßnahmen in Zusammenarbeit mit dem Betriebsrat beschlossen worden. Im Wesentlichen bleibt aber ohnehin alles so wie bisher. Mundl versucht es noch einmal mit einem aktuellen Beispiel und wird von Nekasina scharf zurechtgewiesen: »Vorsicht bei der Darstellung von Einzelfällen in der Öffentlichkeit, Kollege Sackbauer!«

Der Chef schlägt in dieselbe Kerbe und meint vermittelnd, wenn alles beim Alten bleibt, könne der Betriebsrat diese Entscheidung doch nur begrüßen.

»Was hab i davon, wenn Sie den Obergscheiten, den Herrn Obmann informieren? Auch ich will informiert werden! Unterschiede darf es keine mehr geben!«

Herr Hegeli hat das Schlusswort: »Steht alles in dem Memorandum drinnen. Da, läsent Sie, lesen Sie!«

Damit überreicht er Mundl ein dickes Konvolut zum Studium.

Fini hat für Toni die ideale Halbtagsbeschäftigung als Hilfskraft in der Apotheke gefunden. Sie hat schon mit dem Herrn Magister geredet, Toni soll sich demnächst vorstellen gehen. Toni ist begeistert und trinkt ausnahmsweise ein Schnapserl mit Fini. Doch die hat ihre Bedenken: »I bin neugierig, wie du des dein Alten beibringen möchst. Der wird ganz schön am Tisch haun.«

In diesem Augenblick poltert Mundl bei der Tür herein: »Wenn man in

Esel nennt … Wenn man von der Sonne spricht, sendet sie ihre Strahlen. Gell, Mundl?«

Doch der ist auf ihre depperten Gspaß heute nicht neugierig: »Unser Bude is verkauft worden!«

»Jessas Edmund, wirst jetzt entlassen?«

»Aber na! Ein Betriebsrat ist ja unkündbar! Aber was mir so gegen den Strich geht is, dass die Bude so mir nix dir nix verkauft wird. Noch dazua an ein Ausländer!«

»Pudel di net auf, Ausländer san a Menschen!«

»Misch di da net eine, Fini, was geht des di an? Verstehst ja nix von Politik!«

Toni will wissen, an wen denn die Firma verkauft worden ist.

»An an Schweizer, an Herrn Engerling, oder wie der heißt. Steht alles da in den Memoranandum drinnen, hat er gsagt, der Trottel, der depperte. Lauter KG und KGM, da kennt sich doch ka Sau aus, net amal i!«

Vielleicht der Schani?

»Der Schani wird si auskennen, der alte Trottel.«

»Apropos Schani, wissts ihr scho, dass der Schani mit der alten Pribil ziagt? Sie sind gesehen worden!«

»Bist wieder bsoffen gwesen, Fini? Der Schani is mit der alten Vejvoda zsamm!«

Das reicht der allwissenden Fini: »I scheiß auf die zwa Alten, mein Bruder is es ja nicht!«

Dann geht sie und hält Toni die Daumen, Stichwort Apotheke. Toni setzt nun ihren ganzen Charme ein, bringt ihrem stinksauren Mundl sogar ungefragt ein Bier und setzt sich zu ihm an den Tisch, wo er immer noch sein »Memoranandum« studiert. Mit Engelszungen und Unschuldsblick beginnt Toni, während sie ihm das Bier ins Glas gießt: »Edmund, du hast mir neulich gsagt, so a Auto wär was Schönes, besonders für an Betriebsrat. Ich hätte da a wunderbare Halbtagsstellung in einer Apotheken …«

Da klopft Mundl wieder mit dem Zeigefinger auf die Tischplatte, erst langsam, dann immer schneller und lauter: »I hab dir schon hundertmal gsagt, dass i, solang i leb und zwa gsunde Händ hab, solang machst du mir für an andern kan Trottel, verstehst? Kommt nicht in die Frage!«

Zur Bestätigung trinkt er das Krügel Bier auf einen Zug aus. Ich kann mich leider nicht mehr genau erinnern, ob wir diese Szene einmal oder öfter gedreht haben. Jedenfalls: Bravo, Karli! Denn eines weiß ich hundertprozentig: Alkoholfreies Bier haben wir nie verwendet.

In der Firma ist die große Belegschaftsversammlung gerade zu Ende: »Berühmt warst jetzt net, Mundlboy!«, stellt die Kollegin auf ihre trockene Art fest.

»Red net so deppert umeinander! Hätt i eahm niederhaun sollen oder was?«

Das bringt auch andere Kollegen zu lautstarken Äußerungen: »Für des, dass mir dich zum Betriebsrat gmacht haben, hängst uns jetzt a ganz schöne Goschen an! Die Hauptsach is, ihr kommts in Betriebsrat, weils da net außeghaut werden könnts!«

Da schaltet sich Yilmaz ein: »Halt die Goschen! Was kann der Mundl dafir?«

»Du halts zsamm! Du bist doch der erste, den's außehaun werden. Di und deine Landsleut!«

»Kaner wird außeghaut! Du net und du net und der schon gar net! Weil des hat mir der Chef persönlich garantiert!«

Diese Garantie kostet die Kollegin nur einen müden Lacher, denn genauso sei es einer Freundin gegangen, »und jetzt kann sie sich a Hackn aufmalen mit 52. Mir Frauen san ja immer die ersten. Bald könnts euch die Häuseln selber putzen, es Qualifizierten, es Herren der Schöpfung! Und dann is Sense!«. Da gerät Mundl in den Zorn und er schmeißt seine Aktentasche wütend auf den Boden: »Gar nix is Sense! Ihr warts ja net dabei, wie i am Tisch ghaut hab. Was kann denn i dafür, dass mir so a Scheiß-Wirtschaftslage haben? Aber bitte, wenns wollts, i hau den ganzen Scheißdreck wieder hin! I muss ka Betriebsrat sein! Es habts mi gwählt, es habts mi aufgstellt! Aber bitte, Undank ist der Welten Hohn!«

»Lohn!«

»Is ja Wurscht! Dann gehst halt eine ins Parlament und beschwerst dich! Wirst scho sehn, was dir der Kreisky erzählt: Heier end feier!«

Gemeint war der damals sehr populäre Slogan »Hire and fire!«

Da hebt Yilmaz Mundls Tasche vom Boden auf und drückt sie ihm versöhnlich in die Hand.

Toni hat wie erwartet ihren Willen durchgesetzt und ihren Edmund dazu gebracht, sie in die Apotheke zu begleiten. Sie bespricht mit dem freundlichen Herrn Magister die Einzelheiten, während Mundl allein im Verkaufsraum wartet. Alles ist zur beiderseitigen Zufriedenheit. Auch die Samstag-

Mundl, Toni, Hanni und Franzi begutachten Mundls neues Auto

Vormittage, an die wird sich der Herr Gemahl schon gewöhnen. Am nächsten Montag um sieben Uhr früh kann Toni schon anfangen. Somit leistet auch sie ihren finanziellen Anteil an der geplanten Neuanschaffung. Gedreht haben wir diese Szene in der Reumann-Apotheke am Reumannplatz in Favoriten.

Mundl hat schon einen Gebrauchtwagenhändler mit günstigen Sonderangeboten ausfindig gemacht. Dort erwartet sie als redegewandter Autoverkäufer im schicken Pelzmantel Reinhard Reiner, von seinen engeren Freunden auch »Polderl« genannt. Mundl und Toni lassen sich gerne beraten, das Angebot ist ja auch groß. Nach einigem Gustieren entscheiden sie sich für einen »grauen Seriösen«, einen Opel Olympia Baujahr 1962. Doch der ist mit 12 000 Schilling doch zu teuer. Da macht der Verkäufer ein Spezialangebot, er lässt zwei Tausender nach. Mundl rechnet laut: »Zwölfe weniger zwa, san Neuntausend!«

Toni korrigiert ihn leise: »Zehn!«

»Waaß i eh, i druck eahm.«

Der Handel gilt, für neun Tausender bekommen die Sackbauers einen Wagen, mit dem sogar der Niki Lauda seine Freud hätte: »Wenn 'S in dem drinsitzen und Vollgas fahren, glauben 'S allerweil noch, sie stehn!«

Toni will mehr wissen: »Und sonst ist alles in Ordnung mit dem Wagen? Keine Roststellen? Man sieht so viel im Fernsehen.«

»Hören 'S auf mitn Fernsehen, des san doch nur Husser-Sendungen! Die san die Gschäftsleut nur neidig! Na na, dieses Auto ist in der Blüte des Lebens, eine Okkasion!«

Und diese Okkasion haben wir dann auch wirklich für die Serie gekauft und unsere blauen Wunder damit erlebt. Doch davon später.

Um das Thema Auto geht es auch beim Ehepaar Blahovec. Dort ist ein wortgewaltiger Ehestreit entbrannt. Fini macht ihrem Kurti die Hölle heiß: »Alle im Haus haben scho a Kraxen, alle! Nur die alte Quapil und mir haben kans! Und warum? Weil mir der letzte Dreck san!«

Da geht Kurti in Saft: »I scheiß auf a Auto, hörst? A so an Haufen scheiß i! I brauch ka Auto net! Und so lang du so keifst, scho gar net!«

»Wenn mir a Auto hätten, tät i net keifen!«

»Wennst net so viel sauferst, dann hätt ma scho längst ans!«

»Ah so? Und du saufst net?«

»Ich trinke.«

Das findet Fini zum Lachen, während Kurti leise etwas wie »Jaja, die Toni« murmelt. »Moment, was war des: ›Jaja, die Toni‹?«

Doch Kurti ist fertig adjustiert und bereit zum Dienstantritt: »Komm, blade Blunzen! Vergatterung!«

Bärli folgt aufs Wort und Kurti dreht sich in der Tür noch einmal um: »I hätt net di Dudlsack, heiraten sollen, sondern die Toni! Dann hätt i scho längst an Mercedes. Aber i Trottel bin ja selber schuld!«

Und weg ist das Wachorgan nebst Hund. Fini reißt die Tür auf und schreit ihm nach, dass es im ganzen Stiegenhaus hallt: »Ohne mi wärst du scho längst z'Grund gangen, Impotenzler!«

Mundl und Toni führen Hanni und Franzi stolz ihr neues Auto vor. Sie wollen gemeinsam eine kleine Spritztour ins winterliche Umland unternehmen, bevor die Jungen nach Hamburg fliegen, um dort Franzis Preis entgegenzunehmen. Mundl will Franzi den Motor zeigen, doch mit der Motorhaube kommt er noch nicht so richtig zurecht. Dann entdeckt Hanni einen kleinen Depscher am Kotflügel.

»Der war aber no net! Da is mir aner einegfahrn beim Parken!«

Das nächste Problem ergibt sich beim Einsteigen. Die Beifahrertür lässt sich nicht öffnen: »Die is eingfroren, steigts halt bei mir ein.«

Endlich sind alle verstaut und der Jungfernfahrt steht nichts mehr im Wege.

Mit einem Stau hat Mundl allerdings nicht gerechnet: »Da bauns a Autobahn um Millionen und was hast? A Baustelle. Auf amal steht alles!«

Mundl bemerkt in seiner Erregung nicht, dass sich die Kolonne inzwischen wieder langsam in Bewegung setzt. Die Folge ist ein unsanfter Stoß vom Hintermann.

»Da is mir aner einegfahrn! Dem derzähl i was!«

Wutentbrannt springt Mundl aus seinem Opel und läuft nach hinten, um den Schaden zu begutachten. Die Baustelle wird von einem sogenannten »Winkemann« abgesichert, einer lebensgroßen Puppe, die unaufhörlich eine rot-weiße Fahne schwenkt. Ein dicker Land-Rover hat sich in Mundls Stoßstange verfangen.

»San Sie deppert? Fahrt mir da hinten eine, der Trottel!«

Auch der andere Lenker ist inzwischen ausgestiegen und näher gekommen. Jetzt erst erkennt ihn Mundl, es ist sein Firmenchef: »Warum sind 'S denn nicht weitergfahren, Herr Sackbauer?«

»I bin ja gstanden!«, ist alles, was dem verdatterten Mundl als Antwort einfällt. Doch der Chef weiß Rat, sein Chauffeur, der Otto, wird den Schaden reparieren: »Und Sie kriegen von mir einen Wagen, Herr Sackbauer.«

»Hast ghört, Toni? I krieg an Wagen von mein Chef!«

»Aber nur so lang, bis der Otto ihren repariert hat. Also, schönes Wochenende!«

Der Chef steigt ein und fährt ein Stück rückwärts. Dabei fällt Mundls Stoßstange zu Boden. Doch das stört seinen Chef nicht im Geringsten. Er winkt noch einmal freundlich und fährt weiter. Die frierende Toni klettert auch wieder in den Opel und Mundl steht mit der abgefallenen Stoßstange da. Schließlich schmeißt er sie wütend in den Kofferraum. Aber der lässt sich nicht schließen. Was bleibt dem armen Mundl über, als endlich einzusteigen und seine Jungfernfahrt fortzusetzen.

Die Dreharbeiten für diese Szene waren für unsere Begriffe relativ aufwändig. Zum Glück haben wir ein Autobahnteilstück gefunden, das noch nicht eröffnet war. Dort haben wir dann unsere Baustelle eingerichtet. Aber für einen richtigen Stau braucht man natürlich auch eine entsprechende Anzahl von Fahrzeugen. Hier hat unser Produktionsleiter Hansi Simon ganze Arbeit geleistet. Er hat uns tatsächlich an die fünfzig Komparsen mit eigenen Autos organisiert. Und jede Menge heißen Tee, es war ja Winter und es war, wie ich mich mit Schaudern erinnere, wirklich saukalt.

»›I bin nimmermehr so wie i gwesen bin‹«, rief der Mundl und sagte damit auch etwas über die literarische Qualität seiner Figur aus. Autor und Regisseur haben offenbar dazugelernt, sie legen mehr Wert auf Nuancen und Regungen als auf gnadenlosen und sinnlosen Gebrauch von ordinärem Vokabular.« *Kronen Zeitung*

Die neunzehnte Folge

Gegensätze

Mundl sitzt dick in Decke und Schal eingehüllt in seinem Fernsehsessel vor dem Fernseher und jammert die leicht genervte Toni an, die eigentlich schon längst in der Apotheke sein müsste. Eine Grippe hat ihn erwischt und eigentlich sollte er im Bett bleiben.

»Ins Bett leg i mi net, im Bett sterben die Leut. I kurier mi sitzend. Außerdem muss i mir die Sendung anschaun. A wichtige Sendung, Bildungsfernsehen, Schulfernsehen!«

So etwas hat es damals tatsächlich noch gegeben. Neben ihm am Beistelltisch hat er eine unüberschaubare Menge Medikamente aufgebaut, Toni sitzt ja an der Quelle. Doch wer die Wahl hat, hat die Qual: »Welche Pulver soll i nehmen? Die gelben?«

»Ja, die gelben!«

»Na, des is a Chinin, die nimm i net!«

»Edmund, solangs 'd net im Bett bleibst und dich ordentlich ausbackst, nutzt dir überhaupt ka Medikament. Mein Gott, seids es Mannsbilder wehleidig! Wenn euch a Schaß druckt, sterbts scho.«

»Es Doktern, Apotheker, bei euch könnt ma krepieren! I bin a schwer kranker Mensch, i hab eine Grippe, eine Influ…! A chinesische Hongkong! Seit der Din Ping in Amerika war, hat er die eingschleppt, der Trottel! Mitn Flugzeug!«

Toni verliert langsam die Geduld, sie muss endlich gehen.

»Geh in die Apotheken! Geh zu deinem Magister! Und der Mann kann ja krepieren! Is ja Wurscht! Brrrr, is mir kalt! An Schüttelfrost hab i!«

»Willst dich net doch lieber ins Betterl legen?«

»Greif mi net an, steckst di an!«

»Bitte, mach was 'd willst! Bei dir is ja Hopfen und Malz verloren. I geh jetzt und du nimmst schön jede Stund deine Tropferln!«

Kaum ist Toni weg, rappelt er sich auf und schüttet die Tropferln ins Waschbecken. Er hat seine eigene Methode: ein eiskaltes Bier aus dem Kühlschrank.

Franzi und Hanni treffen in der Bar des Hotel Hilton Franzis neuen Verleger. Den hat Hannes Siegl, der Ehemann von Ingrid Burkhard und Vater von Dietrich Siegl, mit unglaublicher Eloquenz als typischen Wiener Kulturmafioso blendend hingelegt. Franzi kann dem ununterbrochenen Redeschwall des Verlegers nur hin und wieder ein zaghaftes »I weiß net« entgegenhalten. Der Verleger möchte erreichen, dass Franzi einen Vertrag für ein Bühnenstück unterschreibt, dann wäre er ein gemachter Mann. Wer schreibt denn heute noch Romane? Franzi soll ihm ein Exposé von höchstens fünf bis sechs Seiten liefern, ja nicht länger, das liest ohnehin niemand. Übergangslos fragt er Franzi, ob er einen Frack hat. Wofür? Na für den Opernball! Dorthin müsse der junge Dichter mit seiner Frau unbedingt kommen, da trifft sich Gott und die Welt in seiner Loge. Auf jeden Fall solle er aber vorher den Vertrag unterschreiben. Und jetzt bitte er um Entschuldigung, ein wichtiger Termin ruft. Am Opernball sieht man sich wieder. Und weg ist er.

Hanni kann es nicht fassen: »Warum redst denn du nix? Der macht doch mit dir, was er will!«

Hanni berichtet ihren Eltern von diesem Zusammentreffen. Sie ist sehr skeptisch und der Franzi sitzt unten und schreibt schon wie ein Wilder am Exposé. Mundl billigt Franzis Entscheidung, er wird schon wissen, was er macht. Im Gegensatz zu Hanni, die ja gar keinen Überblick hat: »Dann borgst dir halt auch an Frack aus und gehst als Dichterpapa am Opernball!«

Da kommt Toni aus dem Kabinett: »Hast du gsagt, Opernball? Jessas, ein Traum! Edmund, hast du des ghört? Unsere Kinder am Opernball mitten unter die ganzen Berühmtheiten!«

»Wenn der Franzi a Theaterstück schreibt, des Nudelaug, is des in Ordnung. Aber i kann doch net auf den Opernball gehen! Is ja a aufglegter Blödsinn! Auf den Opernball gengan nur Trotteln! Ka anständiger Mensch net!«

Doch Toni ist da ganz anderer Meinung: »Also Edmund, jetzt hörst aber auf! Am Opernball, da sind lauter Berühmtheiten und Persönlichkeiten!«

»Weiß i eh! Jedes Jahr siehgst es im Fernsehen! Die Weiber, wies umeinander rennen mit ihre Fetzen, mit lauter Klunkern wie die Erdäpfeln und a Krone am Schädel! Und die Männer schaun aus wie die Pompfüneberer! Na, des is nix. Anständige Leut gehen dort net hin!«

Hanni verabschiedet sich, sie will schauen, wie es ihrem Dichter geht. Da kommt Mundl zu Toni ins Kabinett, wo sie sich wieder ihrer Näharbeit widmet. Das Kabinett ist ja inzwischen Mundls Büro und Tonis Handarbeitsraum geworden.

»Du Toni, weißt was? I hab mir denkt, vielleicht gemma a hin auf den Opernball. Es is ja quasi unsere Pflicht, dass ma die zwa Deppen überwachen. I hab mir denkt, dass ma so inkongito gehen, so wie die Geheimen, dass' uns net erkennen. A Gwand könn ma uns ja ausleichen bei so an Fetzentandler.«

Da steht Toni auf und fühlt ihrem Mundl die Stirn, vielleicht hat er ja doch noch Fieber.

Fini hat einen neuen Job in einer Bankfiliale angenommen. Ein schüchterner junger Bankbeamter weiht sie im Auftrag des Filialleiters in ihre neuen Pflichten ein. Fini gefällt der junge Mann ausgesprochen gut: »Is a netter Mensch, der Herr Filialleiter, wenn er Ihnen sagt, dass mir alles zeigen sollen. Was wollens mir denn zeigen, Herr ...?«

»Anselm.«

Da bricht sie in Gelächter aus: »Herr Amseln. Na, i sag Herr Johnny zu Ihnen, wegen dem John Travolta. Der is nämlich mein Schwarm, der könnt alles mit mir machen.«

Doch Herr Anselm weist die »anlassige« Fini nur darauf hin, dass der Herr Filialleiter ein sehr penibler Mensch ist, der strenge Ordnung auf seinem Schreibtisch wünscht. Vor allem die Kugelschreiber müssen immer parallel zur Tischkante geordnet sein.

Dieser schüchterne Jüngling war Georg Schuchter, der dann im ersten Bockerer-Film den Bockerer junior neben Karl Merkatz gespielt hat.

Mundl ist noch im Krankenstand. Er macht sich daheim nützlich und hängt die frisch gewaschenen Vorhänge im Wohnzimmer auf. Dabei vernichtet er mit der Stehleiter den neuen Luster.

Das geschah auf ausdrücklichen Wunsch unseres Kameramanns »Fibsi« Fibich. In jeder Filmdekoration auf der ganzen Welt sind zentrale Beleuchtungskörper ein Gräuel für den Kameramann und den Oberbeleuchter, da sie grundsätzlich hässliche Schatten werfen. Daher werden sie meistens überhaupt weggelassen. Nur unser neuer Luster, ein Modell erlesener Hässlichkeit, bestand aus mehreren Kunststoffkugeln, die in verschiedener Höhe von der imaginären Zimmerdecke ins Bild reichten und zusätzlich die Bildkomposition erheblich erschwerten. Daher haben wir uns zu dem radikalen Schritt entschlossen, dieses Monster einfach in einer Szene endgültig zu zerstören.

Mitten im schönsten Chaos kommt Irma mit dem kleinen René auf Besuch zum Mundl-Opa. Der freut sich natürlich und bewirtet seinen kleinen Gast mit einem schönen Apfelsafti.

»Aber i muss vorsichtig sein, i hab nämlich a schwere Gripp ghabt. I hätt beinah die Patschen aufgstellt wie der alte Pribil.«

Irma druckst ein wenig herum: »Is was mitn Karli? Habts wieder gstritten?«

Da rückt Irma mit ihrem Geheimnis heraus: Sie ist wieder schwanger. Mundl ist begeistert: »Du bist leiwand Irmi. Und net so a Zezen wie die Hanni und des depperte Nudelaug, die was kane Kinder haben woll'n! Hast ghört, René? Der Storch bringt dir a klans Gschwisterl!«

Aber der Karli will das Kind nicht.

»Was, der Trottel will net? Jede anständige Familie hat zwa Kinder, weil a anziger, der wird ja verzogen. Und wenn der Trottel net will, dann hau i eahm zsamm!«

Da läutet es.

»Wer is des? Des wird er sein! Na den fang i mir!«

Und tatsächlich, draußen steht der Karli: »Servas Papa, gehts dir scho besser?«

»Mir schon, aber dir wirds gleich schlecht gehen. Statt dass 'd froh bist, dass du a zweites Kind zsammbringst, hörst! I hau dir so a Watschen owe, dass dir vierzehn Tag der Schädel wackelt, du Trottel!«

Doch Mundls Erregung ist diesmal verfrüht, Karli hat nur im ersten Schock so überreagiert, jetzt freut er sich eh schon wie narrisch auf das zweite Kind.

Bei Hanni und Franzi hängt der Haussegen schief: »Kannst sagen, was 'd willst, i geh net am Opernball. Du willst ja in die sogenannte Gesellschaft, auch wenns mit an ausborgten Frack is. Kannst dir auch gleich a Frau ausborgen. Und außerdem hab i gar nix Gscheites zum anziehen!«

Das also ist des Pudels Kern! Doch Franzi hat da ein schönes Ballkleid im Schaufenster gesehen, das könnten sie doch morgen kaufen.

»Was des für a Geld kost! Nur damit zwa Trotteln mehr auf dem depperten Ball umeinander hatschen! Und Walzertanzen kann i a net!«

Doch auch dieses Argument lässt Franzi nicht gelten. Dann üben sie eben, auch wenn es mitten in der Nacht und im Pyjama ist. Und schon gehts los im Walzertakt rund ums und übers Bett: Eins zwei drei. Eins zwei drei. Eins zwei drei.

»Wie a Minister schau i net grad aus!«, meint Mundl bei der Anprobe im Kostümverleih. Franz »Muxi« Muxeneder als Kostümverleiher hat Mundl in einen Frack gesteckt. Darunter hat Mundl sein übliches kariertes Hemd und die braune Alltagshose an. Und so sieht er wirklich nicht sehr attraktiv aus. Doch Muxi weiß Rat: Frackhemd, Masche, Lackpumps und Seidensocken ergänzen Mundls Adjustierung perfekt. Auf welchen Ball geht denn der Herr, wenn die Frage erlaubt ist?

»Am Opernball, wir gengan quasi nur indirekt auf die Galerie auffe, wir überwachen ein Paar!«

Gedreht haben wir im echten Kostümfundus am Rosenhügel, also direkt an der Quelle.

Auch Toni bereitet sich auf die rauschende Ballnacht vor. Sie lässt sich beim Friseur eine tolle Ballfrisur verpassen. Allerdings ist sie mit dem Ergebnis nicht recht glücklich. Obwohl diese asymmetrische Frisur der absolut letzte Schrei ist, wie ihr der Friseur versichert, kommt sie sich damit doch recht blöd vor. Auf einer Seite sind alle Haare, auf der anderen gar keine. Da kommt zu allem Überfluss auch noch Hanni daher und fällt aus allen Wolken: »Wieso gehst denn du am Opernball, Mama?«

Der »Superkurti«

»Na geh, jetzt hamma euch überraschen wollen. Mir gehen eh nur auf die Galerie. Aber mit der Frisur kann i net gehen. I kann ja mein Kopf net nur auf a Seiten drehen.«

Doch der Friseur weiß Rat, er bringt eine Perücke und probiert sie an. Ein bissl auffrisieren, und alles passt.

Mundl und Toni sind fast nicht wiederzuerkennen. So elegant hat man sie noch nie gesehen. Im Vorbeigehen schauen sie bei den Hausmeistern vorbei. Fini und Kurti bereiten sich ebenfalls für einen Ballbesuch vor, allerdings für den Hausball beim Wirten um die Ecke. Fini bricht vor Lachen nieder beim Anblick der Sackbauers. Ob das die richtige Kostümierung für den Hausball ist fragen sich Kurti als Supermann und Fini im knappen Body mit blauer Perücke. »Oder gehts ihr net zum Wokurka?«

Nein, der Verleger vom Franzi hat sie alle auf den Opernball eingeladen, übertreibt Mundl großspurig.

»Bitte, gehts halt zur Heig Sozeiety! Seids was bessers! Stehts morgen im Adabei!«

»Mir gengan am Opernball und ihr zu euchern Wokurka ins Proletenbeisl! Jeder, wo er hin ghört!«

Wie heißt es so richtig: Hochmut kommt vor dem Fall!

Am Donnerstag, den 22. Februar 1979 war es dann so weit. Da fand der echte Opernball statt und wir haben an diesem Abend direkt vor der Wiener Staatsoper gedreht. Eine organisatorische Meisterleistung unseres Produktionsleiters Hansi Simon. Wir haben sogar die Genehmigung gehabt, einige Szenen in der Oper zu drehen. Allerdings nicht am Abend, sondern am Nachmittag zwischen dem Ende der Generalprobe der Eröffnung und dem Einlass zum Ball. Doch diese verlockende Option ist dann doch an den zu hohen Kosten gescheitert. Wir hätten dafür an die Hundert bestens gekleidete Komparsen gebraucht, doch das hätte unser Kostümbudget gesprengt. Also haben wir im Vorfeld die Geschichte umgeändert und dann nur mehr vor der Oper gedreht. Im Nachhinein betrachtet war das sogar richtiger und hat den Erwartungen des Publikums an ein »mundlgerechtes« Verhalten viel eher entsprochen, als der ursprünglich geplante Ablauf dieser Szenen.

Franzi und Hanni erleben die erste Enttäuschung des Abends. Der Verleger hat leider keine Karten für sie hinterlegt, wie sie es angenommen haben. Also bleibt ihnen nichts übrig, als frierend vor der Oper auf ihn zu warten. Inzwischen kommt Mundl mit seinem Opel daher und will Toni außteigen lassen. Doch ein Polizist lässt das nicht zu: »Nix da, fahrns weiter! Gemma, gemma!«

Es bleibt ihm also nichts übrig, als schimpfend weiterzufahren. Wir haben dazu unseren Karl Merkatz einfach in die echte Kolonne der vorfahrenden Autos geschickt und einen unserer Bühnenarbeiter in eine Polizeiuniform gesteckt. Die Kamera ist im Trubel der Ereignisse überhaupt nicht aufgefallen und wir hatten jede Menge Gratiskomparserie. Endlich kommt der Verleger mit einer charmanten Begleiterin daher. Er stellt ihr Franzi als einen seiner kommenden Starautoren vor und begrüßt die Dichtergattin Hanni galant mit Handkuss. Er freut sich, die beiden dann in seiner Loge 13 wiederzusehen. Franzi meint verzagt, dass sie ja noch keine Eintrittskarten haben. Der Verleger bedauert das außerordentlich, das wird schwer sein um diese Zeit. Aber wenn sie wider Erwarten doch noch zu Karten kommen sollten, finden sie ihn in der Loge 13. Und weg ist er samt seiner Begleiterin. Diese elegante Dame im Pelz war meine damalige Regieassistentin Brigitte Rainer, die mir bei allen acht Folgen hilfreich zur Seite gestanden hat.

Hanni ist außer sich: »Und du stehst wieder da und tust nix! Jessas, der Papa a no!«

»Es mit euchern depperten Ball! Wissts, wo mir stehn? Am Heldenplatz, beim Prinz Eugen! Des war überhaupt a Hirnidee von dir, auf den Ball gehen!«, macht er Toni auch noch lautstark für den langen Fußmarsch vom Heldenplatz zur Oper verantwortlich. Aber wieso stehen Hanni und Franzi noch da heraußen? Hat der Ball noch nicht angefangen? Schon, doch ohne Karten? Toni will ihnen die Galeriekarten geben, doch Mundl hat eine Idee. Er wendet sich an den Billeteur am Eingang, der bedauernd feststellt, dass man ausverkauft sei. Mundl will ihm zweihundert Schilling in die Hand drücken: »Is ja Wurscht, ob zwei mehr oder weniger in dem Stall san, jetzt lass uns eine.«

Schnell erhöht er sein Angebot: »Schau, du bist a Mensch und i bin a Mensch, i gib dir vierhundert Schlei, verstehst, und dann lasst uns einegehn!«

Doch da ist Mundl an den Falschen geraten: »Ich bin Bundesbediensteter und als solcher nicht zu bestechen! Und jetzt schleichts euch!«

Toni und Mundl vor der Oper

Hanni und Franzi vor der Oper

Mundl zieht seinen Mantel aus: »Was hat er gsagt? Da geh i jetzt eine! Der kriegt a Watschen, dass er drei Tag Tango tanzt!«

Doch zum Glück ist die Tür endgültig zu. Mundl erhebt noch einmal seine Stimme ohne Rücksicht auf die Würde des Ortes.

»Jetzt hau ma alle viere den Huat auf die depperte Oper da! Wann ma schon in der Schalen san, trag mas a!«

Er schlüpft wieder in seinen Mantel, schnappt seine frierenden Schützlinge und macht sich mit ihnen auf den Weg zum Heldenplatz.

Bei Karli und Irma läuft der Fernseher. Soeben beginnt die obligate Übertragung vom Wiener Opernball, schon damals eine Pflichtsendung für den Großteil der Bevölkerung. Karli hat sich heute in einen Fortbildungskurs einschreiben lassen, er will Hallenmeister beim Konsum werden. Schließlich gehört sich ein gewisser sozialer Aufstieg für einen zweifachen Vater. Irma bewundert die vielen Prominenten, die da in die Staatsoper strömen. Unter ihnen Imelda Marcos und der Österreichische Bundespräsident Rudolf Kirchschläger samt Gattin Herma. Als persönlicher Gast des Staatsoberhauptes wird der deutsche Bundespräsident Walter Scheel von einer Polizeieskorte zur Oper geleitet, was Karli zur Bemerkung veranlasst: »Lauter Kieberer! Da könnt ma glauben, man is am Polizeiball.«

Doch so genau sie auch schauen, sie können Hanni und Franzi in der Masse der Ballbesucher nicht entdecken.

Die Opernballübertragung, die wir hier als Zuspielung verwendet haben, war Eigenbau. Sämtliche Aufnahmen vor der Oper haben wir selbst gemacht und dann zu einem Beitrag zusammengeschnitten. Und perfekt moderiert hat das Ganze Olivia Silhavy, eine echte Fernsehansagerin. So etwas hat es ja damals noch gegeben. Inzwischen sind diese freundlichen Damen ja leider vom Bildschirm verschwunden.

Zu guter Letzt treffen Mundl, Toni, Hanni und Franzi am Hausball beim Wokurka ein, im früher geschmähten Proletenbeisl. Sie sind zwar etwas »overdressed«, doch sie fühlen sich hier sichtlich wohler als in der Oper, obwohl sie für einen Oberkellner und Sofia Loren gehalten werden. Nach großem Hallo setzen sie sich zu ihren alten Haberern. Der Superkurti ist zwar schon sehr im Öl, aber er bemerkt trotzdem das Getändel seiner Fini, die eng umschlungen mit ihrem Johnny tanzt, der sinnigerweise in einem Schlumpfkostüm erschienen ist. Da ist Whiskytime, die Kapelle macht eine kurze Tanzpause. Und Fini setzt sich sofort zu ihrem Schlumpfi auf den Schoss.

»Sag amal, Weibi, weißt du net, wo dei Platz is? Da komm her, Fini sitz!«

Maulend folgt Fini ihrem Herrn und Gebieter, nicht ohne ihm ein kurzes »Red net mit mir per sitz!« ins Ohr zu zischen.

»Damenwahl! Alles tanzt Walzer!« klingt ja zumindest so ähnlich wie das weltberühmte »Alles Walzer!« am Opernball. Als turbulenter Abschluss folgt beim Wokurka anstelle der obligaten Mitternachtsquadrille in der Oper die »Reise nach Jerusalem«. Und die Sessel werden mit jeder Runde weniger. Am Ende bleiben nur mehr Mundl und Kurti über. Mundl zieht Kurti im letzten Augenblick den Sessel unterm Hintern weg und Kurti fällt auf seinen gut gepolsterten Hintern. Mit dem Aufschrei »Bist du wahnsinnig, du kannst mi do net abehaun!« will sich der Superkurti auf Mundl stürzen. Doch wenn sich zwei streiten, freut sich die dritte, in diesem Fall unsere Toni, die sich flugs auf den freien Sessel setzt.

Franzi Vejvoda

Das »Nudelaug«

Franzi ist Hannis erste große Liebe. Er betätigt sich neben seinem Bürojob als Schriftsteller oder »Dichter«, wie es Mundl nennt. Er ist außerdem noch dazu Brillenträger, also ein schon rein äußerlich verdächtiger »Dioptrien-Otto« und entspricht daher nicht der Idealvorstellung eines künftigen Schwiegersohnes. Mundl kann sich nur sehr schwer an diesen »besserwisserischen Fetzenschädl« gewöhnen, der noch dazu nicht einmal Schnapsen kann.

Franzi steht allerdings sehr auf seine Hanni und nimmt alle diese Schwierigkeiten mit Mundl in Kauf. Allmählich schafft er sogar einen Durchbruch als Dichter und kann eine Zeitlang davon leben. Das steigert sein Ansehen etwas, doch Franzi bleibt in Mundls Augen trotz allem das »Nudelaug«. Dichten ist eben keine richtige Arbeit.

Franzi durchlebt alle Höhen und Tiefen eines Künstlers, wobei ihm Hanni allerdings tapfer zur Seite steht.

Die zwanzigste Folge

Karrieren

Im morgendlichen Frühverkehr kracht Mundl in seinem Opel mit einem anderen Verkehrsteilnehmer zusammen. Sofort meldet sich ein Augenzeuge zu Wort, der alles gesehen haben will.

»An Schaß hast gsehn hörst! I bin ganz gepflegt daherkommen, da is der Trottel auf einmal stehen blieben. Da bin i eahm halt einegrutscht!«

Doch der Geschädigte hat das verständlicherweise anders gesehen: »Einedonnert bist mir, von links!«

Der Augenzeuge, sehr überzeugend im wahrsten Sinn des Wortes von Hans Kraemmer gespielt, will die Polizei holen, das ist ein Fall für einen Amtshandlung. Doch Mundl und der Betroffene sind sich einig, Polizei brauchen sie nicht, sie machen sich das unter sich aus. Mundl soll seine Daten geben, vor Zeugen erklären, dass er schuldig ist, dann macht man sich eine Summe aus und Mundl kann weiterfahren. So einfach ist das! Offenbar hat der Betroffene da schon Routine. Justus Neumann hat diesem abgebrühten Verkehrsteilnehmer das nötige Profil verliehen. Doch der Augenzeuge lässt das nicht durchgehen: »San Sie deppert? Die Polizei muss schon kommen, so geht das net!«

Zufällig beginnen die Kirchenglocken von Sankt Anton zu läuten.

»Aber warum denn net? Wir san doch Christen!«

»Eh klar, freilich samma des! Des mach ma uns unter uns aus! Den Depscher zahl i dir, dann kumm i net ins Malus! Scheiß ma auf die Versicherung!«

Der Augenzeuge will sich zur Vorsicht Mundls Autonummer aufschreiben. Das kennt man schon: »Wennst a Geldsau bist, a gstopfte, dann plederst alles vor dir nieder, haust a paar Blaue hin und kannst weiterfahren. Des geht nur, weil ka feste Hand da is! Eine feste Hand gehört her!«

»Ja, a feste Hand ghört her, dass i dir so a Watschen gib, dass dich über die Häuser haut, du Glatzerter! Geh schleich di hörst!«

Damit kann Mundl den unerwünschten Augenzeugen endgültig vom Ort des Geschehens vertreiben und den Blechschaden näher begutachten. Aber was er da sieht, gefällt ihm nicht. Sein Kontrahent entfernt mit einem gekonnten Griff ein Stück von Mundls ramponiertem Kotflügel.

Sie tauschen eilig die Telefonnummern, Mundl muss ja zur Betriebsratssitzung: »Aber rufst mi in der Firma an, net daham. Mei Frau muss des ja net wissen. Es is ja nur, weil viel z'viel Autos unterwegs san, viel z'viel!«

»Ja, deins zum Beispiel!«, damit schwingt sich der Geschädigte in seinen Wagen und zischt elegant ab. Mundl klaubt den rechten Scheinwerfer auf, der traurig auf der Fahrbahn liegen geblieben ist.

Die Sitzung ist schon im Gange, der Betriebsratsobmann Nekasina wundert sich, wo der Kollege Sackbauer bleibt. Er deutet an, dass ja bereits einschneidende Änderungen in der Firma im Laufen sind. Da platzt Mundl atemlos bei der Tür herein und entschuldigt sich für seine Verspätung. Er zückt seine berühmten Zetteln aus der Aktentasche und will zum Punkt eins der heutigen Tagesordnung überleiten, der Gehaltsangleichung, auf den er sich eingehend vorbereitet hat. Doch Nekasina weist ihn in die Schranken. Man hat doch alles getan, um ihn in ihre Kreise zu integrieren, sogar für Bier hat man gesorgt. Ober er vielleicht eines möchte? Nein danke, jetzt hat er keinen Durst. Aber jetzt soll auch der Kollege Sackbauer zur Kenntnis nehmen, dass sich die neue Firmenleitung erst akklimatisieren muss, dass es kriselt und dass Maßhalten geboten ist.

»Sie reden ja wie der Benya im Fernsehen!«

»Natürlich! Weil ich auch ein verantwortungsbewusster Gewerkschafter bin wie er! Dilatorische Forderungen können eben nicht auf die Schnelle erfüllt werden. Verstehen Sie das, Kollege Sackbauer?«

»Ja, na. Net direkt!«

Ist ja auch wirklich schwer zu verstehen. Jedenfalls sind die versammelten Betriebsräte doch nicht zum Streiten hier. Das oberste Gebot ist und bleibt die Sicherung sämtlicher Arbeitsplätze. Das sieht Kollege Sackbauer ein, weil, wofür er einsteht, ist ja auch wichtig. Und die Gehaltsangleichung wird als Punkt eins auf die nächste Tagesordnung gesetzt und protokollarisch festgehalten. Aber jetzt hätte er doch noch eine Bitte, jetzt wäre ein Bier das Richtige. Diese Bitte kann ihm Nekasina leichter erfüllen: »Wissens, in der Früh san ja lauter Trotteln unterwegs. Da sitzt a so a Depp allanich in an Auto und fahrt in die Firma. Da is a Stau und man wird nervös!«

Da kommt das verlangte Bier und Mundl lässt es nur so zischen: »A so a Bier ist ein Genuss! So, und jetzt könn ma weiterreden.«

Daheim hilft Mundl seiner Toni überraschenderweise beim Einräumen der Glasvitrine. Man plaudert über alles Mögliche nur nicht über Mundls

Blechschaden von heute Früh. Das Thema versucht Mundl um jeden Preis zu vermeiden. Er freut sich schon auf Karlis zweites Kind und meint übermütig: »Wenn i a so a junger Spritzer wär wie der Karli, könntest jetzt a mit an Wagerl fahren.«

Mundl blättert hastig in der Zeitung und findet ein Inserat mit Sonderangeboten für Kleinkinder und Babies. Toni will sofort hinfahren, wer weiß, wie lange es diese Okkasionen noch gibt. Man muss doch den Jungen sparen helfen.

»Geh, des Kind kommt ja erst in a paar Monat. Uns hat a niemand sparen gholfen, wir haben selber gspart. Der Karli, der Trottel, soll sich weiterbilden, i muss ja a no lernen, Arbeitszeitgesetz und so ...«

Doch weiter kommt er mit seinen fadenscheinigen Ausreden nicht. Das Telefon klingelt und Toni hebt ab. Ein Herr Staudinger will den Herrn Gemahl sprechen. Mundl zuckt zusammen und flüstert ins Telefon: »Ah ja, ... Herr Staudinger ... i waaß eh ... könn ma net morgen ... wegen dem Geld ... i kann jetzt net reden ... mei Frau ... also morgen in der Bude! Wiederhören, Staudinger.«

»Was hat er denn wollen?«

»Wer?«

»Der Staudinger, ihr habts doch was vom Geld gsagt oder so? Edmund, ich bitt dich! Willst mi am End wieder überraschen?«

Da muss Mundl wohl oder übel mit der Wahrheit herausrücken: »Und jeder Trottel in der Fruah haut si in sei Kisten und fahrt allanich in die Bude. Und da fahrn dann tausend und tausend und dann staut sichs, und dann werdens nervös, die Trotteln, und i a, und dann kummt der Staudinger aus der Gassen ...«

»Jessas, is hin, unser Auto?«

»Aber na, a klaner Kratzer.«

»Marandjosef, na des is uns abgangen! Na deine Kratzer, die kenn i! Da komm ma in Malus, dass nur so kracht! Für so was arbeit ma! Da spart ma und spart ma und dann fahrst wieder wo eine!«

Ganz kleinlaut versucht Mundl die aufgeregte Toni zu beruhigen: »Na, in Malus komm ma net, weil des mach ma unter der Hand.«

»Was heißt unter der Hand? Glaubst, unter der Hand is umsonst?«

Da schlägt Mundl noch schüchtern vor: »Gemma schnell a paar Windeln kaufen? Weil wanns finster is, müss ma wieder daham sein wegen dem Scheinwerfer.«

Die nächste Szene haben wir auf der Bühne der Wiener Kammerspiele gedreht, die man uns freundlicherweise für einen halben Tag zu Verfügung gestellt hat. Dort wird Franzi vom Direktor mit dem leicht überforderten Chefdramaturgen Doktor Antenner bekannt gemacht. Der soll ihm das Haus und seine Möglichkeiten zeigen. Die Frau des Direktors ist für die Hauptrolle von Franzis neuem Theaterstück vorgesehen, was Franzi allerdings vor fast unlösbare Probleme stellt. Der Direktor, dargestellt von Karl Schwetter, seines Zeichens Produktionsleiter von Schönbrunn-Film und Schauspieler, hat ganz bestimmte Ansichten vom Theater. So besteht er darauf, dass die Sitzbank, auf der seine Frau im Stück Platz nimmt, immer in der Mitte der Bühne unmittelbar vor dem Souffleurkasten zu stehen hat. Auch gegen den Willen seines genervten Chefdramaturgen und Hausregisseurs. Den hat Peter Clös mit sämtlichen Attributen und Marotten eines hyperintellektuellen jungen Theatermachers deutscher Zunge dargestellt. Im Zuge des Gesprächs mit Franzi stellt sich heraus, dass Doktor Antenner das Stück noch überhaupt nicht gelesen hat. Er bereitet den angehenden Dramatiker auf die Komplikationen vor, die ihm bei der Erfüllung der Wünsche des Herrn Direktors demnächst blühen werden. Er muss einfach beim Schreiben an die Chefin denken, sonst passiert überhaupt nichts.

Inzwischen ist Hanni im Büro der Volkshochschule vorstellig geworden. Sie erkundigt sich über Fortbildungsmöglichkeiten. Sie fühlt sich ihrem Partner intellektuell nicht so richtig gewachsen und möchte sich gerne dahingehend informieren. Peter Hey als Direktor und Cornelia Oberkogler als Sekretärin überhäufen Hanni mit einer Unzahl möglicher Kurse aus dem reichhaltigen Angebot der Volkshochschule. Da müsste sie ja einen Meldezettel für hier ausfüllen, wenn sie all diese Möglichkeiten wahrnimmt, meint Hanni eingeschüchtert. Naja, Bildung braucht eben seine Zeit. Hanni bittet um Bedenkzeit, der Schreibmaschinenkurs wäre vielleicht ein Anfang. Peter Hey und Cornelia Oberkogler haben aus dieser kurzen Szene ein köstliches Kammerspiel-Duell im sich gegenseitigen Übertrumpfen gemacht. Sie streiten sich nebenbei permanent um korrekte Kursbezeichnungen, Nummerierungen und Kurstermine und verunsichern dadurch die arme Hanni noch mehr.

Schani hat mit Frau Pribil einen Ausflug an die Donau gemacht. Sie sitzen bei einem Glaserl Wein am Donauufer und Schani schlägt vor, noch ein bisserl an der guten Luft spazieren zu gehen. Na wenn es unbedingt sein muss, bitte sehr. Trinken darf sie ohnehin nichts mehr, sie muss ja noch fahren. Schani darf die Zeche bezahlen und Frau Pribil trinkt auch noch sein Glas leer. Kaum sind sie auf der Uferpromenade begegnen sie zufällig Frau Vejvoda, die über dieses Zusammentreffen ebenfalls sehr erstaunt ist. Schani fühlt sich sichtlich unbehaglich so zwischen den zwei Frauen. Die Einladung auf ein gemeinsames Heimfahren im Auto lehnt Reni Vejvoda entschieden ab. Sie möchte lieber so gehen, wie sie gekommen ist: allein und zu Fuß. Schani meint in seiner Verlegenheit, dass halt jeder so seine Vorliebe hat. Ja, das sieht sie auch so. Und so gehen sie ihres Weges.

Hanni übt daheim an der Schreibmaschine, »Lass das Fass« kann sie schon blind. Da kommt ein erschöpfter und enttäuschter junger Dramatiker nach Hause. Er will auch keinen Kaffee, der hängt ihm schon zum Hals heraus, soviel hat er mit diesem Doktor Antenner heut schon getrunken. Haarklein erzählt Franzi sein Leid mit dem neuen Theaterstück. Am liebsten würde er den Vertrag mit dem Verleger kündigen und wieder an seinem Roman weiter schreiben. Doch Hanni richtet ihn auf, sie kann ihm jetzt auch beim Abtippen helfen, »Lass das Fass« kann sie eh schon. Na gut, einmal wird er noch versuchen, den ganzen Scheißdreck umzuschreiben.

Fini und ihr Johnny Travolta besuchen nächtens ihr geheimes Rendezvousplätzchen auf einem abgelegenen Parkplatz. Aus dem Radio tönt ein sinnlicher Tango. Fini will gleich zur Sache kommen, doch Johnny ist heute nicht so recht in der Stimmung. Da ist nämlich was passiert. Wieso weiß er denn das? Was denn?

»I bin a paar Tag über die Tag!«

Da fällt er aus allen Wolken: »I hab glaubt, du nimmst die Pille?«

»Nimm i eh! Aber i hab halt einmal vergessen. I hab eh am nächsten Tag gleich drei gnommen!«

Johnny ist total konsterniert. Aber eigentlich wollte er ihr etwas ganz anderes sagen: »Ich hab halt jemand kennen glernt und die is net verheiratet!«

»Aber des is doch net so schlimm! Du wirst doch zwei aushalten, oder?«

Mundl und Kurti sind wieder einmal beim Wirten und jeder hängt seinen eigenen Sorgen nach. Doch die interessieren den anderen nicht wirklich, wie das halt so nach drei, vier Vierteln der Fall sein kann. Mundl geht die Idee mit einem morgendlichen gemeinsamen Autofahren in die Bude nicht aus dem Kopf. Doch Kurti scheißt aufs Autofahren: »Mit dera depperten Tschesen hat ja das ganze Unglück erst begonnen. Allerweil, wann die Fini die hinige Kraxen da stehen sieht, dann sagts gleich zu mir: Kurti, wann kaufen denn mir

Mundl in der neuen Badewanne

sich ein Auto? Zu was brauch i a Auto? I scheiß auf a Auto! So an Berg scheiß i! Und zu was braucht die Fini a Auto? Die Fini wird bald was ganz anderes brauchen, der Schlampen, der dreckige!«

»Was is mit der Fini?«

»Hörndln setzts mir auf! Die ganze Welt scheint es schon zu wissen, nur mir zwa net!«

Da wehrt Mundl ab und wendet sich an den Wirt. Er erzählt ihm ausführlich von seinem Plan, eine morgendliche Automitfahraktion ins Leben zu rufen: »Des wär a Ersparnisprogramm, wenn ganz Wien mit an Auto fahrt!«

Kurti bläst weiterhin Trübsal: »Wenn an der Gschicht was Wahres dran is, dann nimm i mirs Leben! Dann drah i mi ham!«

Daraufhin draht sich Mundl auch ham, weil ihm in dem Lokal keiner zuhört: »Da san ja lauter Bsoffene herin!«

Vitus aus Tirol hat Schani auf neutralem olympischem Boden zu einer Aussprache unter Männern gebeten. Das geschieht aber nicht auf Wunsch seiner Schwester, weil ein Tiroler Mensch kein Naderer ist. Nein, Vitus nimmt den leicht geknickten Schani einfach so ins Gebet: »Schani, schamen tat ich mich an deiner Stelle, schämen, Schani! So a alter Mensch! Und treibts gleich mit zwa Weiber! Pfui Teufel, des is ja ...«

Aber er hat ja nur mit jemand reden wollen.

»Ein charakterfester Mann redet mit sich selber, wenn ihm danach ist.«

»Glaubst vielleicht, die Pribil is a Sexbomben? Was hättest denn du an meiner Stell tan?«

»Die Finger hätt ich als christkatholischer Mensch von die Weiber lassen, wenn i eh nix von ihnen will! Wir Tiroler drängen sich keinem Menschen nicht auf, am allerwenigsten einem Wiener. Aber ich kann dir nur den Rat geben: lass die Händ von alle zwoa Wieder, auch wenn die eine meine eigene Schwester is. Geh in die Berg, wo's noch die ewige Wahrheit gibt! Und dort find deinen Charakter wieder! Zieh mit mir ins Heilige Land! Nit nach Israel, nach Tirol! Werd a Mensch, schau dir die Gams an! Als reifer Mensch hast du da nix verloren, bei die Weiber, weil die werden nie reif. Schau mi an! Leb i net a guat ohne Weiber?«

Schani ist sichtlich beeindruckt von dieser flammenden Rede eines kernigen echten Tiroler Mannsbildes. Er hat nur nicht bemerkt, dass der Vitus die ganze Zeit mit einer nicht unattraktiven jungen Dame am Nebentisch geflirtet hat.

Gedreht haben wir diese Szene in einem heute nicht mehr existierenden griechischen Lokal namens »Olympos« in der Nähe vom Westbahnhof.

Diese Aussprache mit Vitus gibt Schani offenbar doch zu denken. Er besucht Karli, der daheim fleißig für seinen Hallenmeister lernt. Er macht sich recht geschickt als fürsorglicher Vater nützlich und füttert seinen kleinen René. Schani hat ein schlechtes Gewissen, er hat sich in letzter Zeit zu wenig um den Kleinen gekümmert. Bei der Gelegenheit rückt er auch mit der Starthilfe für den kleinen Mann heraus, die er ja vorsorglich schon vor einiger Zeit angelegt hat. Karli ist ganz gerührt und meint, sein Burli hat ja jetzt schon viermal so viel Geld wie er selber. Jetzt muss man allerdings die Summe auf beide Kinder aufteilen, darauf besteht Schani schon. Er will auch gerne auf den Kleinen aufpassen in nächster Zeit, sie werden ja nicht mehr so viel Zeit haben, wenn das zweite Kind da ist. Karli nimmt das dankend an, aber er wundert sich schon: »Was willst denn du noch alles machen, du Casanova! Von dir hört man ja schöne Geschichten, gleich zwei Witwen auf einmal!«

»Net auf einmal!«, wehrt Schani seufzend ab.

Mundl muss wieder einmal als Hausvertrauensmann tätig werden. Das Ehepaar Blahovec räumt die Hausmeisterwohnung und übersiedelt in die Wohnung der alten Quapil, die das Zeitliche gesegnet hat. Jetzt stellt sich ein neuer Hausmeister aus Banja Luka vor, den Mundl in seine Pflichten einweisen muss. In der Heimat des Bedauernswerten ist ein großes Erdbeben gewesen, deswegen ist er jetzt mit seiner Familie in Wien und freut sich auf seine neue Tätigkeit.

»Bei uns machen Erde kan Stoß und trotzdem schauts da aus wie nach an Erbeben. Ich sagen, was tun, pass auf!«

Fini meint, auch in der Wohnung von der alten Quapil müssen sie alles renovieren, dort schaut es ja aus wie im Krieg bei der alten Schastrommel. Kurti bremst seine Fini ein, über Verblichene soll man nichts Schlechtes sagen, vielleicht schaut sie ja von oben zu. Mundl wundert sich, dass sich die beiden plötzlich wieder so gut verstehen. Ja, sie haben sich ausgesprochen, jetzt in der neuen Wohnung werden sie ein neues Leben beginnen. Dann widmet sich Mundl wieder dem neuen Hausmeister, der bereitwillig gerne alles tun will: »Du sagen Schefe, ich alles putzen, Stiegenhaus aufwaschen jede Woche einmal, Fenster putzen alle zwei Woche ...«

Da mischt sich Fini ein: »Zwa mal im Jahr, du Depp, doch net alle zwa Wochen!«

»Was heißt Depp? Der is genauso a Mensch wie mir!«

»Seit wann stehst du so auf die Tschuschen, Mundi?«

»Was heißt, Tschuschen? Des is ka Tschusch, des i a Jugoslawe! Du nix-Tschusch, du Jugoslawe! Dobre Banja Luka!«

Mundl gewinnt die Sympathie des neuen Hausmeisters im Handumdrehen. Da gibt es einen lauten Krach, dem Kurti ist der Rumtopf aus der Hand gefallen. Fini steht fassungslos vor dem Scherbenhaufen: »Blattelvoll war er! Fünf Liter! Des hat ma davon, wenn ma so an Bsuff heirat! Kommts, essts! Es is ja ewig schad! achtzigprozentiger Inländerrum!«

Auf dem Firmenparkplatz stellt Mundl der Belegschaft sein neues Mitfahrprojekt vor, tatkräftig unterstützt von Yilmaz. Man könnte doch so etwas Ähnliches wie das Dolmuschtaxi in der Türkei machen, wo sich ja mehrere Fahrgäste ein Taxi teilen. Nur ein Kollege lehnt das grundsätzlich ab. Er denkt nicht daran, jemanden in seinem neuen Wagen mitzunehmen. Doch die anderen lassen sich von Mundls Idee überzeugen: »Da könnt ma uns so tournierweis in die Firma mitnehmen und Benzin könnte ma a sparen. Des sagens eh immer: nicht verwenden – nur verschwenden! Dann mach ma uns an Fahrplan und da steht drauf, wer, wo, wen oder was abholt und hinfahrt.«

Die Mehrheit der Kolleginnen und Kollegen ist dafür, ab nächster Woche wollen sie damit beginnen. Mundl ist zufrieden: »Um ein gutes Beispiel abzugeben, fahr i den Trottel heute Ham. Kumm, steig ein Yilmaz!«

Der Parkplatz leert sich, nur mehr Mundl und Yilmaz bleiben über. Doch der Opel will einfach nicht anspringen. Auch das Anschieben nützt nichts. Daraufhin lädt Yilmaz Mundl auf einen Straßenbahnfahrschein ein. Wütend steigt Mundl wieder aus und haut die Tür zu, dass es nur so scheppert: »Scheiß ma auf des Auto, auf die blöde Kraxen! Wenns net geht, fahr ma mit der Straßenbahn! Glumpert, blödes!«

Der fahrunwillige Opel bleibt einsam und verlassen mit einem rot gestrichenen rechten Kotflügel auf dem leeren Parkplatz zurück.

»WANN endlich, Herr Hübl, schreiben 'S etwas gegen diese neue TV-Familie, gegen dieses ›Ein echter Wiener geht nicht unter‹? Müssen wir uns so etwas Ordinäres und Gemeines wirklich gefallen lassen? Schreiben Sie es ihnen hinein, diesen ORF-Künstlern.« *Kronen Zeitung*

Die einundzwanzigste Folge

Auf und ab

Mundls Energiesparsolidaritätsaktion hat Furore gemacht. Sogar ein Reporter vom Liesinger Bezirksjournal macht mit ihm ein Interview an seinem Arbeitsplatz. Doch Toni Böhm als Reporter braucht viel Geduld. Zuerst spuckt sein Kassettenrecorder die Kassette wieder aus, dann ertönt Mundls Piepser. Erst beim dritten Versuch klappt es halbwegs und Mundl schildert umständlich die Hintergründe seiner Mitfahraktion: »I bin der Edmund Sackbauer aus der Hasengassen im 10. Bezirk. I hab a Frau und zwa Kinder und des is der Yilmaz, a Kümmeltürke aus der Türkei. Und wir sind zwei verschiedene Menschen, er is a Türk und i bin a Österreicher, und wir haben trotzdem denselben Gedanken ghabt und zwar: Wenn man amal in der Fruah in die Bude fahrt, sitzt immer a Trottel in so an Kübel drinnen und fahrt. Und die Straßen san verstopft und jeder fahrt und fahrt, und da hab i mir denkt, damit man des aufhebt, dass amal der fahrt und amal der andere fahrt ...«

Doch da wird Mundls Redefluss von seiner Kollegin unterbrochen: »Hörst Mundlbua, bist törisch? Die suchen di scho im ganzen Haus. Im Labor is des Licht ausgangen! Also komm schon, oder willst, dass die ganzen Versuche in die Blüah gehen?«

Da lässt Mundl sofort alles liegen und stehen: »Sie sehen, i bin a sehr wichtiger Mann, nehmen 'S zuerst den Yilmaz dran!«

Toni bekommt in der Apotheke überraschend Besuch von Fini. Sie ist schwanger.

»Jessas Fini, und i hab glaubt, der Kurti kann nimmer.«

»Eh net, der Johnny Travolta hat zuagschlagen und jetzt streit ers ab! Und Zeugen hab i ja kane!«

»Na net wird ers abstreiten!«, da bricht Fini in Tränen aus.

»Ja sag amal Fini, wirst du denn nie gscheiter? Weiß der Kurti no nix?«

»Na, des is ja! I hätts ja ganz gern, aber i kann mir net vorstellen, dass der Kurti von an andern ... Könntest du net mit ihm reden? Auf dich hört er und mir haut er höchstens wieder a blaues Aug!«

Ein erbarmenswürdiges Häufchen Unglück, die arme Fini.

Für mich ist diese Szene eine der berührendsten in der ganzen Serie. Und Dolly Schmidinger ist eine ganz großartige und glaubwürdige Schauspielerin.

Daheim versucht Mundl den ebenfalls völlig aufgelösten Kurti auf seine Art zu trösten: »Jetzt hör doch amal auf mit deiner Jeierei, des macht ein ja krank! Entweder bist a Mann oder bist a Hosenscheißer! Wannst a Mann warst, dann wisserst genau, was'd z'tun hast!«

Da fährt Toni dazwischen: »Edmund, halts zsamm!«

»In meiner Wohnung kann i …«

»Nein, Edmund, eben nicht, nein! Kurti, i mag mi ja net einmischen in was Intimes, was mi nix angeht. Aber ans muss i dir schon sagen: Die Fini is eine junge Frau, net? Und ein Kind ist doch was Schönes! Wir haben a Kinder.«

»Ja, zwa, aber die san von mir und net von an andern.«

»Edmund, ein Gfühl hast, wie a Elefant! Geh lass uns allein.«

Mundl gibt lieber nach, die Toni kann das besser als er. Und Toni redet in aller Vernunft auf den verzweifelten Kurti ein. Er soll doch in Ruhe darüber nachdenken, die Fini hat ja nur ihn und ins Spital könnten sie ja noch gehen, dafür wäre noch Zeit.

Kurt lenkt ein: »Wenn mir zwa zum Saufen aufhörerten a bissl, also, des heißt, i, glaubst Toni, dass mas dann, wenn di Fini und i, dass mas dann mit an Kind derpackerten?«

Mundl kommt leise zurück und ist beeindruckt von Kurtis Läuterung.

»Wissts was? I werd die Fini fragen, was sie denkt, is ja ihr Kind und wenn sie's will, meins a, a bissl zumindest. I glaub, der Bärli tat sich freuen. Ist ja ein kinderliebender Hund!«

Das wollte Toni erreichen und zur Belohnung will sie Kurtis Glas nachfüllen. Doch der lehnt ab: »Nein, ab heute nicht mehr!«

Schani hat sich entschlossen, die Einladung von Vitus nach Tirol anzunehmen. Jetzt steht er am Wiener Westbahnhof und erkundigt sich, ob er für seinen Cäsar auch eine Fahrkarte braucht. Die Beantwortung dieser Frage verzögert sich, der Beamte will wissen, um welches Tier es sich handelt. Es gibt schließlich jede Menge Beförderungsvorschriften bei der Österreichischen Bundesbahn. Die Warteschlange vor dem Schalter wächst. Ein besonders ungeduldiger Reisender fragt mit unüberhörbar steirischem Zungenschlag »Kaf dir endlich a Kortn, du Schwüllschädel! Aundere Leit san a no da! Was hat er denn für a Viech, der Hinige?«

Schani meint, sein Cäsar sei ja nur ganz klein, ein Sittich eben. Und er zeigt dem Beamten seinen Cäsar im Reisekäfig. Da meldet sich der Ungeduldige erneut: »Was wüllst denn für an Vougel a Kortn kaufen, du Weh? Lass eahm neman Waggoun herfliegen, wann er eh Flügeln hat!«

Schani hält den Käfig mit Cäsar ganz nah an das Sprechfensterchen, doch da geht die Käfigtür auf und Cäsar entfleucht ins Innere des Fahrkartenschalters. Und dem Ungeduldigen reicht es endgültig: »Soll er si a Kuah kafen, die fliegt eahm net davoun! Scheiß auf die Bundesbahn, i fahr mitn Autobus!«

Diesen waschechten »Steirerman« hat Erhardt Koren gespielt, der Schalterbeamte war Gerhard Mörtl.

Schlag Mitternacht kommt der völlig betrunkene Franzi nach Hause und stürzt über einen Küchensessel. Hanni ist furchtbar erschrocken, doch Franzi beruhigt sie: »Ein gestürzter Dramatiker tut sich nicht weh!«

Sie hilft ihm beim Ausziehen und will wissen, warum er so viel gesoffen hat. Das steht alles im Profil, »das Stück vom lieben Franzi ist nämlich im Arsch, und zwar mittendrin. Wo ist mein Roman? Den hätt ich nämlich die ganze Zeit weiterschreiben sollen«. Und Franzi schnappt alle Manuskripte, auch die Neufassung vom Theaterstück, die Hanni heute Nacht abgetippt hat, und wirft sie aus dem Fenster.

»Heute Nacht oder nie!«

»Geh weg vom Fenster!«

»Bin eh weg vom Fenster!«

In seinem verzweifelten Frust will er auch noch die Schreibmaschine auf die Straße werfen, Hanni kann sie ihm gerade noch wegnehmen. Während er weitertobt und seinen Kummer aus dem Fenster brüllt, rennt die verängstigte Hanni mit der Schreibmaschine unterm Arm davon.

Mundl und Toni liegen bereits im Bett, Toni liest in Franzis erstem Roman und Mundl will sich noch etwas durch den Kopf gehen lassen.

»Dass dich net überanstrengst, Edmund.«

Da läutet es Sturm.

Natürlich ist es Hanni mit ihrer Schreibmaschine: »Der Franzi! I fürcht mi so. Er schmeißt alles aus n Fenster! Und bsoffen is er!«

Mundl ist fürs erste beruhigt: »A so, bsoffen is er! Na ja dann …«

Toni macht das Fenster auf, noch immer fliegt bündelweise Papier auf die Straße und Franzi grölt dazu unüberhörbar. Sogar im Haus gegenüber gehen schon die Lichter an.

»Mein Gott, des is eine Schand, was werden die Leut sagen?«

»Nix, die glauben, i bins!«

Doch Hanni bittet ihren Vater, doch etwas zu unternehmen, bevor sich Franzi etwas antut.

»A so a Nudelaug tut sich nix an! Aber jetzt geh i auffe!«

Toni und Hanni schauen angstvoll aus dem Fenster. Franzi grölt noch immer, dann ein saftiges Klatschen und ein leises »Au!«. Stille.

»Anderl, grüaß di! Des is der Sackbauer Schani!«, begrüßt Vitus seinen Freund und Hüttenwirt, einen kernigen Tiroler. Anderl, der Wirt, zerkugelt sich über den für ihn offenbar sehr ulkigen Familiennamen: »Sackckbauer, Sackck… Na komm eini!«

»Weißt du, wer der Khomeini is?«, fragt ihn Vitus.

»Na der Oberperser.«

»Nein, der Khomeini is a Tiroler, ein Schihüttenführer!«

Mit diesen denkwürdigen Worten treten sie in die zünftige Tirolerstube ein, dem Stammplatz von Vitus. Im Herrgottswinkel mit dem obligaten Andreas Hofer Portrait wartet auch schon seine Zeitung auf ihn, die Nationalzeitung. Schani hat sich der rustikalen Umgebung angepasst, er trägt so etwas Ähnliches wie Tracht – Lederhosen, Bauernjanker und Steirerhut. Anderl, der Wirt stellt eine Flasche mit Selbstgebrannten auf den Tisch. Vitus wundert sich, dass heute keine Gäste im Lokal sind. Die sind alle in der Sauna, unten, im ehemaligen Kuhstall, den Anderl mit Agrarunterstützung umgebaut hat. Die erste Runde Schnaps wird eingeschenkt. Schani begutachtet ihn.

»Zerscht is er mild, und dann wird er wild, gell?«, meint Anderl mit prophetischem Lächeln und schenkt sofort wieder nach. Auch der zweite Schnaps tut Schani gut, er fühlt sich wie neugeboren.

»Des ist die gute Luft bei uns, da wirst erst zu einem Menschen, Schani!«

Man streift kurz den tatsächlichen Anlass für Schanis Besuch im Heiligen Land Tirol, seine komplizierten Frauenbeziehungen, vor allem zur Reni, der Schwester von Vitus. Anderl bekommt dabei feuchte Augen, offenbar hat es da vor langer Zeit eine etwas nähere Verbindung zwischen den beiden gegeben. Aber dann hat sie ja diesen Vejvoda geheiratet. Aus Taktgefühl wechselt man daher das Thema. Da fällt Vitus die Schlagzeile der Nationalzeitung ins Auge: »Die Holocaust-Lüge!«

»Hast du des gsehn im Fernsehen, des ›Holocaust‹, Anderl?«

Der winkt abfällig ab: »Des hätts beim Hitler net geben!«

Und wieder schenkt er ein. Allmählich kommt die Sprache auf die Verwandschaftsverhältnisse der Familie Sackbauer. Das ist angesichts der stetig laufenden Runden mit dem milden Selbstgebrannten gar nicht so einfach. Vitus versucht, dem Anderl Schanis Bruder Mundl zu charakterisieren: »Der Mundl is der Mundl. Größenwahnsinnig is er, a typischer Weaner, einen napoleonischen Komplex hat er, der Mundl.«

Aber der Napoleon hat bei ihnen seinerzeit nichts zum Lachen gehabt: »Und wer hat ihn außegschmissen? Schau dich um Schani!«

Schani dreht sich etwas mühsam um und schaut auf das Andreas Hofer Portrait hinter ihm an der Wand: »Der Qualtinger?«

Keine Ahnung, diese Wiener. Die unvermeidliche lokalpatriotische Auseinandersetzung gipfelt schlussendlich im Gesang. Zuerst erklingt es zweistimmig, das Paradetirolerlied: »Tirol isch lei oans, isch a Landl a kloans, isch a schians, isch a feins, und das Landl isch meins.«

Dann versucht Vitus, das Lied auch dem Schani beizubringen. Doch das endet in einem lautstarken Sängerkrieg, Schani wechselt nahtlos in das Wienerlied von den Engerln, die auf Urlaub nach Wien kommen und fällt am Ende unter den Tisch.

Der typische Mundl-Blick

Wir haben dieses Kabinettstück natürlich nicht in Tirol gedreht, sondern in der Dorfschenke in Salmannsdorf, damals eines meiner Stammlokale. Doch der Anderl-Wirt war ein echter Tiroler, nämlich Franz Mössmer. Es erübrigt sich zu erwähnen, dass er und Kurt Weinzierl dicke Freunde und jahrelange Kollegen waren, die in dieser Szene mit großem Vergnügen aus dem Vollen ihres grenzenlosen Improvisationstalentes geschöpft haben.

Kurti und Fini haben sich offensichtlich ausgesprochen und versöhnt. Sie sind beim Hausverwalter Zauner, der jetzt den neuen jugoslawischen Hausmeister entlassen muss, so leid es ihm auch tut. Aber wenn die Mieter keinen Jugoslawen wollen, kann er auch nichts dagegen unternehmen. Da nützt es dem armen Teufel auch nichts, inständig auf die schlimmen Folgen hinzuweisen: »Aber Schefe, wenn nix Arbeit, nix Aufenthaltsbewilligung!«

Es bleibt dabei, das Ehepaar Blahovec übernimmt dankenswerterweise wieder den Hausmeisterposten und wird dafür sorgen, dass das Haus wie ein Schmuckkasterl ausschaut, wie Kurti und Fini einträchtig versichern. Ob sie aber auch die Quapilwohnung behalten dürfen? Selbstverständlich, die ehemalige Hausmeisterwohnung hat der Verwalter ja schon als Magazin an eine Installationsfirma verpachtet. Da ist das Ehepaar Blahovec natürlich sehr dankbar, jetzt, wo sie ja bald zu dritt sein werden. Das freut auch den Herrn Verwalter, mit einem Kind lebt man weiter, da kommt Sonnenschein in die Welt.

Toni macht sich Sorgen um Mundl, der schon längst daheim sein sollte. Sie wollten mit Karli, Irma und dem kleinen René einen Ausflug nach Mönichkirchen unternehmen, und jetzt kommt er nicht daher. Hoffentlich hat er keinen Unfall gehabt, er hat ja heute drei Kollegen mitgenommen. Da poltert Mundl mit starker Schlagseite bei der Tür herein: »Was heißt, jetzt kommst daher, Trottel, blöder? I kann daherkommen, wann i will! Und des Mönichkirchen kannst dir in die Haar schmieren, du Trottel! Und schreien kann i in meiner Wohnung, soviel i will, geht di an Dreck an! Hauts euch über die Häuser, es Trotteln!«

»Is eh gscheiter, komm, Irma, mir gehen!«

»Ja, schleichts euch!«

Da muss schon etwas besonders Schlimmes geschehen sein, wenn Mundl derart aggressiv ist und nur mehr alle als Trotteln beschimpft: »Na da wirst schaun, Toni! Alle hamma den Weisel kriegt! Da, da stehts, schwarz auf weiß: Unter Wahrung aller gesetzlicher Bestimmungen der Republik Österreich! I scheiß mi an, da kannst a paar Wochen barabern, dann kriegst die letzten Netsch und dann kannst di aufhängen, kannst stempeln gehen, stempeln! Arschlöcher, verstehst, im Fernsehen habens leicht reden, die Herren Minister! Aber sonst samma eahner wurscht, uninteressant!«

Natürlich ist Toni auch sehr betroffen. Hat er was dagegen unternommen?

»Eh klar! Aber der Trottel von Chef, um zwölfe war er scho a Wolken und des Arschloch von Betriebsratsobmann hat in die Schweiz telefoniert, aber die Herrn Chefs warn beruflich unabkömmlich! Betriebsrat! Unkündbar! I scheiß mi an, hörst ha ha!«

Anstatt Mönichkirchen besuchen die Sackbauers den Tiergarten von Schönbrunn. Toni hat das veranlasst, um ihren Mundl auf andere Gedanken zubringen. Doch der ist verständlicherweise mürrisch und lustlos: »I hab andere Sorgen als die depperten Affen da. Sitzen blöd da und denken sich nix dabei.«

Karli versucht, seinen Vater ein wenig aufzubauen, vielleicht kann er ihn ja beim Konsum unterbringen. Doch er hat dabei nicht den richtigen Ton getroffen: »Des is wieder a Hirnidee von dir! I bin doch ka Trottel, glaubst, i setz mi auf so an Stapler auffe? Da schau i aus, wie der Aff am Schleifstan.«

»Du hast es notwendig! Da will man ihm helfen und er is stur wie a Nilpferd!«

Toni ist wieder einmal wegen ihrer beiden Streithanseln peinlich berührt: »Mit euch kann man nirgends hingehen, überall muss man sich genieren.«

Doch Karli gibt nicht nach: »Du hast die Zeit ghabt. Warum hast nix gmacht aus dir? Schau mi an, i tu mich weiterbilden!«

»Du Trottel, du blöder! Weilst jünger bist als i!«

Da kann Toni nur seufzend feststellen: »Manchmal kommen mir die Affen gscheiter vor als wie die Menschen.«

Zufällig trifft Mundl auf eine Kollegin aus der Firma, die er hier zum ersten Mal mit »Julie« anspricht. Man macht einander bekannt und Julie meint, dass Mundl jetzt wohl öfter Gelegenheit haben wird, mit seinem Enkerl spazieren zu gehen. Doch Mundl hat die Flinte noch nicht ins Korn geworfen: »I hab a Idee, mir fallt scho no was ein. I bin ja net umsonst Betriebsrat, a wann in meiner Familie manche glauben, dass i a Trottel bin!«

Toni ist skeptisch: »Wissen 'S, I bin immer a bissl vorsichtig, wenn mein Mann a Idee hat.«

»Aber die Autoaktion war a echter Hit«, meint Julie und ist schon gespannt auf Mundls Idee, die er für den kommenden Montag angekündigt hat.

Vor dem Eingang zur Firma ist die Belegschaft fast vollständig versammelt. In ihrer Mitte Mundl, der gerade ein Streikplakat aufhängt. Einige Arbeitnehmer wollen sich nicht an dieser Aktion beteiligen und es kommt zu wortreichen Auseinandersetzungen. Da erscheint der Herr Betriebsratsobmann Nekasina in eigener Person und beendet kurzerhand die erregten Debatten. Er bittet Mundl um ein kurzes Vieraugen-Gespräch, in dem er ihm klar macht, dass dieser wilde Streik gewerkschaftlich nicht sanktioniert ist und daher unangenehme Konsequenzen für alle haben könnte, inklusive fristloser Entlassung ohne finanzielle Ansprüche. Man sollte jetzt nicht so schnell die Nerven verlieren. Kommt Zeit, kommt vielleicht auch Rat. Das dämpft Mundls Kampfbereitschaft einigermassen und er geht zu den Streikenden zurück: »Abe die Plakate! Der Streik is aus! Wenn ma weiterstreiken, könnens uns wegen Arbeitsverweigerung fristlos außehaun! Yilmaz, hau eine dein Kartl, sonst hauns di auße!«

Und er geht mit gutem Beispiel voran und steckt als erster seine Karte in die Stechuhr.

Mundl sitzt in seiner Krachledernen und seinem Bauernjanker auf einem Felsen am Rand eines alten Steinbruchs und starrt missmutig auf eine Autokolonne, die in einiger Entfernung langsam dahinschleicht. Franzi und Hanni sind am Würstelgrillen und Toni kommt zu ihrem niedergeschlagenen Mundl: »Geh Mundi, tu net allerweil Trübsal blasen, komm, dein Würschtel wird schon ganz schwarz.«

Doch Mundl bleibt stur hocken: »Schaus an, die Trotteln, da fahrns hunderte Kilometer auf an Kaffee.«

»Wenn du wieder an schönen Posten hast, fahr ma no weiter weg. Und jetzt gemma a Bierli trinken.«

»Scheiß auf a Bier!« – eine seltene Antwort. Doch dann bequemt sich Mundl doch noch, zu den anderen an den Campingtisch zu kommen. Toni reicht ihm eine Bierflasche, doch auch da stimmt etwas nicht.

»Was is denn des für a Bier? Da is ja a Kapsel drauf! Des trink i net!«

»Ein Sonderangebot, wir müssen sparen!«

Mit Mühe kriegt Mundl das Bier auf, doch es schmeckt ihm nicht wirklich. Ein bedenkliches Zeichen. Und essen will er auch nichts, er is eh schon angefressen. Franzi erzählt, dass er jetzt wieder an seinem Roman weiterschreibt und Hanni hat recht gehabt mit ihrer Einschätzung des Verlegers: ein Dampfplauderer. Mundl war auch schon am Arbeitsamt, aber die haben nichts Passendes gehabt.

»Als Schlüsselwachter, da tätens mi no nehmen, wie den depperten Kurti.«

Und dann nimmt er doch noch einen kräftigen Schluck aus der Bierflasche.

»Mundi, net so schnell trinken, du musst heut noch Autofahrn! Was haltets ihr davon, wenn mir jetzt an feschen Schnapser machen? Hast die Karten mit, Edmund?«

Da erhellt sich Mundls finstere Mine: »Freilich, im Auto, i hols gleich!«

Und schon holt er die Schnapskarten aus dem Kofferraum seines geliebten Opels, der friedlich in einiger Entfernung parkt. »Franzi, Papa, Hanni, Mama«, Toni schreibt und Mundl mischt. Plötzlich macht Franzi große Augen, der Opel hat sich selbstständig gemacht und rollt unaufhaltsam dem Abgrund zu. Elegant kippt er über die Kante des Steinbruchs und setzt in Zeitlupe seine letzte Fahrt durch die Lüfte fort. Dann macht er einen Kopfstand und legt sich aufs Dach wie eine müde Schildkröte. Fassungslos steht Mundl im Kreis seiner Lieben am Rand des Steinbruchs. In hilfloser Wut haut er seinen Hut auf das Auto. Und das im wahrsten Sinn des Wortes. Und weil er sie eh nicht mehr braucht, schmeißt er die Autoschlüssel auch gleich nach: »Bist narrisch, Edmund? Da waren ja die Wohnungsschlüsseln a drauf!«

Gedreht haben wir diese Szene in der Gegend von Bruck an der Leitha an der B10, soweit ich mich erinnere. Jedenfalls war dieser stillgelegte Steinbruch ideal für unser Vorhaben. Hoch genug für einen spektakulären Flug des Autos und in seiner ganzen Trostlosigkeit sehr gut geeignet für die gedrückte Gemütsverfassung unseres Helden. Dieser radikale Abgang von Mundls ganzem Stolz hatte aber auch einen ganz praktischen Hintergrund. Der Opel war ja wirklich ein Baujahr 1962, damals also schon siebzehn Jahre alt und ein echter Oldtimer mit allen Tücken und Mucken, die so ein alter Herr nur haben kann. Unser Requisiteur war im Grunde froh, dieses Vehikel endlich los zu sein, das Starten war inzwischen zu einer eigenen Wissenschaft geworden. Aber immerhin hat uns der »seriöse Graue« vier Folgen und fast ein halbes Jahr lang begleitet und Stoff für so manche Verwicklungen ergeben.

Kurti und Fini Blahovec

»Das Wachorgan mit geschultem Auge nebst Gattin«

Der vom Weingeist beflügelte Kurti ist im Grunde ein verkappter Philosoph. Er schlägt sich mit seiner Fini als Hausmeister in der Hasengasse durchs Leben. Nächtens zieht er seine Runden als Wachorgan oder als »Schlüsselwachter«, wie ihn Mundl abfällig bezeichnet. Kurti ist jedoch sehr stolz auf diese Tätigkeit, Wachorgane sind schließlich furchtlose uniformierte Respektspersonen.

Kurtis größtes Problem sind die ehelichen Pflichten, denen er zum Leidwesen seiner jungen unternehmungslustigen Fini nur sehr eingeschränkt nachkommen kann. Seine Zeugungsfähigkeit hat mit zunehmendem Alter schwere Einbußen erlitten, eine Folge seiner fortwährenden Zuneigung zum guten Tropfen.

Doch die Fini ist auf diesem Gebiet ebenfalls keine Kostverächterin, auch sie leert gelegentlich eine Flasche mit hochgeistigem Inhalt. Dann posaunt sie Kurtis Unvermögen des Öfteren lauthals heraus und bezeichnet ihren Gebieter ungeniert als »Impotenzler«. Hin und wieder sucht sie daher Trost bei anderen Mannsbildern, was natürlich ihrem Kurti nicht verborgen bleibt. Die Folge sind dann blaue Veilchen um die Augen, die sie sich gegenseitig zufügen. Doch danach finden Kurtimandi und Finiweibi meistens wieder zueinander und alles scheint vergessen zu sein. Ein klassischer Fall von »Pack schlägt sich – Pack verträgt sich«. Ob das auf Dauer gutgeht?

Die zweiundzwanzigste Folge

Mitte des Lebens

»Zah an hörst!«

»I zah eh an, Trottel, depperter!«

Mundl hat wieder eine Stelle gefunden, gemeinsam mit zwei jüngeren Kollegen arbeitet er am Bau im Akkord. So sehr sich Mundl auch bemüht, er kann es dem ehrgeizigen Partieführer Mandy, gespielt von Manfred Jaksch, nicht recht machen.

»I hab scho garbeit, da hast du no in die Windeln gschissen!«

Da kann man halt nichts machen, ein alter Mensch ist eben langsamer. Mundl muss sich wohl oder übel mit seiner Situation abfinden. Selbst beim wohlverdienten Gabelfrühstück treibt Mandy seine beiden Kollegen an: »Wir müssens wieder angehn Burschen! Gemma gemma, kalt is net, sonst fall ma vom Akkord owe!«

Der zweite Kollege, gespielt von Bernd Spitzer, zeigt etwas mehr Verständnis für Mundl, der von seiner früheren Firma erzählen will. Doch auch er lässt einen gewissen Respekt vermissen: »Was sagst denn immer Alter zu mir, hörst? I haß Mundl!«

Daheim sind Toni, Hanni, Karli und Irma mit Obsteinkochen beschäftigt: »Jetzt wird der Papa gleich da sein und mir haben noch immer nix!«

»Der Papa is a Mensch, dem man nix schenken kann!«, meint Karli kurz und treffend. Es war Hannis Idee, dem Papa zum fünfzigsten Geburtstag etwas gemeinsam zu schenken, doch was soll das sein? Da denkt Irma laut nach: »Ein Schrebergarten vielleicht?«

»Geh, a Schrebergarten. Der Papa weiß ja net amal, was a Gras is! A Schrebergarten is a Bladern!«

Doch Toni findet die Idee nicht schlecht: »Mein Gott, so ein eigener Garten wär a Traum. Der Papa tät sich sicher freuen!«

Und da ist er auch schon, der Papa. Karli fragt ihn scheinheilig, ob er nicht Lust auf ein Kompott hätte.

»Scheiß auf a Kompott, i brauch a Bier!«

»Is da wer? Hallo!«, ruft Toni an der Gartentür eines gepflegten Kleingartens.

»Na freilich is da wer! I hab was anders z'tun, als beim Türl stehen! Jessas, die Frau Sackbauer, na so eine Überraschung!«

Auch Toni ist überrascht, den Herrn Traxler hier zu treffen. Er ist scheinbar der geborene Obmann – früher beim Stemmerverein und jetzt eben hier, in der Kleingartenkolonie. Toni hat in der Apotheke erfahren, dass hier ein Garten zu verpachten sei. Traxler kann das nur bestätigen, das muss die Parzelle vom alten Wodicka sein, der vor einiger Zeit verstorben ist: »Aber bitte, kommen 'S weiter in meine Plantage, Frau Sackbauer, sowas Wichtiges kann man da heraußen nicht besprechen.«

Und mit wichtiger Miene lädt er Toni in sein kleines Paradies ein, das von seinem kleinen Hund, seiner Fifi, scharf bewacht wird.

Karli im weißen Arbeitsmantel des Hallenmeisters ruft Irma an, er muss heute länger im Geschäft bleiben, ins Kino können sie morgen ja auch gehen. Jetzt muss er Schluss machen, er wird dringend gebraucht. Ein Staplerfahrer und sein Kollege haben ein gröberes Problem mit einer verklemmten Palette. Karli muss eigenhändig eingreifen: »A Staplerfahrer braucht a Zertifikat, ja, aber zum deppert sein! Bevor i no amal Hallenmaster wird, wer i lieber Pfleger in Steinhof! Das waaß i, dass i's mit Angschütte z'tun hab!«

Mit leichter Hand löst er das Problem, schließlich war er ja lange genug Staplerfahrer: »Na bitte! Mit Hirn und Gfühl, wie bei einer Frau!«

Im altmodischen Strickmodengeschäft der Werners herrscht Weltuntergangsstimmung. Franz sieht die Bücher durch und stellt fest, dass sie sich am Rande des Abgrunds befinden.

Martha weiß genau, wer daran schuld ist: »Weil sich kein Mensch um die kleinen Gewerbetreibenden kümmert. Da wird geredet und geredet, besonders vor den Wahlen, und geschehen tut nichts!«

Franz kann ihr nur zustimmen: »In jedem Milchgeschäft kriegst ein Bier und a Gemüse, beim Fotografen Uhren und Textilien in jedem Supermarkt.«

Seufzend schlägt er die Geschäftsbücher zu und schaltet das Licht aus: »Dann gehts mir wie dem Mundl, nur dass es mein Gschäft is, des was zusperrt.«

Die beiden Werners sind bei Mundl und Toni zum Abendessen. Auch dort geht es um den bevorstehenden Untergang des Geschäfts. Mundl versucht zu trösten: »Es wird schon nix so heiß gessen wie kocht!«

Aber Franz macht sich keine Illusionen: »Wir können froh sein, wenn ma in Ausgleich gehen können.«

»Aber was willst denn dann arbeiteten? Du kannst ja nix anders als Pudelhauben stricken.«

Um die trüben Aussichten wegzuspülen schenkt Mundl Rotwein nach.

»Des Gschäft ghört ja nachn Ausgleich immer no euch, net? Dann mach ma a einfach a Elektrikergschäft draus! I bin ja a Elektriker und gehst als mei Gspann.«

»Geh Mundi, du bist ja net amal Master!«

»Des is ja Wurscht! Des lern i! Der Karli, der Trottel, hat ja des a glernt, Hallenmaster is er.«

»Und wie alt is er, der Karli? Und wie alt bist du?«

Das muss Mundl nun doch einsehen. Doch eines ärgert ihn wirklich: »Jetzt kenn ma uns scho Jahre und deine liebe Frau sagt no immer ›Herr Sackbauer‹ zu mir! Also wirklich!«

Da muss selbst Martha lächeln: »Jetzt is eh schon alles Wurscht! Jetzt is die Kuh hin, wirds Kalbel a hin! Servus, i bin die Martha!«

Ein städtischer Autobus hält an einer einsamen Haltestelle. Mundl und Toni steigen aus.

»Da hast du herwollen? Da is ja nix! A Gstätten!«

»Du wirst schon sehn, Mundi! Alles Gute zum Geburtstag!«

Toni drückt ihm ein dickes Bussi auf die Wange. Mundl wehrt verschämt ab und schaut sich um: »Geh, wenn die Leut schaun!«

Doch weit und breit ist da niemand, der zuschauen könnte.

»Da, deine Überraschung: Parzelle Nummer 106.«

Mundl starrt entgeistert auf einen sehr desolaten Kleingarten: »Es seids alle deppert! Was fang i mit an Garten an?« Und da kommt die Überraschung Nummer zwei: »Der alte Traxler! I scheiß mi an!«

Der »geborene Obmann« nebst Fifi begrüßt sein neues Mitglied der Kleingartenkolonie: »Ich hoffe nur, dass du dich bei uns einfügen wirst. Du hast durch deine Frau diese Parzelle auf 99 Jahre gepachtet! Herzlich willkommen! Da hast den Schlüssel, sperr auf!«

Jetzt erst wird der traurige Zustand des Gartenhäuschens deutlich, man könnte ihn fast ruinös bezeichnen.

Toni meint, wenn alle zusammenhelfen, kriege man das schon hin. Sie sieht schon ein Plätzchen für ein gemütliches Bankerl und ein Tischerl vor sich.

Vorläufig wachsen hier nur Brennnesseln und jede Menge Unkraut, die Mundl schleunigst zu entfernen hat, wie sein Obmann dezidiert feststellt.

Mundl hat sich das offensichtlich zu Herzen genommen und gemeinsam mit Schani jede Menge Gartengeräte eingekauft, die seiner Meinung nach alle notwendig sind. Da kommen sie vollbepackt an einer Tierhandlung vorbei. Schani entdeckt in der Auslage einen dicken blauen Sittich, den er unbedingt kaufen möchte. Mundl erklärt dem gesprächigen Tierhändler, hinreißend skurril dargestellt von Kurt Sobotka, dass sein Bruder ein Depp ist: »Dass a Mensch so a Trottel sein kann! Der hat an Wellensittich bis nach Tirol owezaht.«

Doch Schani lässt sich nicht beirren, der dicke Blaue wechselt um 120 Schilling den Besitzer: »Ewig schad um den Paperl! Der geht ihm ja eh ein!«

Doch der Tierhändler verweist auf die besondere Robustheit seiner Sittiche, die überleben sogar einen Weltreise.

»Du hast ja an Pecker, Schani! Jetzt hat er schon zwa Frauen ghabt, die san eahm alle päule gangen!«

Da tröstet der Tierhändler den verlegenen Schani: »So ein Tier ist mehr wert, als ein Mensch. Was glauben Sie, warum ich Tierhändler geworden bin? Wegen meiner Frau. Aber das führt zu weit.«

Da entdeckt Mundl ein Plakat: »A sie haben Zwerghendln a?«

Der Tierhändler holt sofort eines hervor: »Die haben wir selber gemacht! Das heißt, die sind aus eigener Zucht! Wahre Prachtexemplare!«

Kurti und Mundl beim Wirten

»Und, legen die a Eier?«

Hanni klagt Toni ihr Problem mit Franzi. Der sitzt tagelang daheim und quält sich mit seinem Roman. Er tut ihr zwar leid, aber auf die Dauer geht das halt nicht. Sie können nicht nur von Hannis Einkommen leben. Toni meint, sie soll das doch einmal mit dem Franzi besprechen, mit dem könne man ja wirklich vernünftig reden. Dabei fasst sich Toni an die Seite. Hanni fragt besorgt, ob ihr was fehlt: »I weiß net, seit a paar Tag zwickts mich da so komisch.«

Da soll sie aber unbedingt bald zum Doktor gehen, sowas muss man anschauen lassen. Plötzlich poltert Mundl mit seinen Gartengeräten bei der Tür herein.

»Mein Gott, Edmund! Was hast denn du alles zsammkauft?«

»Des brauch ma alles fürn Garten!«

Hanni verabschiedet sich, sie will Tonis Rat befolgen und mit ihrem Dichter reden.

»Lass des Nudelaug schön grüaßen! Und du mach die Augen zu, Toni! Jetzt wirst Augen machen!«

Toni schließt folgsam ihre Augen und Mundl verschwindet kurz im Vorzimmer. Er holt das Zwerghendl aus dem Karton und drückt es Toni in die Hand. Toni erschrickt logischerweise furchtbar und lässt das aufgeregt flatternde Prachtexemplar los: »Pfui Teufel! Mundl, bist narrisch worden? Was is denn des?«

Mundl nimmt das Tier zärtlich an sich: »A Pipihendl hab i kauft, fürn Garten! Des legt ja Eier! So klane!«

»Edmund, wirst denn du nie gscheiter? Wo tu mas denn inzwischen hin?«

»Na eine, ins Kabinett!«

»Und wer solls füttern, wann ma net im Garten san?«

»Der Traxler, der alte Trottel. Is eh a Gschaftlhuber!«

Hanni spricht mit Franzi ein ernstes Wort. So kann es wirklich nicht weitergehen. Für sie beide verdient sie einfach zu wenig. Aber es müsste doch noch etwas vom Förderpreis aus Hamburg da sein. Da kramt Hanni das Sparbuch hervor, genau 236 Schilling und fünfzig Groschen sind noch drauf. Franzi ist entgeistert, er kann das einfach nicht glauben. Jetzt braucht er einen Whisky. Doch da muss ihn Hanni leider enttäuschen: »Teuren Whisky saufen können nur Leut wie der Hemingway!«

Franzi sinniert kopfschüttelnd und niedergeschlagen: »Der Musil hat sich das leisten können, dass er zwanzig Jahr an seinem Scheiß ›Mann ohne Eigenschaften‹ schreibt. Und der Doderer ist überhaupt erst mit sechzig berühmt geworden.«

Aber so lang kann Hanni nicht warten. Entnervt springt sie auf und knallt die Küchentür hinter sich zu: »I scheiß bald auf die ganze Literatur!«

Ratlos bleibt das verkannte Dichtergenie zurück, gerade eine Zigarette findet er noch. Da knallt Hanni in der Küche voll Zorn das Geschirr auf den Boden.

»Hanni, du lasst dich gehen!«, versucht er es schüchtern.

Doch Hanni kommt jetzt erst richtig in Fahrt. Auch sie kann ganz schön laut werden, fast wie ihr Vater: »Na du vielleicht net? Du sitzt und rauchst teure Zigaretten und i arbeit wie a Trottel! Du gehst morgen auf dein Kulturamt, vielleicht habens an Posten für dich! Dann kannst zwanzig Jahr an dein Roman schreiben, wie der Doderer!«

»Der Musil.«

»Oder der Musil, is doch wurscht! Damit die ganze Schreiberei wenigstens für irgendwas gut is!«

Da bleibt Franzi nichts übrig, er muss sich wohl oder übel fügen. Ein österreichisches Schicksal!

Offensichtlich wieder versöhnt kommen Hanni und Franzi, schwer bepackt mit Rasensamen und sonstigen nützlichen Utensilien, in Mundls neues Gartenparadies: »Jetzt fehlen nur mehr die zwa Werner, dann gemma über! Was soll i mit dem Glumpert?«

Toni, Schani, Karli, Irma mit dickem Bauch, der kleine René und Obmann Traxler nebst Fifi sind schon um Mundl versammelt. Der Garten quillt förmlich über von verschiedensten wichtigen Dingen zur Renovierung und Gartenpflege. Das Kommando hat offenbar Traxler: »Du bist immer noch der Alte, Mundl. Sitzt umeinander und trinkst dein Bier, statt dass du endlich mit der Kultivierung deiner Parzelle anfangst.«

Und Karli setzt bestätigend hinzu: »Genau, wann ma des gwusst hätten, dass'd nix arbeiten willst, hätt ma dir kein Garten zum Geburtstag gschenkt!«

Mundl ist ohnehin schon gereizt: »Und du Trottel sitzt vielleicht net deppert umeinander und spielst mit dein Gschrappen?

»Der Karli baumelt mit der Seele.«

Irma schlägt einen kleinen Spaziergang mit René vor.

»Ja, is eh gscheiter! Schleichts euch!«

Kaum ist die junge Familie gegangen stürzt Mundl an die Stelle, an der Karli mit der Seele gebaumelt hat: »Den ganzen Rasen hat er mir zsammdruckt, der Trottel der!«

Mundl spuckt sich in die Hände: »Und jetzt gemmas an, dass die Funken spritzen! Mit was fang ma an?«

»Zuerst räumt man alles Unnötige von der Kulturfläche!«

Schani hat sich inzwischen am Gartenschlauch zu schaffen gemacht und ihn an die Wasserleitung angeschlossen. Leider erwischt der erste Strahl seinen Bruder, der natürlich darüber alles andere als erfreut ist. Traxler überprüft mit Kennerblick die diversen Pflanzensamen und ist entrüstet über so viel Unwissen: »Zyklamen! Du kannst doch net Zyklamen im Herbst anbauen!«

»I kann anbaun, wann i will, des geht di gar nix an!«

»Gartenzwerg hast kan kauft?«

»Was brauch i an Zwerg?«

Traxler ist sehr ungehalten über die unüberschaubare Menge Material, die sich immer noch auf der Kulturfläche befindet. Farben, Pinsel, eine Blitzschutzanlage für Kleingartenhäuser und ähnliches mehr: »Das ist alles unnötig! Wer war denn so blöd und hat des alles kauft?«

»Der Schani, der alte Depp!«

Da kracht es und der alte Depp kommt mit einigen Holztrümmern zerknirscht aus dem Haus: »I glaub, i hab was ruiniert.«

Mundl sprintet wie ein gereizter Tiger auf ihn zu und reißt ihm die Trümmer aus der Hand: »Haut mir der mei Bank zsamm! Mei Bankerl!«

»I bin draufgstiegen, und dann is auf einmal … aber mit einem Schienbrett kann man das noch reparieren!«

Mundl wirft die traurigen Überreste seines Bankerls wütend in eine Ecke: »Schienbrett, nix! Di lad i no amal ein, hörst!«

»Bitte, i kann ja a gehen!«

»Na bitte, dann gehst halt!«

Da greift Toni schlichtend ein und beruhigt die streitbaren Brüder. Mundl hat schon allmählich Entzugserscheinungen: »Wo bleibt denn des Nudelaug mitn Bier? Is der in die Brauerei gangen, der Trottel?«

Ein schriller Schrei des Obmanns lässt Mundl zusammenfahren. Traxler hat das Zwerghendl im Karton entdeckt und ist einem Kollaps nahe: »Nein, das kommt überhaupt nicht in Frage!«

»Gib her mei Hendl und lass mit anglahnt, du alter Trottel!«

»Wie redst denn du mit deinem Obmann?«

»Weilst a alter Trottel bist! Du machst mi wirklich nervös! War überhaupt a Hirnidee, so a Garten!«

Mundl ist mit seinen Nerven fast am Ende, doch Traxler ist nicht zu erweichen. Laut Vereinsstatuten ist das Halten von Kleintieren in der Anlage strengstens verboten: »Wir sind eine Gartenkolonie aber kein Kleintierzüchterverein! Merk dir das!«

»Aber du hast ja a die Fifi!«

»Aber an der Leine! Und außerdem sichert sie die Anlage!«

Da verschwindet Mundl mit seinem Zwerghendl grollend im Haus. Inzwischen sind Franzi und Hanni mit dem Bier gekommen, auch Karli, Irma und der kleine René sind wieder von ihrem Spaziergang zurück. Rasch wird der Tisch zurechtgerückt. Um die mitgebrachte Stelze kümmert sich Schani, Karli teilt das Bier aus und alle setzen sich erwartungsvoll zum Essen. Da kommt Mundl aus dem Haus zurück. Sein Zwerghendl hat er an einem Stück Spagat an der Leine. Er will dem armen Tier etwas Gutes tun und hält ihm ein Stück Fleisch hin. Auch wenn es nur ein Zwerghendl ist, kann es ganz gut zupecken. Und leider erwischt das Pipihendi dabei auch Mundls Finger. Bis jetzt steht übrigens noch gar nicht fest, ob es sich tatsächlich um ein Hendl, oder nicht doch um einen Hahn handelt.

»Der ›echte Wiener‹ wird immer populärer: Im Währinger ›Theresienstüberl‹ hat sich ein ›Mundl-Fan-Club‹ etabliert, und ebendort wurde die heutige Folge von ›Ein echter Wiener geht nicht unter‹ Montagabend vorgefeiert.« *Kronen Zeitung*

Die dreiundzwanzigste Folge

Keine Ruh hat man

Große Aufregung in der Hasengasse: Die Sackbauers haben von der Stadt Wien einen eingeschriebenen Brief bekommen. Das Haus wird abgerissen, ein Gemeindebau soll hier errichtet werden. Auch Fini hat diese Nachricht erhalten: »Mit uns könnens sowas ja machen! Die Klan san ja immer die Depperten!«

»Sowieso! Weil uns könnens ja am Schädel scheißen, weil ma uns net wehren!«

»Geh Edmund, wie willst dich denn gegen die Gemeinde wehren?«

»Genauso wie gegen die Piefke! Gegen den klanen Liliputaner damals!«

»So klein war der a wieder net!«, erinnert sich Fini ein wenig wehmütig.

»Die können doch net in der Hasengassen an Gemeindebau hinstellen, bist trottlig? Die Hasengassen is das Herz von Favoriten!«, meint Mundl überzeugt.

Ein wahrhaft klassischer Satz. Genau genommen gibt es in der echten Hasengasse natürlich Gemeindebauten, allerdings aus den 1920er und 1930er Jahren.

Da muss sich Mundl mit einem Bier stärken, doch die neuen Flaschen lassen sich nicht so elegant öffnen wie früher: »Geh gib an Öffner, des scheiß Bier da hörst!«

Wir haben von der ersten Folge an Schwechater Bier verwendet. Das hatte Aluminiumverschlüsse mit einer Zunge, die man leicht wegbiegen und dann mit einem lauten Knall aufreißen konnte. Karl Merkatz hat es darin zu einer wahren Meisterschaft gebracht. Und dieses variantenreiche Flaschenöffnen, das manchmal ein wenig an das Öffnen einer Sektflasche erinnert, ist im Lauf der Zeit zu einem unverwechselbaren Markenzeichen unseres Mundls geworden. Doch diese praktischen Verschlüsse gab es plötzlich nicht mehr. Vielleicht hängt das mit der Übernahme der Brauerei Schwechat durch die Brau Union im Jahr 1978 zusammen. Angeblich konnte man sich an diesen alten Verschlüssen verletzen. Jetzt wurde das Schwechater mit den sonst üblichen Kronenkorken verschlossen. Und unser Mundl ist plötzlich vor einem

Problem gestanden. Unser Requisiteur hat jedoch schnell reagiert und noch einen großen Vorrat an Flaschen mit dem alten Verschluss eingekauft. Doch beim Dreh der letzten beiden Folgen, das war zwischen September und November 1979, ist auch diese eiserne Reserve zu Ende gewesen. Und so ist uns nichts anderes übriggeblieben, als die neuen Kronenkorken mit all ihrer Problematik auch in die Handlung einzubauen.

Mundl öffnet also sein Bier mit dem Öffner und ergeht sich in grenzenlosen Vorwürfen und erregt sich immer mehr in seinem Zorn: »Jetzt habens den Reumannplatz zu einer Gängerzone gmacht. Dann habens des Wirtshaus, wo i immer Stemmen war, da habens a scheiß Blumengschäft einegmacht! Jetzt kann i net amal mehr stemmen gehen! Blumen kann i kaufen, Blumen!«

Toni versucht ihn einzubremsen: »Stemmen kannst eh nimmer, was regst di auf?«

»Stemmen hörst! Ihr habts Sorgen! I bin a schwangere Mutter! Soll i mei Kind auf der Gassen kriegen? I hab an dicken Bauch und an versoffenen Mann, mit mir könnens so was net machen!«

»Mit uns könnens alles machen, weil mir so trottlig waren und habens ja gwählt! Mir haben die Zetteln ausgfüllt!« Jetzt ist Mundl nicht mehr zu halten: »No da geh i auffe! Da geh i auffe, bis zum Poldl geh i! Na denen zag i was, die können was erleben! Des Rathaus habens net umsonst baut! Da geh i hin und ram denen des Wilde abe!«

In der Aufregung öffnet Mundl ein zweites Bier, obwohl er das erste noch gar nicht ausgetrunken hat. Mit dem Poldl hat er natürlich Leopold Gratz gemeint, der von 1973 bis 1984 Bürgermeister von Wien gewesen ist.

Gelandet ist Mundl allerdings nicht ganz oben beim Bürgermeister, sondern bei einem offenbar magenkranken Beamten des Wohnungsamtes, dargestellt von Roger Murbach. Der Beamte versteht Mundls Aufregung nicht, da er ohnehin eine adäquate Wohnung bekommen wird.

Obendrein handelt es sich bei der alten Behausung ja um abbruchreife Substandardwohnungen. Doch das lässt Mundl auch nicht gelten: »Substandárdwohnungen, abbruchreif, dass i net lach! I hab eh a Häusl … des Klo hab i neu einbaut und a Badewanne hab i a einegmacht!«

Und außerdem arbeitet seine Frau in einem volksgesundheitlichen Beruf in der Gegend der Hasengasse: »Ganz halb Favoriten is abhängig von meiner Frau. Da kanns net stundenlang von weiß Gott wo unterwegs sein.«

In seinen Unterlagen findet der Beamte aber nur ›Hausfrau‹ als Berufsbezeichnung.

»Aber des stimmt ja schon längst nimmer! Meine Frau, die Toni, ist in einer Apotheken am Reumannplatz. Und zwar als Pflegerin, als Raumpflegefrau. Und Tee mischen tuts a!«

Eine solche Tätigkeit steht aber nicht im öffentlichen Interesse, belehrt ihn der Beamte schon leicht genervt.

»A so? A Apotheken is net öffentlich? Und außerdem ist sie krank!«

Der Beamte schluckt eine Tablette, krank ist er auch. Doch Mundl gibt nicht nach. Er zieht ein Blatt Papier heraus: »Und da hab i die Vollmacht von der Fini Blahovec, unserer Hausmasterin. Die is schwanger, die kann selber net kommen, und ihr Mann is a Wachorgan!«

Dann werde man schon eine geeignete bessere Wohnung für sie finden. Und was seine kranke Frau betrifft, ist sie gehunfähig?

»Was heißt, gehunfähig? Die rennt eh wie a Wiesel! I waaß ja net, was' hat. Sie is grad zum Doktor gangen. Aber die finden ja nix, die Doktern!«

Fini Blahovec

Jetzt reicht es dem Beamten endgültig. Das Wohnungsamt wird ihm demnächst entsprechende Vorschläge für eine neue Wohnung auf dem Postweg zuschicken, dazu kann er sich ja dann äußern.

»Äußern kann i mi jetzt gleich, wenn 'S wollen! Daher!«

Die Gemeinde Wien meint es ja nur gut mit ihren Bürgern und wenn der Herr jetzt so gut wäre zu gehen.

»Sie können mi doch net außehaun! I bleib da sitzen bis i waaß, was i für a Wohnung krieg!«

Also gut, er wird den Fall notieren und beschleunigt behandeln. In spätestens einer Woche wird der Bescheid an Herrn Sackbauer Edmund, Hasengasse, ergehen. Doppelt unterstrichen.

Gertrud Roll als Ärztin beruhigt die verzagte Toni. Die Untersuchung hat ein bissl Zucker und etwas auf der Galle ergeben, von Krebs keine Spur. Aber wie schaut es denn mit dem Rauchen aus?

»Na ja, i hab schon ganz schön viel graucht. Aber in der letzten Zeit hab i mirs ziemlich fast abgewöhnt.«

Und die Ernährung?

»Wir kochen mit Schmalz. Mein Mann hats halt lieber a bissl fett.«

Dann wird sich der Herr Gemahl halt umstellen müssen. Aber um alle Bedenken ausschließen zu können braucht es allerdings eine gründliche Durchuntersuchung. Dann kann man erst feststellen, ob der Befund negativ ist. Toni schluckt verängstigt: »A Sie meinen negativ?«

Negativ heißt nix! Das beruhigt Toni ein wenig. Aber dann schreibt ihr die Frau Doktor eine Überweisung ins Spital.

»Ins Spital? So ernst is es?«

Doch nur für ein paar Tage.

»Das wird bei mir nicht gehen. Ich hab zu Haus einen Mann, der ist recht unbeholfen, den kann man nicht so lang allein lassen.«

Wie es sich für eine verantwortungsbewusste Hausfrau gehört, bügelt Toni noch die Wäsche, bevor sie ins Krankenhaus geht. Mundl und Schani helfen ihr dabei.

»Gell Schani, schaust dich schon um den Edmund, wenn er allein is? Lasst ihm net im Stich!«

»I brauch doch kann Vormund net, eahm! I waaß doch selber, was i z'tun hab!«

Aber Schani beruhigt Toni, er kennt sich doch als alter Junggeselle perfekt aus mit dem Haushalt und so. Doch Mundl lehnt das kategorisch ab: »Du kümmer dich um deinen eigenen Sachen und lass mi in Ruah!«

Toni kann ruhig ins Spital gehen und muss sich keine Sorgen machen wegen der Untersuchung. Mundl bleibt trotzdem skeptisch: »Nix werdens finden, was sollens denn finden? Die finden ja nie was, die Doktern!«

Da überkommen Toni doch noch Zweifel, keine ruhige Sekunde wird sie im Spital haben, wenn sie ihren Mundl so allein zu Hause weiß.

»Kannst scho a ruhige Sekunden haben, mir passiert ja nix! Was soll mir den passieren? I bleib daham, tu in Garten gießen, aufräumen, und dann komm i di besuchen!«

»Aber des is doch net notwendig, Mundi! Es sind ja nur ein paar Tag!«

Doch Mundl besteht darauf: »Jeden Tag geh i eine! Damits 'd wieder gsund wirst.«

Toni spricht sich selbst Mut zu: »Is ja nur eine Routineuntersuchung!«

Dann schlichtet sie die gebügelte Wäsche in den Schrank im Schlafzimmer. Mundl nützt die Gelegenheit und flüstert Schani besorgt zu: »A bissl hab i scho a Angst wenns ihr was außeschneiden! Hab ja alles glesen im Doktorbüchl vom Großvater. Nächtelang!«

Und er holt es aus dem Bücherkasten und liest leise vor: »Furchtbare Schmerzen ... Gallenkolik, die geht ja über, die Gall!«

»Das is ka Wunder, wenn man jahrzehntelang mit dir zsamm lebt«, meint Schani nur trocken. Doch Mundl liest unbeirrt weiter: »... eine fleischlose, milde Diät bringt bald Besserung ... Olivenöl löffelweise morgens eingenommen ... Oliven! Bau i alles im Garten an ...«

»Mundl, es is Herbst, da wachst ja nix mehr!«

»A so? Is ja Wurscht ...«

Da läutet das Telefon und Mundl hebt ab. Irma ist dran und will wissen, wie es Toni geht. Toni übernimmt und Schani lässt rasch das Doktorbuch verschwinden. Dann widmen sich die beiden Brüder scheinheilig dem Bügeln, während Toni mit Irma plaudert.

Dieses Doktorbuch steht heute noch in meinem Bücherschrank. Ich habe es damals zum Dreh als Requisite mitgebracht. Es stammt von meiner eigenen Großmutter und hat den Originaltitel »Das goldene Familienbuch: Die Frau als Hausärztin«, erschienen 1913.

Irma ist nach der Geburt ihrer Tochter Petra gestresst. Zwei kleine Kinder und der Haushalt sind für sie eine sichtliche Belastung. Da kommt Karli verspätet nach Hause und lehnt zu allem Überfluss noch das vorbereitete Abendessen ab: »I tu heut nix mehr essen, i hab mitn Chef a Besprechung ghabt.«

Da hätte er doch zumindest anrufen können.

»Geh, i kann doch net afach sagen: ›Bitte Chef, derf i die Irmi anrufen?‹ Außerdem muss i heut noch die Lagerkartei durcharbeiten und morgen gemma zu Heurigen. Nur der Chef mit seiner Frau und mir zwa. Ziehst des blaue Kladl an, und vielleicht gehst a no zum Friseur.«

Und schon widmet sich der Herr Hallenmeister eifrig seinen mitgebrachten Lochkarten. Irma kocht bereits innerlich: »I pfeif auf den Heurigen! I bin mit die zwei Kinder den ganzen Tag allein zu Haus. Trotzdem stell i mi noch hin und koch. Um mich kümmerst dich überhaupt nimmer!«

»Aber Irmi, jetzt bin i eh da!«

Auch der kleine René hat offenbar Sehnsucht nach seinem Vater und ruft ihn immer wieder. Sein beharrliches »Papa, Papa, Papa!« zerrt an den Nerven und steigert den lautstarken Streit.

»Bist du mit deinem Chef verheiratet oder mit mir?«

Da wird auch Karli laut: »Für sowas kommt ma ham! Und i strudel mi vielleicht net ab? Für die Kinder und für dich? Für was arbeit i dann? Na gut, dann hau i alles hin! Fahr wieder als Staplerfahrer, bitte!«

Da wird es Irma zu bunt. Sie schnappt den quengelnden Kleinen und verschanzt sich im Schlafzimmer. Und Karli bleibt allein mit seinen Lochkarten und starrt in die dunkle Nacht hinaus.

Kurti kann bei seinem nächtlichen Kontrollgang den Schlüssel für seine Stechuhr nicht finden: »Bärli, hast du den Schlüssel gfressen? Des Kastl is fort, vor zwa Stund wars no da. Alles verschwindt in dem Haus!«

Kurti ist ratlos in seinem Alkoholnebel. Da taucht der wohlbeleibte Kontrolleur mit seiner Taschenlampe auf und blendet das ratlose Wachorgan. Vorwurfsvoll wendet sich Kurti an seinen Wachhund: »Was meldst denn du net? Bist bsoffen, Bärli? Ach sie sind es, Herr Kontrolleur! Wachorgan Kurt Blahovec meldet sich nebst Hund vom Kon… Kontrollgang zu… zurück! Jetzt hättst mi aber fast derschreckt!«

Doch der Herr Kontrolleur geht nicht auf Kurtis kameradschaftliche Annäherung ein: »Blahovec! Sie sind angsoffen wie eine Strandhaubitzen! Sie sind entlassen, und zwar fristlos!«

Kurti findet mit Mühe sein Gleichgewicht: »Geh, du kannst mi do net mitten in der Nacht entlassen! Pauli, erinnerst di nimmermehr, mir zwa zu Silvester? I hab doch a schwangere Frau daham, i krieg a Kind! I sauf doch nur, weil der Bangert net von mir is!«

Doch der Herr Kontrolleur bleibt unerbittlich: »Subjekte, wie Sie eines sind, die bringen ja unseren ganzen Beruf in Verruf, Blahovec. Weils Leute gibt wie Sie, deswegen nimmt uns doch ka Mensch mehr ernst!«

»Und wann i versprich, dass i plötzlich nix mehr sauf, was is dann? I mein, im Dienst, man i?«

»Für Subjekte, wie Sie eines sind, ist in unserem Wachtkorps kein Platz nicht! Die Uniform können 'S morgen abgeben, wenn Sie Ihnen die Papiere holen. Also, her mit der Stechuhr, Ausweis. Na, gemma, gemma! Oder soll i Sukkurs rufen?«

Was bleibt da dem degradierten Wachorgan anderes übrig? Schweren Herzens trennt er sich von seinen Insignien und bleibt einsam und verlassen nebst Hund in der finsteren Nacht zurück. Ein tragisches Bild des Jammers.

Franzi hat Hannis nachdrücklichen Rat befolgt und einen höchst kreativen Schreibtischposten im Kulturamt ergattert. Er teilt sich das Zimmer mit einer Kollegin mittleren Alters, die offensichtlich ein Auge auf den jungen Kollegen Vejvoda geworfen hat. Diese leicht überheblich-anlassige Brillenträgerin war Erne Seder, später bekannt geworden als Frau Sokol in der »Lieben Familie«, einer im Wiener Großbürgermilieu angesiedelten Endlosserie des ORF. Diese nette Kollegin kümmert sich fast mütterlich um Franzi.

Franzis aufregende Tätigkeit besteht im peinlich genauen Überprüfen und Ordnen von Subventionsansuchen an das Kulturamt nach Einlaufdatum und Alphabet. Dazu muss er eine kurze Notiz verfassen, ein bis zwei Zeilen, mehr ist an dem ganzen Zeug ohnehin nicht dran. Nach obligater Überprüfung seiner Notizen durch sie selbst werden die Ansuchen dann an den Herrn Sektionschef zur endgültigen Entscheidung weitergeleitet. Da kann der Kollege Vejvoda sehen, was man für eine unnötige Arbeit mit den sogenannten Künstlern hat. Übrigens, wenn der Kollege vielleicht Opernkarten möchte, die kriegt sie jederzeit, das kostet sie nur einen Anruf. Kein Problem unter Kollegen, die ja ihr ganzes Leben miteinander verbringen werden. Ist der Kollege eigentlich verheiratet? Ehe der arme Franzi antworten kann, kriegt er einen Anruf von Hanni, den natürlich die Kollegin entgegennimmt. Sie reicht ihm mit spitzen Fingern den Hörer über den gemeinsamen Schreibtisch: »Für Sie!«

Sie verlässt beleidigt das Büro. Franzi seufzt tief und schüttelt sich schaudernd.

Das Ehepaar Werner muss ihr alteingesessenes Geschäftslokal für Strickmoden verkaufen. Ein selbstbewusst-arrogantes junges Paar, Regine Sattler und Erwin Leder, interessieren sich dafür. Sie wollen eine Modeboutique daraus machen. Doch das verstaubte Lokal mit den vielen Regalen entspricht nicht ihren Erwartungen. Sie haben da ganz andere Vorstellungen, die Jeans in losen

Haufen auf dem Boden, eine Stereoanlage und fertig. Deswegen können sie mit diesen Regalen überhaupt nichts anfangen und würden sie daher auch nicht übernehmen. Auch die Lage passt ihnen nicht, zu viele alte Leute. Und jetzt müssen sie ohnehin zur nächsten Modenschau. Das Lokal da ist für sie u. i. – uninteressant. Die Werners sind sprachlos über die selbstgefällige Arroganz dieses jungen Paares.

Mundl und Traxler machen eine kurze Verschnaufpause im fast idyllischen Schrebergarten: ein Tisch, zwei Bier, zwei Sesseln, und zu Füßen Traxlers Fifi und das Zwerghendl in einem extra eingezäunten Minigehege. Traxler kann nicht verstehen, dass Mundl einen Kastanienbaum im Kleingarten pflanzen möchte. Die Wurzeln gehen ja über zwei Parzellen und wie lang der braucht zum Wachsen. Da ist Mundl ja ein alter Mann. Aber ein Kastanienbaum ist doch etwas Schönes, es gibt ja sogar ein Lied über ihn. Und beide stimmen den »Narrischen Kastanienbaum« an. Dadurch kommen sie ins nostalgische Schwärmen: »Weißt no, wie des damals war beim Stemmen? Du hast immer mei Bier gsoffen und i hab die Gwichter auffeghaut bis am Plafond!«

Traxler hat schon daran gedacht, auch hier einen Stemmerverein aufzuziehen: »Hast den Bladen von der 45er Parzellen gsehn? Vielleicht mach i da an Verein auf, und du als Trainer!«

»I als Trainer? Eh klar, mach i den Trainer!«

Traxler klatscht in die Hände: »So, aber jetzt müss ma weitermachen, dass ma fertig werden. Also, gemma! Fenster einsetzen!«

Mundl nagelt mit Traxlers Hilfe einen Fensterrahmen an: »Net so fest annageln, nur heften!«

Traxler weiß es schon wieder besser: »I waaß eh, red net immer! Mir müssen uns tummeln, weil die Toni kommt ja heut ausn Spital. Und vorher gemma no auf a Bier ins Schutzhaus!«

Toni ist wieder wohlbehalten heimgekommen. Mundl ist übervorsorglich zu ihr: »Setz di her, bist ja im Krankenstand! Willst was essen? A guats Kaiserfleisch hab i da.«

Doch Toni wehrt ab, so was Fettes darf sie nicht essen. Sie stöbert in der Post, die auf dem Tisch liegt. Dabei findet sie ein Schreiben vom Wohnungsamt: »Bis Freitag, den 21. sollen wir hinkommen … das is ja morgen schon! Wie lang hast denn den Brief schon?«

»I weiß net, i hab ja ka Zeit ghabt. I hab ja einkaufen müssen und in Garten …«

»Mundi, des is egal, da müss ma morgen hingehen, sonst san die schönsten Wohnungen womöglich schon weg!«

Hanni kommt und will nach der Mama schauen.

»Geht ihr eh scho guat! A Milch muss trinken!«

»Du pass mir ja auf die Mama auf, Papa!«

»Pass i eh auf. Soll i uns an Kramperltee kochen?«

Toni ist über so viel Besorgtheit fast gerührt, doch Kramperltee braucht sie jetzt wirklich keinen. Sie will lieber wissen, was es Neues gibt.

Später verabschiedet sich Hanni, sie will nicht länger stören. Ihre Eltern haben sich ja lang nicht gesehen. Ob sie für sie etwas einkaufen soll?

»Na na, des mach scho i! Schreibst mir alles auf und i geh!«

Da läutet es wieder Sturm an der Tür. Doch diesmal ist es die aufgeregte Fini: »Der Kurti! Haun will er mi!« Fini flüchtet ins Zimmer zu Toni und Mundl fängt den hinterher stürmenden Kurti ab: »Bist denn du deppert wurden, hörst!«

»Du misch di da net in meine Familienangelegenheiten, sonst z'druck i di wie a Wanzen!«

»Und i hau dir glei den Teller eine, dass 'd scheangelst!«

Toni will die Streithanseln trennen: »Beruhigts euch doch! Es führts euch ja auf wie zwa Halbstarke!«

»Der Wamperte führt si ja auf, des geht auf ka Kuahaut!«

»Red net mit mir per Wamperter, hörst!«

Und die beiden fangen tatsächlich zu raufen an. Fini ist vollkommen aufgelöst in ihrer Ecke bei Toni: »Außegflogn is er! Außeghaut habens eahm, weil er dauernd bsoffen war! Glaubst der scheißt si was, dass i schwanger bin?«

Da rappelt sich Kurti wieder hoch und will auf Fini losgehen: »Schwanger bist du ja gar net von mir, du winnicher Hund du!«

Da packt ihn Mundl von hinten und stößt ihn zur Tür: »Jetzt haltst aber dei blöde Goschen! Du spielst di ja auf wie der Kaiser von der Hasengassen. Und des ane sag i dir: Wenn ma ausziagn, die Fini nehm ma mit!«

Da pudelt sich Kurti noch einmal mit aller Kraft auf und schreit, dass die Wände zittern: »Es könnts den Trampel mitnehmen! Den schenk i euch! Mitsamt den Bangert dazua!«

Da schnappt ihn Mundl noch einmal und drängt ihn ins Vorzimmer: »Jetzt is gnua! Auße!«

Und er will Kurti bei der Tür hinausdrängen. Plötzlich wird er ganz kleinlaut: »Wo soll i denn jetzt hingehn?«

»Des is mir Wurscht! Schlafst halt unter der Brucken!«

Tür zu, und Mundl dreht den Schlüssel um.

Das war die einzige wirklich handgreifliche Szene in der ganzen Serie. Ich war damals der Überzeugung und bin es heute noch, dass gerade eine derartige brutale Situation wie zwischen Kurti und Fini sehr realistisch dargestellt werden sollte. Diese Szene haben wir sehr exakt geprobt, und von dieser speziellen Probe gibt es sogar ein Filmdokument. »Fibsi« Fibich, unser Kameramann, hat damals seine private Filmkamera dabei gehabt und hin und wieder auf den Auslöser gedrückt. Nebenbei bemerkt war Dolly Schmidinger zu der Zeit wirklich schwanger. Das hat uns auch auf die Idee gebracht, die Geschichte mit Finis Schwangerschaft auszubauen.

Im Garten sind die Instandsetzungsarbeiten im vollem Gang. Mundl mauert, Toni streicht die Fenster und Fini entkernt Zwetschgen im Liegestuhl. Mundl ist noch immer sehr fürsorglich mit Toni, sie soll das Fensterstreichen lassen, sie ist ja noch immer im Krankenstand. Das kommt Karli zufällig daher, derr in der Nähe zu tun gehabt hat. Mit Irma ist inzwischen alles wieder in Ordnung, sie haben sich ausgesprochen und er bringt ihr eine Küchenmachine mit, damit sie es leichter bei der Hausarbeit hat. Fini bedauert, dass sie statt ihrem versoffenen Kurti nicht Karli geheiratet hat. Sie macht sich Gedanken: »Wenn der Kurti nimmer wiederkommt, wer weiß, ob i des derpack mit dem Gschrappen.«

Doch Toni meint, das haben schon ganz andere durchgestanden. Und schließlich sind sie ja auch noch da.

Karli hilft Mundl beim Aufmauern. Er reicht ihm die Ziegel und Mundl zieht die Mauer hoch. Mundl war schon am Wohnungsamt, sie haben ihm eine Wohnung in der Nähe vom Schrebergarten verspochen. Karli schaut sich um: »Na des wird da drüben sein, in der Großfeldsiedlung.«

»Da drüben? In den Wohnsilo? I bin do net deppert. Eine Wohnung in Grünlage, habens gsagt.«

Da kommen Toni und Fini mit den entkernten Zwetschgen.

»Und wo is jetzt der neue Eingang, Mundi?«, fragt Toni ganz harmlos. Mundl steht innerhalb der Mauer, Karli außerhalb. In der Hitze des Gefechts hat sich Mundl leider eingemauert. Natürlich ist der Karli schuld, wer sonst?

»Du Trottel hast ma die Ziageln da auffegelgt! Was mach ma jetzt?«

Karli schlägt vor, anstelle der Tür ein Fenster einzumauern. Doch Mundl läuft rot an und tritt die neue Mauer voll Zorn wieder nieder: »Mit dir arbeit i no amal! Du Trottel du! I hau alles zsamm!«

Und Fini kriegt einen Lachanfall.

Unsere Kleingartenkolonie war tatsächlich in Sichtweite der Großfeldsiedlung, genauer gesagt, in der immer noch bestehenden Anlage Seyringer Straße-Spitzweg. Die sieht natürlich heute völlig anders aus, aber die Großfeldsiedlung hat sich im Wesentlichen nicht verändert.

Die vierundzwanzigste Folge

Alles anders

Die letzte Folge beginnt stilgerecht im Wiener Wurstelprater. Das Orchestrion im Pferdekarussell spielt »Wien bleibt Wien« von Johann Schrammel und Schani dreht mit dem kleinen René ein paar Runden. Ein Luftballonverkäufer preist seine bunte Ware an: »Balloni Balloni!«

Schani will für seinen kleinen Neffen auch einen erstehen. Da stutzt er plötzlich: »Ja, Herr Blahovec? Seit wann verkaufen sie da im Prater Luftballone?«

»Blahovec gibts kan, nur mehr den Kurti, Herr Schani. Des is der klane René? Na der is aber scho groß worden. Den Ballon schenk i eahm.«

Und der große kleine René freut sich riesig über das Geschenk. Etwas besorgt will Schani wissen, wie es dem Kurti denn so geht.

»Mir gehts gut, a la bonheur gehts ma. San alle meine Haberer da, vom Wachzimmerkommandanten bis zur letzten Praterhur. Und schlafen tu i in an Verschlag mit an Klappbett. Und wenns kalt wird, hab i scho a Angebot als Maronibrater.«

Vorsichtig tastet sich Schani vor und bringt die arme Fini ins Gespräch. Doch Kurti hat dafür kein Verständnis: »Die Fini is ka armer Teufel, des is a Schlampen, de was mir Wurscht is und in Bärli a, gell, Bärli?«

Mundl, Toni und Fini sind beim Einpacken ihrer Habseligkeiten für die bevorstehende Übersiedlung. Schani erzählt ihnen von seinem Zusammentreffen mit Kurti. Mundl und auch Fini wollen davon nichts wissen: »Der Kurti geht uns gar nix mehr an, der is a Fremder! Mir haben unsere eigenen Sorgen.«

Doch Schani lässt nicht locker. Man muss sich doch um diesen armen Teufel kümmern. Das findet auch Toni und sie wendet sich mit leichtem Vorwurf an Fini: »Net, dass i die heilige Antonia wär, aber ihr seids immer noch verheiratet, Fini!«

Toni gibt Mundl einen deutlichen Rempler, er soll Fini endlich überzeugen: »Jetzt is der Kurti im Dreck und mir müssen uns um eahm kümmern!«

Da kapiert Mundl endlich und wendet sich an die verstockte Fini: »Genau, jetzt is der Kurti im Dreck. I war ja a scho im Dreck, i bin ja a stempeln gangen.

Mundl mit seinem Schurli

Schau, Fini, a jedes Kind braucht ja an Vatter, verstehst? I hab ja a an Vatter ghabt, da is er ghängt, der Großvater. Von allan kommt der Kurti dort nimmer auße. A wann er a Trottel is, hol man auße. Morgen geh i hin!«

»Morgen net, morgen tua ma umziehen, Edmund!«

Da wird es Fini zu bunt. Schließlich will sie auch gefragt werden, ob sie überhaupt will, dass der Kurti wieder geholt wird.

»Des is mir Wurscht! Wann i sag, der Kurti wird gholt, dann wird der Kurti gholt, net! Allanich bist ja derschossen auf dera Welt, Fini!«

Fini zieht ein Schnoferl: »Mitn Kurti aber a!«

Hanni hat ein schönes Abendessen mit Kerzenlicht und Vivaldi für ihren Franzi vorbereitet. Franzi ist von diesem liebevollen Empfang überrascht. Hat er vielleicht einen Jubiläumstag vergessen? Aber nein, Hanni will ihm nur eine Freude bereiten, weil er immer so deprimiert aus dem Kulturamt nach Hause kommt. Da gesteht er ihr, dass er schon vor einiger Zeit nach Hamburg an einen Verlag geschrieben hat und heute ist unerwartet positive Antwort von dort gekommen. Man hat ihm eine Stelle angeboten. Er gibt ihr den Brief zu lesen. Hanni schaut ihn mit großen Augen fragend an: »Was macht denn a Lektor?«

Franzi soll eine Buchreihe mit neuerer österreichischer Literatur betreuen.

»Heißt des, du willst nach Hamburg gehen?«

Was bleibt ihm denn anderes über? Im Kulturamt hält er es nicht mehr aus und in Wien hat er ohnehin keine Chance.

»Und das ist schon beschlossen? Ohne mich zu fragen?«

Er hat ja selber gar nicht damit gerechnet, dass die so schnell reagieren, sonst hätte er es ihr eh schon früher gesagt.

Mundl, Toni und Fini haben schon fast alles zusammengepackt. Mundl steht ratlos in der Küche: »Was mach ma mit der Badewanne, Toni?«

»No, mitnehmen, fürn Garten. Dort wer ma froh sein, wenn mas haben!«

Mundl soll es recht sein, aber jetzt wäre es langsam Zeit fürs Abendessen.

»Heute gibts a kaltes Büffet. A Beamtenforellen kann i euch anbieten.«

»Na dann hau ma uns eine a Knacker!«

Und dazu natürlich das obligate Bier, dem Mundl nur mit dem Bieröffner zu Leibe rücken kann.

Fini hätte einen unbändigen Gusto auf Salzgurken. Doch da muss sie Toni enttäuschen, die Salzgurken hat Fini schon alle verdrückt. Morgen gibts dann frische. Da überkommt Fini eine sentimentale Anwandlung: »Wenn i euch zwa net hätt!«, bedankt sie sich gerührt und verabschiedet sich mit ihrer Beamtenforelle in der Hand: »Schlafts gut miteinander! Das letzte Mal! Na, i man net des letzte Mal überhaupt, i man da!«

Mundl und Toni verzehren inmitten des mit Umzugkartons vollgeräumten Wohnzimmers ihr letztes Abendmahl in der Hasengasse. Toni meint nachdenklich, dass die Fini und der Kurti eigentlich zwei arme Teufeln sind. Mundl ist zuversichtlich: »I werd dem Kurti schon die Wadeln viredrahn!«

Einträchtig geben sie sich nostalgischen Erinnerungen hin: »Was sich in der Wohnung scho alles abgspielt hat. Die Hanni im Klappbett.«

»Und des Nudelaug, kann net amal heut no schnapsen!«

»Schad um unsere Tapeten. Die san no wie neuch!«

»Na, aber an Fehler habts schon gmacht. Den Stoß!«

»Also für des, dass de mei Geburtstagsüberraschung war, haben die Hanni und i ganz schön garbeit.«

Allmählich werden sie müde und bereiten sich ein Matratzenlager, alles andere ist ja schon eingepackt.

Dann singt sich Mundl in den Schlaf: »Auf an Stan, an nassen, in der Hasengassen, sitz i ganz verlassen da und wan …«

Toni gibt ihm ein zärtliches Busserl und kuschelt sich unter die gemeinsame Bettdecke. Dieses alte Wienerlied ist übrigens das Lieblingslied von Karl Merkatz, das er hier mit leicht geändertem Text verewigen wollte.

Hanni lässt die neue Situation mit Hamburg keine Ruhe. Sie kann nicht schlafen und schaltet das Licht wieder ein: »Was glaubst denn, was die Wohnungen in Hamburg kosten?«

»Sicher net wenig, aber wenn ich an Kagran nur denk, wird mir schlecht.«

Und was werden ihre Eltern sagen? Hat er daran auch gedacht?

»Der Papa wird wütend sein und die Mama traurig. Aber wir sind erwachsene Menschen, wir müssen unseren eigenen Weg gehen.«

»Und was soll ich dort arbeiten? Mit dein Gehalt werdn ma net auskommen!«

»Warenhäuser gibts dort auch. Kannst sogar beim gleichen Konzern weiterarbeiten.«

»Dafür wander i net aus! Du kannst ja fahren, i fahr net mit!«

Sie drückt ihre Zigarette aus und dreht das Licht ab.

Am nächsten Morgen ist der Möbelwagen schon vollgepackt. Mit Müh und Not bringt Mundl die hintere Tür gerade noch zu. Doch eine Kiste Bier und der Schurli in seinem Käfig müssen noch mit, wenn nicht anders, dann eben im Führerhaus. Toni und Fini zwängen sich dazu und Mundl startet. Mit einem kurzen »Servas, alte Hütten!« winkt er noch einmal zu seinem Wohnhaus zurück und los gehts in die neue Heimat jenseits der Donau.

»Des san ja lauter Wolkenkratzer! Da bist ja ka Mensch mehr! A Arschloch unter dreißigtausend!«

Mit den Wolkenkratzern hat Mundl ja recht. Die Großfeldsiedlung besteht tatsächlich aus mehreren Hochhäusern. »Fibsi« Fibich hat diesen ersten Eindruck der neuen Heimat von Mundl, Toni und Fini eindrucksvoll vom Dach eines dieser Hochhäuser mit der Kamera eingefangen. Aus dieser schwindelnden Höhe erscheinen einem die Menschen fast so klein wie Ameisen. Mundls Möbelwagen parkt in unmittelbarer Nähe ihrer neuen Behausung, von der Fini ganz begeistert ist. Dort oben, im 13. Stockwerk wohnen sie jetzt, und jeder hat eine wunderbare Loggia. Doch Mundl holt gerade die letzten Möbelstücke aus dem Auto und kann sich dafür nicht begeistern: »Was brauch i unser Loggia? I hab glaubt, dass i von der Loggia in unsern Garten siech. Und was siech i? An Kinderspielplatz!«

Damit schultert er ein Sitzmöbel seiner Wohnlandschaft. Toni hat Bedenken, ob der Wagen da stehen darf: »I derf da stehn, solang i steh, weil i da einziag! I ziag ja ein in diesen Silo! I komm mir vor als wie a Hendl. Des is ja a Hendlfarm, da hockt einer am andern. Und wennst auf die Loggia außegehst, waht di der Wind owe!«

Da hindert ein Polizist Mundl am Weitergehen: »Sind Sie der Lenker von dem Fahrzeug da? Sie wissen ja, dass das eine Fußgängerzone ist. Sie dürfen da nicht reinfahren!«

»I fahr eh net, i steh ja da!«

»Dürfte ich die Papiere sehen?«

»Die Papiere? Die san oben, im 13. Stock! I ziag ja grad ein da!«

Toni geniert sich schon wieder und Fini bemerkt schadenfroh: »Siehst es Mundl, wie gut, dass ma an Lift haben!«

Franz Werner hat nach der Liquidation seines Strickmodengeschäftes eine Stelle als Lagerist bei einem Textilgroßhändler bekommen. Sein neuer Chef weist ihn am ersten Arbeitstag in die neue Tätigkeit ein.

Fritz Holzer hat diesen »Herrn Walter« beeindruckend als redegewandten Fluktuationsfanatiker mit leicht wienerisch-jüdelnder Diktion dargestellt. Gedreht haben wir die Szene natürlich auch im sogenannten Textilviertel, in Wien besser bekannt als »Fetztenviertel«. Genauer gesagt war es im Keller der legendären Tuchfirma »Silesia« in der Marc Aurel Straße. Diesen Firmensitz gibt es längst nicht mehr, es handelt sich also auch bei dieser Szene um ein historisches Dokument im weitesten Sinne.

Herr Walter erklärt unserem Franz Werner in einem langen Sermon seine Geschäftsprinzipien. Erstens werden bei ihm sämtliche Firmenangehörige prinzipiell nur mit Vornamen angesprochen. Daher ist der Neue ab sofort der Herr Franz und er selbst ist eben der Herr Walter. Aber viel wichtiger ist ihm die Fluktuation. Bei ihm bleibt die Ware nie länger als zwei Wochen auf Lager. Die Posten müssen fluktuieren! Auf zwei Sachen legt er Wert, sonst a Seele von an Menschen: Kaufen und Abstoßen! Kaufen und Abstoßen ist seine Devise. Und weil der Herr Franz diese Devise offenbar nicht berücksichtigt hat, ist er eben in Konkurs gegangen, was kein Wunder ist.

Außerdem macht in seiner Firma jeder alles, das ist so üblich hier. Wenn der Herr Franz fleißig ist, kann er bei ihm alt werden, aber zwei Linke darf er nicht haben. Herr Walter ist gütig wie ein Vater, nur in einem Punkt wird er zum Tiger: Am Abort sitzen und Zeitunglesen geht nicht. Da kommt endlich das Fräulein Hermi, unpünktlich wie immer. Die wird den Herrn Franz gleich unter ihre Fittiche nehmen und ihm ein Beispiel an Pünktlichkeit sein. Dann geht der Herr Walter seines Weges, jedoch nicht ohne dem Herrn Franz bei seinem Abgang laufend zuzurufen: »Arbeiten, Herr Franz, arbeiten!«

Dem armen Herrn Franz schwirrt der Kopf, doch das Fräulein Hermi tröstet ihn, so ist er eben, der Alte. Das Fräulein Hermi, unbekümmert goschert gespielt von Lydia Weiss, erklärt in kurzen Worten, was zu tun ist. Ganz einfach, nach dem Bestellschein das Klumpert, also die Ware im Lager zusammensuchen, auf die Rodel schmeißen, in die Hände spucken und dann das Ganze mit dem Aufzug hinaufziehen, fertig.

»Balloni Balloni!«, Kurti ist immer noch im Prater mit seinen Luftballons unterwegs. Da möcht ein junger Mann mit ihm reden. Doch Kurti hat keine Zeit, er muss seine Ballons verkaufen. Kurz entschlossen drückt ihm der junge Mann einen Tausender in die Hand, kauft ihm den ganzen Buschen ab und schenkt ihn an eine junge Mutter mit Kind weiter. Kurti kennt sich nicht aus, doch der junge Mann versichert ihm, dass er bei ihm sein Glück machen kann.

»Aufs Glück wird gschissen, mein lieber Herr! Des Glück is a Vogerl!«

Egal, der junge Mann will Kurti aufbauen.

»Aufbauen tu i mi selber! Was wollens denn überhaupt von mir?«

Bernhard Meisel, der junge Mann, kommt nun zur Sache: »Unsere Agentur hat Interesse an Ihnen. Wir suchen einen Image-Man, einen aus dem Volk, mit dem man sich indifizieren kann!«

»Des hasst ›indentifizieren‹ hörens, aber wieso kommen 'S da grad auf mi als Imitschmen?«

»Weil sie der Prototyp sind von einem Image-Man!«

Der junge Agent hat Kurti inzwischen auf eine Heiße eingeladen und will seinen Namen wissen. Er ist begeistert von Kurtis Familiennamen: »A richtiger urwienerischer Namen fürs Plakat! San 'S verheiratet und haben 'S vielleicht auch ein Kind?«

»Ja, schon, noch. Und ein Kind is ans unterwegs!«

»A Wahnsinn! Verheirat, a Kind und Blahovec a no dazua! Wie schreibt ma des, Blahovetz?«

»Na wie mas sagt, mit c am Schluss. Aber wieso schreibst du des alles auf, hörst?«

»Weil i di mit nimm in die Agentur, dort wer ma dir des alles erklären. Ein Wahnsinn! Die Konkurrenz wird rotieren! Alles hundert Prozent echt und net gstellt!«

Und der Agent entführt den neuen Imitschmen aus dem Prater in einen neue Welt.

Mundl hat sich fest vorgenommen, seinen Kurti endlich aus dem Prater zurückzuholen. Leider hat er die Straßenbahn versäumt und stärkt sich inzwischen im Wirtshaus mit einem Krügel Bier. Zum Glück gibt es ja auch in der Großfeldsiedlung derartige Labestationen. Kaum setzt er zu ersten Schluck an, kommt das Objekt seiner geplanten Rettungsaktion daher. Mundl traut seinen Augen nicht: »Hörst Kurti, wie kommst denn du da her? Grad hab i di holen wollen. Und wie bist denn du gsackelt? An neichen Anzug und an Lederjoschi! I glaub, i tram!«

Kurti zeigt stolz seine nagelneue Garderobe: »Ja, da schaust, Mundi, gell? Der Kurti hat Karriere gemacht!«

Voll Freude will Mundl sofort etwas zum Trinken bestellen, doch Kurti wehrt ab: »Na, i derf net trinken!«

»Bist krank?«

»Na, a Imitschmen!«

»Is ja Wurscht! Herr Ober, zwa Unblachte und a Seidl!«

Kurti hat ein schlechtes Gewissen und schaut sich ängstlich um: »I hab an Vertrag unterschrieben, dass i nix mehr trinken derf! Hoffentlich siecht mi kaner!«

»An Schaß siecht di da heraußen jemand in der Betonbude!«

Toni und Fini erkunden inzwischen das Einkaufszentrum in der Großfeldsiedlung. Sogar eine Fischhandlung gibt es hier, da kann Toni gleich ein paar Rußerln kaufen, man weiß ja nicht, vielleicht für ein Katerfrühstück. Da kommt ihnen eine junge Mutti mit einem Kinderwagen entgegen. Fini ist begeistert und fragt interessiert: »Jö, is es ein Buberl? Ja! Wie heißt er denn? Ives! Du Toni, des wär ka schlechter Namen: ›Ives Blahovec‹. Was sagst?«

Fini zeigt Mundl und Toni ihren dicken Bauch

Offenbar hat es damals schon eine Vorliebe für exotische Vornamen junger Erdenbürger gegeben.

Mundl und Kurti haben schon mehrere Unblachte hinter sich, man hört es am leichten Zungenschlag der beiden alten Haberer: »Du Kurti, i hab die Fini aufzogen wie mei eigens Kind, wie ma daher übersiedelt san.«

»Wie du mi damals außeghaut hast, das war nicht schön von dir, Mundi! Aber der Kurti is kein nachtragender Mensch. Sag amal, wo wohn i denn eigentlich jetzt?«

»Da oben, im zwölften Stock. An Stock unter uns.«

Und Mundl zeigt ihm das Wohnhaus in Sichtweite. Kurti begutachtet interessiert die Umgebung: »Is eh schön, a herrliche Skeilein!«

»A Scheißlein is des! Wann i in der Fruah in die Bude fahr, fahr i anahalb Stund mit der Straßenbahn!«

Da muss Kurti seinen Freund aus tiefstem Herzen bedauern: »Weißt was? I nimm di mit in die Agentur, die machen aus dir a an Imitschmen. Da kriegst a a neuche Schaln und dann schaust aus wie i! Sag amal, wo is denn der Bärli? Bärli! Bärli!«

Doch der Bärli hat sich selbstständig gemacht. Er hat sein Frauerl, die Fini gefunden, die gerade mit Toni und zwei vollen Einkaufswägen daher kommt.

Toni ist über den Zustand Mundls und Kurtis entsetzt und lehnt dankend das Angebot ihres Göttergatten ab, auch etwas zu trinken. Und Fini ist total verdattert, ihren Kurti wiederzusehen.

Heute ist der große Tag gekommen, Mundls fünfzigster Geburtstag. Doch leider schüttet es wie aus Schaffeln. Daher findet die Feier nicht im Schrebergarten, sondern im nahen Schutzhaus statt, wie man einem handgeschriebenen Plakat auf Mundls Gartentür entnehmen kann. Ich habe mir den Spaß erlaubt, hier noch einmal persönlich durchs Bild zu gehen, allerdings kaum erkennbar im gelben Friesennerz und mit tief ins Gesicht gezogener Kapuze. Diese wetterbedingte Verlagerung der Geburtstagsfeier war leider wirklich notwendig geworden, an dem geplanten Drehtag hat es wahnsinnig geschüttet. Wir hatten alles für die Feier im Garten vorbereitet, doch dann mussten wir kurzfristig umdisponieren. In diesem Schlussbild waren auch viel zu viele Schauspieler beteiligt, die wir an einem anderen Drehtag nicht so ohne Weiteres zusammen bekommen hätten.

Im Schutzhaus ist der gesamte Sackbauer-Clan inklusive den beiden Werners, Kurti und Fini Blahovec und Obmann Traxler um eine große Festtafel versammelt. Schani macht das obligate Familienfoto, übrigens wieder mit meiner eigenen Kamera, und spricht anschließend die »unpassenden Worte« an die Festgäste. Alle erheben sich und lassen Mundl hochleben. Jetzt erhebt sich der Jubilar sichtlich gerührt: »Mit dem Garten habts mir scho a Freud gmacht, a wanns heut abewaschelt als wia. I dank euch schön!«

Mehr bringt er nicht heraus, die Stimme versagt ihm. Da meldet sich Obmann Traxler zu Wort: »Mein lieber Edmund! Ich möchte vorausschicken, dass ich sehr erstaunt bin, dass deine Feier grad hier im Schutzhaus stattfindet. Das ist hinter meinem Rücken geschehen und ich werd auch nicht lang bleiben. Aber bitte! Als dein Obmann möchte ich dir trotzdem ein kleines Geschenk zur Verschönerung deines Gartens übergeben! Da bitte, und alles Gute!«

Und der Obmann überreicht Mundl ein mittelgroßes Paket, das sich als Gartenzwerg herausstellt. Jetzt schließen sich die anderen Festgäste an und übergeben ebenfalls ihre Geschenke. Und in jedem Paket ist ein Gartenzwerg. Am Ende steht vor Mundls Platz eine ganze Kompanie von Gartenzwergen verschiedenster Größe, Mundl verschwindet fast hinter dieser kleingärtnerischen Ehrengarde. Kurti überreicht zusätzlich noch eine Flasche Sekt mit den besten Grüßen von seiner Agentur. Jetzt bleiben nur mehr Hanni und Franzi mit ihrem Geschenk über. Hanni will die Übergabe zwar auf später verschieben, doch Franzi erhebt sich und überreicht Mundl ebenfalls ein Paket: »Lieber Papa, i hab leider kann Gartenzwerg mehr kriegt, die waren alle ausverkauft. Aber dafür überreichen die Hanni und ich dir ein Geschenk, das auch einen gewissen Symbolcharakter hat.«

Mundl packt aus und findet eine dunkelblaue Schirmmütze, die er sofort aufsetzt: »I bin ja ka Eisenbahner!«

»Das ist auch kein Eisenbahnerkapperl, sondern eine Hamburger Schiffermütze.«

»A Hamburger? Habts leicht scho wieder an Preis gwonnen?«

»Nein, wir gehen nächste Woche nach Hamburg. Wir haben schon a neue Wohnung und alles geregelt. Ich hab eine Stelle dort angenommen.«

Mundl ist wie vom Donner gerührt, und alle anderen sind zumindest überrascht: »Bist du deppert worden hörst? Und du a? Ihr könnts doch net auswandern nach Deutschland auße!«

Da meldet sich auch Hanni zu Wort: »Papa, das is alles so schnell gangen, wir wolltens euch eh sagen, aber ...«

»Da muss i a gfragt werden! Des kommt überhaupt nicht in die Frage!«

Toni versucht ihren Mundl zu besänftigen: »Reg di net auf, i hab ja an nix gwusst davon!«

»Was heißt, net aufregen? Des is mei Geburtstag und da reg i mi auf, wie i will! Pickts euch des Kapperl aufn Huat!«, er schmeißt seine Mütze erbost auf den Tisch, drängt sich durch seine Gäste und verlässt das Extrazimmer. Alle sind bestürzt, Toni meint auch, Hanni hätte zumindest ihr davon erzählen sollen. Doch dann geht sie besorgt nachschauen, wo sich Mundl verkrochen hat.

Der steht an der Schank und spült mit einem Obstler seinen Groll hinunter. Er ist sehr enttäuscht und fast den Tränen nahe: »Da gfreut man sich auf sein Geburtstag und dann pritschelts den ganzen Tag. Und dann kommt des Nudelaug daher und sagt, die gengan nach Hamburg! Es is immer alles anders, als wie ma sich des vorstellt und wünscht!«

Toni versteht ihn gut und nimmt sich auch einen Obstler.

Mundl versteht die Welt nicht mehr: »Was braucht denn des Nudelaug nach Hamburg gehen? Is eh bei der Gemeinde angstellt! I geh ja a net nach Hamburg auße!«

»Schau, Mundi, mir zwa haben, was ma brauchen. Aber die zwa Jungen? Die müssen ihren eigenen Weg gehen. Da dürfen mir zwa Alte nix dreinreden!«

»Was heißt alt, mir san net alt. Und du überhaupt net!«

Toni bringt ihn schließlich dazu, wieder zur Feier zurückzugehen. Es wird sich schon alles einrenken.

Als Mundl und Toni gemeinsam zurückkommen, bedient sich der kleine René gerade selbst an der Geburtstagstorte. Das löst die Spannung ein wenig. Hanni und Franzi versprechen, so rasch als möglich zu schreiben und bald auf Besuch zu kommen. Dann wird der Rest der Torte verteilt und Mundl nimmt wieder seinen Ehrenplatz inmitten seiner Lieben ein, wie es sich für ein Familienoberhaupt gehört. Und zu guter Letzt erklingt im mehrstimmigen Chor Mundls Lieblingslied: »Du narrischer Kastanienbaum, du bildest dir wohl ein, du könntest, wenn der Herbst schon naht, ein junger Frühlingsstürmer sein! Hallo!«

»Edmund Sackbauers gesammelte Flüche entlockten zum Schluss selbst den artigsten Spießbürgern keinen Protest mehr, sondern nur noch ein müdes Lächeln. Immerhin war der Mundl aber das spektakulärste Zeichen der Demokratisierung der Sprache: Er symbolisierte »das Mitreden« des einfachen Mannes, der sich sprachlich nicht mehr verstellen muss. So gesehen war der letzte Mundl-Tag, der 4. Dezember 1979, nicht nur ein historischer Tag für den Schauspieler Merkatz, sondern für uns alle.« *Kronen Zeitung*

Franz und Martha Werner

Die »alten Werners«

Irmas Eltern zählen als Gewerbetreibende zur gutbürgerlichen Schicht des Mittelstandes. Sie besitzen ein Strickmodengeschäft, das allerdings nicht mehr so recht läuft. Trotzdem fühlen sie sich, zumindest in Mundls Augen, als etwas Besseres. Besonders die anfangs eher hochnäsige Martha Werner hat große Probleme, die gesellschaftlichen Barrieren zu der Proletenfamilie zu überwinden. Sie lässt das ihre Tochter auch deutlich spüren und nimmt sich dabei kein Blatt vor den Mund.

Franz Werner leidet unter der dominanten Bevormundung seiner angetrauten besseren Hälfte und leidet unter Magendrücken. Dieses Übel bekämpft er mittels Magenbitter, was immer wieder Grund für maßregelnde Ermahnungen seiner Frau ergibt. Man könnte ihn auch als »Simandl« bezeichnen, wie es Mundl gerne tut.

Doch sie sind im Grunde gute Eltern und finden sich allmählich mit dieser Mesalliance ab. Es bleibt ihnen auch nichts anderes übrig, als den Schwiegersohn und vor allem den Schwiegervater zu akzeptieren.

Ein wehmütiger Epilog

Was alles geblieben ist

Ich kann mich nicht mehr genau erinnern, wann unser letzter Drehtag gewesen ist. Es muss wohl irgendwann im Oktober 1979 gewesen sein. Mein Vertrag war allerdings erst mit 21. November beendet, ich musste ja die letzten drei Folgen noch schneiden und mischen. Die Folge 22 »Mitte des Lebens« ist ja bereits am 6. November erstmals ausgestrahlt worden.

Natürlich haben wir den Drehschluss gebührend gefeiert. Und zwar in der Halle 2 am Rosenhügel, traditionell auch in der Dekoration. Es war das letzte große Familientreffen, an dem viele der Beteiligten teilgenommen haben. Und das waren in den fünf Jahren seit Frühjahr 1975 doch eine ganze Menge Menschen. Eine Drehschlussparty hat für mich grundsätzlich immer einen sentimentalen Beigeschmack. Man hat eine gemeinsame Arbeit zu Ende gebracht, man ist zusammengewachsen, hat neue Freundschaften geschlossen und jetzt verabschiedet man sich voneinander. Jeder hat neue Pläne und Ziele, manche wird man bei einer kommenden Produktion irgendwann wiedersehen, manche wird man aus den Augen verlieren. So ist es mir immer wieder ergangen und ich war immer wieder ein bisschen traurig. In unserem Fall hat die gemeinsame Arbeit mit den meisten Beteiligten mehr als fünf Jahre gedauert. Und das ist nicht alltäglich, das kommt relativ selten vor. Umso schwerer ist uns auch dieser Abschied gefallen. Es war zwar schon lange vorher abgesprochen, dass die Serie mit der 24. Folge zu Ende geht, aber als es dann so weit war, hat es uns doch ein wenig bedrückt.

Selbst Karl Merkatz, der damals schon konkrete Theaterpläne und neue Rollen in Aussicht hatte, war an diesem Tag in einer eigenartigen Stimmung. Immerhin hat ihn ja seine geniale Darstellung des Mundl Sackbauer derart bekannt und beliebt gemacht, dass er nirgendwo unerkannt auch nur über die Straße gehen konnte. Aber Karl Merkatz ist ein Schauspieler, der immer darauf Wert gelegt hat, nicht auf einen einzigen Typ festgelegt zu werden. Das hat er ja in der Folge auch oft und oft bewiesen. Aber dieser Mundl ist ihm doch sehr ans Herz gewachsen und natürlich auch seine Familie. Und deshalb war es auch für mich durchaus verständlich, als er, nach einigen Vierteln Rotwein, am Ende unserer Abschlussparty einfach begonnen hat, die Dekoration zu zerlegen. Und das mit all seinem handwerklichen Fachverstand als gelernter Tischler. Ich habe das als seinen persönlichen Ausdruck von Abschiedsschmerz empfunden. Sein etwas radikaler Abschied von der ehemaligen Sackbauer-Wohnung hat jedenfalls dazu beigetragen, dass diese Dekoration in keinem Fernsehspiel des ORF jemals wieder verwendet werden konnte.

Seitens des ORF war ursprünglich geplant gewesen, die Familie Sackbauer nach zehn Jahren noch einmal auf den Bildschirm zu holen. Man war sich natürlich der Popularität der Figuren durchaus bewusst und wollte sehen, was aus ihnen in zehn Jahren geworden ist. Doch aus mehreren Gründen ist es nie zu dieser Wiederaufnahme gekommen. Es hat fast dreißig Jahre gedauert, die legendären »Echten Wiener« wieder zum Leben zu erwecken, und zwar auf der Kinoleinwand. Doch das ist eine andere Geschichte. Ich hatte nur am Abend unserer Abschlussparty das unbestimmte Gefühl, dass es irgendwann weitergehen würde.

Ich habe mit Karl Merkatz in der Folge immer wieder beruflich und auch privat zu tun gehabt. Juli/August 1979, noch vor den letzten drei Mundl-Folgen, habe ich in Salzburg mit ihm und mit Götz Kauffmann das Zweipersonenstück »Singles« im Rahmen der »Szene der Jugend« im Petersbrunnhof inszeniert und auch fürs Fernsehen aufgezeichnet. Herwig Seeböck hat diese köstliche Tragikomödie den beiden großen Schauspielern auf den Leib geschrieben. Und diese Regiearbeit war für mich auch sozusagen der Einstieg in die Theaterregie. Ich war ja von 1982 bis 1986 fix als Spielleiter des Schauspiels am Landestheater Linz engagiert.

Als nächstes Abenteuer war ich mit Karli Merkatz im Winter 1979/1980 in seiner Fast-Wahlheimat Australien. Wir haben dort zweieinhalb Monate lang den »Easy-Radler« gedreht, einen Fernsehzweiteiler für den ORF, produziert von Purzl Klingohrs Interspot. Das war eine Art Reisefilm, in dem Karli als skurriler österreichischer Bundesbahner mit dem Fahrrad durch Australien fährt und dort mancherlei erlebt.

Von September bis Mitte Oktober 1980 war ich dann Regieassistent beim ersten »Bockerer-Film« von Franz Antel. Ein Erlebnis, das ich auf keinen Fall missen möchte. Es war dies meine erste Zusammenarbeit mit dem Altmeister des Österreichischen Films, den ich sehr schätze.

Damals wusste ich allerdings nicht, dass ich in einer ähnlichen Konstellation viele Jahre später noch einmal mit Antel und Merkatz zusammenkommen würde. Irgendwann Ende 2002 hat mich Dieter Pochlatko, der Produzent der EPO-Film angerufen und gefragt, ob ich nicht im Frühjahr 2003 als Co-Regisseur mit Franz Antel den »Bockerer IV – Prager Frühling« machen möchte. Antel sei neunzig Jahre alt und die Versicherung besteht auf einem Co-Regisseur. Es war mir eine Ehre, dieses Angebot anzunehmen, ich habe diese Arbeit Franz Antel sozusagen zu seinem Neunzigsten geschenkt. Franz hat sich sehr gefreut und wir haben uns prächtig verstanden. Dieser wirklich gelungene Film sollte auch der letzte von Franz Antel gewesen sein.

Was ist noch alles geblieben? Vor allem die Erinnerung an viele Kolleginnen und Kollegen, die bereits von uns gegangen sind. Ich möchte hier einige besonders erwähnen, zu denen ich auch einen sehr persönlichen Kontakt gehabt habe: Rudi Schippel, unser guter Schani-Onkel (1995), Jaromír Borek, unser Franz Werner (1997), Ilse Hanel, seine Frau Martha Werner, Joe Trummer, der geborene Obmann (2007), Rudi Jusits, der Regisseur der Folgen 14–16 (2005), Kurt Weinzierl, der Onkel Vitus aus Tirol (2008) und Götz Kauffmann, unser unvergesslicher Kurti Blahovec (2010).

Sie und alle anderen Schauspielerinnen und Schauspieler haben mit ihrer darstellerischen Kunst und ihrer unverwechselbaren Menschlichkeit dazu beigetragen, dass unsere Serie »Ein echter Wiener geht nicht unter« ein Stück Österreichische Fernsehgeschichte geworden ist. Und gleichzeitig ein Stück Zeitgeschichte der 1970er Jahre.

Der Mundl Schmäh

Bier

Mei Bier is net deppert!

Bier derf i jetzt a kans mehr trinken?

Die haben ka offenes Bier? Was is denn des für a Wirtshaus?

Jetzt haun wir uns ein gepflegtes Bier in die Venen, damit ma munter werden!

Doch kan Kaffee, passt ja net zum Bier!

Trinkst no a Bier, Papa? – Frag net so blöd!

Und zweitens werd i mit dem Biertrinken aufhören.

Bier is ja nur gut, dass ma besser wischerln kann!

I trink des Bier wegen der Kondition!

Scheiß auf a Kompott, i brauch a Bier!

Lebensweisheiten

I waaß aber jetzt scho, dass mir nix einfallt.

Schlaft der alte Schneebrunza, oder is er net daham?

Jedes Arschloch hat doch heut scho a Gschäft!

Zu einer Hur geht ma, zahlt und geht wieder!

Net Deutsch können, aber Scheiße sagen, des kann er!

Und überhaupt is einem jeden der Hintern näher als wie die Hose.

Gut, spinn i! Machts, was wollts!

Mir fehlt heut so ziemlich alles, no amal so a Tag und mi trifft der Schlag!

I hab eahm doch ka Goschen anghängt! I hab eahm nur gfragt, obs eahm ins Hirn gschissen haben!

Das ist ja ein Komplott!

Glaubst der Sackbauer Mundl lasst si am Schädel scheißen und sagt no »Dank schön«?

Sie brennen, oder sie lernen mi kennen!

Es is heut a Scheißtag, des hab i schon im Urin gspürt.

Bitte, sag i nix mehr.

An Schaß muaßt, sterben musst!

Ob der will oder net, des is mir Wurscht!

Is ja die reine Inzucht!

Wer nicht da ist, der macht auch keine Tür nicht auf.

Des is ja ordinär!

Die Trotteln haben allerweil a Glück!

Freilich samma kommen, mir san ja da!

Verboten oder nicht verboten, man derf si nur net derwischen lassen!

Interessiert si ja eh kaner mehr für mi, bin eh jedem Wurscht!

Vorbei is, wann i hin bin, dann is vorbei!

I mach überhaupt nie was mit Gewalt, aber ändern muss sich was!

Hauts euch über die Häuser, es Trotteln!

Haschen tats net, schlafen tats net miteinander, für was seids dann a Kommune?

Über den Durst

Waaßt, was du bist? Deppert bist du und angsoffen. Mit Bsoffene tu i net debattieren!

Mei Frau glaubt vielleicht, i sitz irgendwo und sauf.

Mein Gott, Toni, die Mannsbilder saufen doch alle!

Der Kurti sauft scho seit immer.

Jetzt hau ma uns a Achterl Reiswein in die Venen, damit ma besser schlafen!

Hörst du Würschtel, bist angsoffen, oder hast an Klopfer, oder willst mi vielleicht am Schmäh halten?

Nix bsoffen, happy bin i!

Trink ein Wasser! – I will do net inwendig verrosten!

Ich werde höchstwahrscheinlich überhaupt nicht mehr trinken!

Is ja Wurscht! Wer nix frisst, braucht a nix saufen!

Net so gschwind trinken, du musst heut no Autofahren!

Wenn i Ihnen versprich, dass i plötzlich nix mehr sauf, was is dann? Im Dienst, mein i?

Na, net aus der Flaschen! Mir san ja kane Gscherten!

Die liebe Familie

Heiraten kannst, wenn i dir des erlaub! Und zu dem Zniachtl gib i dir nie die Einwilligung!

Wann des der Großvater hörert, heut no tät er rotieren!

Bitte sagen sie doch nicht immer Herr Sohn zu mein Buam, des is ja kein Herr, sondern ein Trottel!

I möchte wissen, was für a Trottel hat meinem René so a Quietschglumpert gschenkt hat?

Geniert sie die Frucht eben für sein Vater!

Bruader is Bruader und Depp is Depp!

Auf was du Pippn den Huat haust, bestimm i!

Und nebenbei schaust der Irmi am Arsch, dass dir die Augen außekommen wie an Laubfrosch!

Wer is denn bei dir a falscher Fuffziger, du Trottel du?

Die kommt eh scho, Pfeifenstierer, blöder! Oder soll sie sich wegen dir a Raketen in Hintern stecken?

Was heißt, a Spechtler, du Trottel?

Glaubst i bin allanig z'deppert zum Vorstellen?

Du halt jetzt die Goschen, wenn i red hast du Pause!

Der is a Trottel! Des hab i scho gspürt, wie er auf die Welt kommen is!

Wenns 'd zu dem was sagst is, wie wennst im Wald an Schaß lasst!

Spinnst hörst, oder hast an Klopfer?

Arbeiten gehst du mir net, der Mann im Haus bin i!

Die dürfens net ernst nehmen, des is mei Frau!

Wenn Ihr Hund no amal zum Haustor hinbrunzt, dann is er ausbanlt.

Des wird a Hetz werden, wenn der Vogel »Leck mi am Arsch« sagen kann!

Sitzt blöd da und denkt si nix dabei!

Manchmal kommen mir die Affen gscheiter vor als wie die Menschen!

So ein Tier ist mehr wert als ein Mensch!

Feierlichkeiten

Scheiß auf des ganze Weihnachten!

Nächstes Jahr zu Weihnachten können uns alle am Arsch lecken!

Weihnachten is mir zwieder!

I hau mi am Heiligen Abend ins Wirtshaus, dort hab i mei Ruah!

Wenigstens amal im Jahr will i in kane depperten Gsichter schaun!

A blödere Weihnachtsüberraschung is euch net eingfalln?

Lauter Trotteln! Zu Weihnachten werdens alle deppert!

Erziehung

Des hast du von deiner depperten antiautoritären Erziehung!

Wenn di Mama sagt, des san kane Manieren, dann san des kane Manieren!

Sag des no amal, und i hau di durch die zugmachte Fensterscheiben auf die Straßen abe!

Da bleibst, wenn die Mama mit dir redt!

Du brauchst die Pappen eh net aufmachen!

Was gibts denn da zum Lachen, du depperte Gurken?

Red net so gschert, wenn Besuch da is!

Halt doch die Goschen, wenn i red hast du Pause!

Man grüaßt, wenn ma wo einekummt!

Mach auf die Pappen, wenn di die Mama was fragt!

Wenn die Mama und i a so modern denkt hätten, dann täts heute noch in Abrahams Wurschtkessel umeinanderschwimmen!

Geschlechterkampf

Lass doch schlafen gehen, die Weiber verstehn eh nix vom Gschäft.

Weiber gibts Berge!

Du hast ja ka Ahnung von an Frauenkörper, du Trottel!

Mir machen uns scho alles selber, mir brauchen kane Weiber mehr!

Zwischen meiner Frau und mir fallt nie a lautes Wort.

Haben Sie scho amal a Frau gsehn, die net nervös is?

Mit Hirn und Gfühl, wie bei aner Frau!

A Mann braucht a Arbeit, sonst kommt er auf depperte Gedanken.

Mir Männer san net zum Dreckputzen auf'd Welt kommen.

Ein charakterfester Mann redt mit sich selber, wenn ihm danach is!

Jetzt hör do auf mit der Jeierei! Bist a Mann, oder bist a Hosenscheißer?

Hackn & Freizeit

I hab mir denkt, mir können ja a amal owefahrn, wenn eh scho jedes Arschloch in Jesolo oder in Kaorle war.

I hab ja nix gegen die Italiener, a wanns a ganz a andere Mentalität haben als wir.

Wann du am Samstag deine Kilo net aufebringst, könnts euch euchern Urlaub aufzeichnen!

Wenn i heut no a Wort von dem Urlaub hör, dann gibts a Explosion!

I hab a Steirergwandl anzogen, mir fahrn ins Burgenland!

Scheiß auf des Spazierengehen, immer des Umeinanderhatschen!

Pfosten, wissen 'S, san, wie ma sagt, quasi Trotteln. Net direkte, aber immerhin Leut mit einem gewissen Kläscher

Jeder Trottel kann heute schnapsen!

Soviel werden 'S scho können, dass mir die zwa Weiber ordentlich hineinhauen!

Oje, net amal schnapsen kann er, i hab mas eh denkt.

A Athlet muss seine Opfer bringen.

I hau den Huat heut aufs Training, für den Pimperlverein bin i eh guat gnua!

Du traurigs Mandel du, du kannst mi als gewählter Obmann im Arsch lecken!

I scheiß auf a Auto, hörst! A so an Haufen scheiß i!

In der Fruah san lauter Trotteln unterwegs!

Weißt was? I scheiß aufs Autofahrn!

Gsunde Watschen

Wenn i amal so mit mein Vater gredt hätt, der hätt ma a Watschen gebn, dass mir vierzehn Tag der Schädel gwackelt hätt!

Wenn i net von meiner eigenen Kraft a Angst hätt, i tät dir jetzt a Watschen geben, dass dir vierzehn Tag der Schädel wackelt, du Gfrasst du!

Wenn er net zahlt kriegt er a Watschen, dass er vierzehn Tag im Kras geht!

So alt kannst du gar net werden, dass i dir net a Watschen owehau, dass dir vierzehn Tag dei depperter Schädel wackelt!

Der Dichter

I hab dir schon tausend Mal gsagt, dass i des net will, dass 'd di mit den Fetzenschädel triffst!

Obergscheit reden des kann er, aber sonst kommt an des Speiben, wenn man anschaut.

A Figur hat der wie a Pfeifenröhrl und Augengläser mit an Haufen Dioptrien.

Wenn ich sage, der Franzi is a Niaten, dann is er a Niaten, wie des Amen im Gebet!

I versteh gar net, was ihr für an Narren gfressen habts an dem Franzi, a so a Krippenreiter!

Der Karli

Mei Krawatten is ka Hur!

Is mit dein Stuhlgang was net in Ordnung, weilst so rot bist im Gsicht?

Lauter Kieberer, da könnt ma glauben, ma is am Polizeiball!

Die Toni

Mundi, jetzt halt aber die Pappen!

Mein Gott, seids es Mannsbilder wehleidig, wenn euch a Schaß druckt, sterbts schon!

Ein Gfühl hast du wie ein Elefant!

I bin immer a bissl vorsichtig, wenn mein Mann a Idee hat!

Die Hanni

Mein Körper hast haben wollen, aber i als Mensch bin dir ganz egal! Ganz Wurscht bin i dir!

Als Anzogener kann man berufliche Sachen besser besprechen.

Was des für a Geld kost, nur damit zwei Trotteln mehr auf den depperten Ball umeinander hatschen!

I scheiß bald auf die ganze Literatur!

Der Kurti

Du Kurti bist für einen Trottel viel z'gscheit!

Waaßt eh, wo du mir hinschaun kannst mit dein geschulten Auge!

Weil du von uns alle die größte Goschen hast, haben wir beschlossen, dass du unser Obmann wirst, obs 'd willst oder net!

Gemma, blade Blunzen!

San alle meine Haberer, vom Wachzimmerkommandanten bis zur letzten Praterhur!

Indifizieren? Des haaßt indentifizieren!

Die Fini

Der hat die Midlifekrisis, des habm jetzt alle Männer!

Waaßt, was du bist? A Schaß im Wald, aber ganz a leiser!

Ohne mi wärst du schon längst z'Grund gangen, Impotenzler!

Chronologie

Folge	Titel	Erstsendung	Regisseur
1	Salz der Erde	08. Juni 1975	Reinhard Schwabenitzky
2	Der Urlaub	26. Oktober 1975	Reinhard Schwabenitzky
3	Die Wohnung	24. August 1976	Reinhard Schwabenitzky
4	Abgründe	31. August 1976	Reinhard Schwabenitzky
5	Der Besuch	16.November 1976	Reinhard Schwabenitzky
6	Das Haus	07. Dezember 1976	Reinhard Schwabenitzky
7	Die Renovierung	16. Februar 1977	Reinhard Schwabenitzky
8	Unterwelt	13. April 1977	Reinhard Schwabenitzky
9	Die Erbschaft	22. Juni 1977	Reinhard Schwabenitzky
10	Der Hausabbruch	31. August 1977	Reinhard Schwabenitzky
11	Stille Nacht	21. Dezember 1977	Reinhard Schwabenitzky
12	Jahreswende	30. Dezember 1977	Reinhard Schwabenitzky
13	Großvater	02. Jänner 1978	Reinhard Schwabenitzky
14	Der Enkel	02. Juni 1978	Rudolf Jusits
15	Der Unfall	09. Juni 1978	Rudolf Jusits
16	Urlaubsfreuden	16. August 1978	Rudolf Jusits
17	Lauter Zores	20. Dezember 1978	Kurt Ockermüller
18	Veränderungen	29. Dezember 1978	Kurt Ockermüller
19	Gegensätze	27. März 1979	Kurt Ockermüller
20	Die Karrieren	10. Mai 1979	Kurt Ockermüller
21	Auf und ab	07. Juni 1979	Kurt Ockermüller
22	Mitte des Lebens	06. November 1979	Kurt Ockermüller
23	Keine Ruh' hat man	20. November 1979	Kurt Ockermüller
24	Alles anders	04. Dezember 1979	Kurt Ockermüller